学科作业体系
设计指引

教育部基础教育司义务教育高质量
基础性作业体系建设项目组　编著

教育科学出版社
·北京·

《学科作业体系设计指引》编写组

▎ 项目主持

王月芬

▎ 综合组核心成员

张新宇　邵　骁　刘嘉秋　邹一斌　周坤亮　柳叶青　周　杰

▎ 学科组核心成员

小学语文：高永娟　闵晓立　颜欣玮　张　蓉　胡　节　华　芳
　　　　　王雅琴　陈凤英　陆郁新　杨蔚昀　刘嘉秋

小学数学：余亚萍　邹雪峰　黄　琰　陈春芳　顾春文　范慧玲
　　　　　穆晓东　柳叶青

小学英语：施嘉平　傅　璟　徐　琳　吴旻烨　周根妹　朱　成
　　　　　周嘉蓓　陆静娴　周坤亮

初中语文：缪亚男　黄　蓓　刘　侠　黄　琴　陈　妍　严　英
　　　　　谢　穹　张一凡　邹一斌

初中数学：顾跃平　徐炜蓉　徐　颖　逯怀海　鲁海燕　袁晓婷
　　　　　朱玉杰　邵　骁

初中英语：陆京炜　张海波　朱　萍　祝智颖　陈　洁　谭晓陵
　　　　　万　萍　陈　琳　江佳玮　周　杰

初中物理：成晓俊　张俊雄　程献生　申　健　郑　富　李园沥
　　　　　余伟峰　张新宇

初中化学：张如欣　张小妹　赵冬云　杨旦纳　周　峰　邓小丽
　　　　　张新宇

序

作业改革是建设高质量学校教育体系的关键因素。

党和国家高度重视作业问题，将作业作为减轻学生过重学业负担、促进基础教育内涵发展的重要突破口。2019 年，《中共中央国务院关于深化教育教学改革全面提高义务教育质量的意见》第十条要求"统筹调控不同年级、不同学科作业数量和作业时间，促进学生完成好基础性作业，强化实践性作业，探索弹性作业和跨学科作业，不断提高作业设计质量"。2021 年，中共中央办公厅、国务院办公厅《关于进一步减轻义务教育阶段学生作业负担和校外培训负担的意见》第六条要求"发挥作业诊断、巩固、学情分析等功能，将作业设计纳入教研体系，系统设计符合年龄特点和学习规律、体现素质教育导向的基础性作业。鼓励布置分层、弹性和个性化作业，坚决克服机械、无效作业，杜绝重复性、惩罚性作业"。2021 年，教育部办公厅也下发了《关于加强义务教育学校作业管理的通知》（教基厅函〔2021〕13 号），对作业提出了十条具体管理要求，具有很强的指导性。

整体看来，以上文件对于作业的要求主要体现在以下三个方面：第一，严格控制作业数量与作业时间；第二，提高作业设计质量，开展符合学生年龄特点和学习规律、体现素质教育导向的作业设计，坚决杜绝机械、无效作业；第三，创新作业类型和方式，加强基础性、探究性、实践性、综合性、跨学科、个性化作业的设计。以上要求将提高作业设计质量与深化教学改革、改变育人方式紧密联系，进一步拓展和深化了作业设计与实施的内在价值和意义。

上海作业研究团队一直致力于提高作业设计与实施质量的研究与实践，《提升中小学作业设计质量的实践研究》成果获得 2018 年国家级基础教育教学成果奖一等奖，并在全国 23 个示范区推广应用。2021 年，为贯彻落实中央关于"双减"工作的决策部署，受教育部基础教育司委托，上海作业研究团队开展了小学语文、小学数学、小学英语、初中语文、初中数学、初中英语、初中物理、初中化学 8 个学科段作业体系的研制。《学科作业体系设计指引》是本项目基础研究的重要成果之一。

《学科作业体系设计指引》包括两大部分：

第一部分围绕学科作业设计的 10 个基本问题，明确作业设计内涵、作业设计工具和流程、单元作业目标、作业结构、认知类型、差异性作业、跨学科作业、长周期作业等方面的设计要求与具体操作建议，明确改进与提高单个作业题设计质量、基于证据优化完善单元作业的具体路径与方法以及形成学科作业体系的方法等。

第二部分为 8 个学科段的单元作业设计指导，每个学科都明确了本学科作业设计的理念与思路，然后围绕单元作业目标、单元内容结构、作业模块或栏目、作业类型等方面提出了学科操作建议，最后每个学科呈现一个单元的作业设计样例。由于篇幅有限，各个学科最后呈现的单元作业设计样例有删减。

本书第一部分由王月芬、张新宇、邹一斌、邵骁、刘嘉秋、周坤亮、柳叶青、周杰撰稿完成；第二部分由各个学科组成员完成，综合组成员参与相应的修改与确认。全书由王月芬整体设计，并做最终的统稿与修改完善。

本书内容不仅反映共性，而且体现个性；不仅反映学段特点，也反映学科差异。各学科单元作业设计指导的编制过程既体现了上位整体的共通理念与价值追求，同时又各有特色。老师们可以在阅读中相互借鉴，取长补短，尤其在各个学科的作业类型设计、单元栏目整体设计、新授课与复习课作业关系处理、作业内容结构等方面。本书结合了上海作业研究团队多年在作业领域的研究成果与设计理念，是一次将作业设计理念转化为各个学科可以操作的具体实施路径的探索，各中小学校可以在各个学科框架基础上进行校本化的改进与完善。

希望本书的出版，能够为各学科建构高质量作业体系，提高学校和教师作业体系设计能力提供方向引领、思路指导与操作支持。

目录

第二部分
——
学科作业
设计指导
——

第一部分

一

学科作业
设计10问

一

问题1　如何理解作业设计？[①]

（一）什么是作业设计？

作业，是课程改革中不可或缺的重要领域，是日常教学过程中师生几乎每天都要接触的学习内容。

作业，有助于学生理解所学内容，巩固知识与技能，发展自主学习、分析整理等学习能力；作业，有助于激发学生的学习兴趣，培养学生良好的学习习惯，使学生形成良好的学习品格；作业，有助于拓展学习时空，延续课堂活动，达成课堂教学无法完全实现的学习要求；作业，还有助于老师及时了解学情，诊断教学效果，发现学生学习问题后进行有针对的矫正，更好地促进家校沟通。

高质量的作业需要精心设计。作业设计，就是依据一定的作业目标，对作业内容、难度、类型、时间等进行统筹思考的过程。作业设计需要基于课程标准，以实现作业的科学性；需要关注作业目标，以明确作业的解释性；需要将内容进行统筹分配，以突出作业的整体性；需要关注不同功能和不同类型的作业，以体现作业的合理性。

研究表明，作业设计质量对作业实施效果有明显影响（见图1-1-1）。以初中为例，作业设计质量对作业负担、作业兴趣和学业成绩均有明显直接影响。此外，作业设计质量通过影响学生的作业兴趣与作业负担，对提高学业成绩产生间接效应。初中作业兴趣的中介效应占总效应的比例约为60%，远远超过作业负担的中介效应占总效应的比例（约3.83%）。小学阶段也呈现相似的结果，也就是说，作业设计质量在很大程度上是通过影响学生的作业兴趣，进而影响学生学习成绩的。

---

① 本部分主要由邵骁撰写。

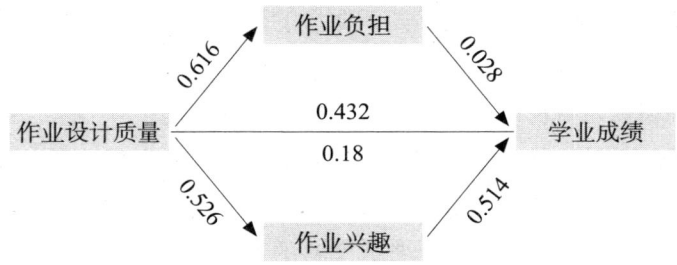

图 1-1-1　作业设计质量对作业实施效果的影响（以初中为例）[①]

（二）何为基础性作业？

"基础"常作为建筑学名词，即建筑物向地基传递荷载的下部结构，可衍生理解为事物发展的"根本"或"起点"。从"根本"而言，基础是持续发展的核心关键；从"起点"而言，基础是推动向前的逻辑源头。

基础性作业一般是指基于课程标准、针对全体学生的共性要求而设计的作业。它提供核心的概念体系、基本的知识框架、关键的实践技能，培养学生良好的学习习惯、必备的能力、重要的学习品质等。基础性作业应该为学生提升学习水平、形成必备品格与关键能力、适应未来社会发展打下扎实的基础。

基础不能误解为仅仅是"基础知识和基本技能"，随着时代的发展，基础的内涵与外延要不断与时俱进。基础包括知识、能力、方法、品质等各方面的要求。

例如，对于数学学科，大家普遍认为基础应包含"四基"。《义务教育数学课程标准（2011年版）》中提出了"四基"的涵盖内容。其中基础知识一般是指数学课程涉及的基本概念、基本性质、基本法则、基本公式；基本技能包括基本的运算、测量、绘图等技能；基本思想主要是指数学抽象的思想、数学推理的思想和数学模型的思想；基本活动经验的积累要和教学的过程性目标建立联系，过程性目标和内容实现的主要标志就是学生形成了活动经验。

---

① 王月芬，张新宇，等．透析作业：基于30000份数据的研究［M］．上海：华东师范大学出版社，2014：253．有修改。

高质量的基础性作业是夯实知识概念的基础。对学生来说，基础性作业能够帮助他们巩固知识与技能，梳理基础概念，形成概念体系，学会整理归纳，从知识概念掌握情况而言，具有夯实基础的功能。

高质量的基础性作业是提供能力方法的基础。对学生来说，基础性作业不是低阶认知类型作业的堆砌，恰恰相反，它为学生提供应用能力的基础，基础性作业的设计注重培养学生掌握学科的重要思想方法，创设情境，主动发展学生分析问题、解决问题的能力，促使学生形成科学的学习方法。

高质量的基础性作业是形成价值观念的基础。学生可以从基础性作业中获得积极的情感体验和有效的学习效果，促进学习品质的养成和学习能力的提高，培养良好的学习习惯，养成持之以恒的学习态度，为发展核心素养奠定基础。

总之，基础性作业的功能价值，旨在促使学生主动建构知识体系，在完成作业的过程中学会整理概念，学会归纳结论，学会自我评价反思，逐步学会学习，学会创新应用等。因此，基础性作业同样强调实践类作业、跨学科作业、长周期作业、开放性作业、合作类作业等多种类型的作业。

归根结底，基础性作业是知识建构之源、能力发展之始、拓展创新之本。

（三）为何要以单元为基本单位？

单元一般是指同一主题下相对独立并且自成体系的学习内容。相较于某个单独课时而言，单元具有一定的系统性、关联性、综合性、递进性和相对独立性。以单元为基本单位，可以从中观角度避免教师在宏观把握学科课程整体要求上的困难，又可以避免仅从微观角度把握某个课时出现的割裂问题。从单元视角围绕特定情境与要求设计作业，不仅有助于相关要求的持续落实，也可以依托单元对作业类型进行跨课时的整体安排。以单元为基本单位进行作业整体设计，有利于实现以下几方面的独特价值。[①]

一是有助于增强同一单元不同课时作业之间的结构性和递进性。通过对

---

① 王月芬. 单元作业设计：价值、特征与基本要求［J］. 上海教育，2019（13）：33-35.

一个单元不同课时作业内容、要求的统筹思考，可以加强不同课时作业内容与要求之间的关联，还可以减少一些仅仅针对低阶认知类型目标、反复操练性质的作业在不同课时的简单机械性重复，留出时空增加体现发展高阶思维要求的作业比例。

二是可以在一个单元下对各个课时的作业目标、作业内容、作业类型、作业时间、作业难度等进行整体设计与统筹分配，更好地实现课时作业之间的整体性、关联性与递进性。

例如，教师在设计单元作业目标时不仅要考虑到知识、技能，还要考虑对能力、态度等方面的培养，同时还要考虑不同的认知类型，这些方面的目标很难在一个课时作业中实现，需要在各个课时作业中进行合理分布与统筹分配。

再如，随着课时的不断推进，单元内不同课时作业的难度比例应该有一定的改变。一般而言，一个单元最后一课时的作业应该具有一定的综合应用性、统整性，难度也应该相对较高。

三是有助于从单元整体的视角，基于单元整体培养目标，对教学、评价、作业、资源等进行系统思考。从单元角度设计作业，势必要思考作业和教学、评价等的相互关系，发挥作业与教学、评价等的协同作用，而不是将作业孤立地进行设计。

四是以单元为基本单位设计作业，在提升作业设计整体质量的同时，也培养了教师对学科课程的整体把握和系统设计能力，从而更好地发挥作业对学生发展的作用。

所以，学科作业体系要以单元为基本单位进行设计。

（四）学科单元作业设计的质量标准是什么？

学科单元作业设计应体现八大质量标准，即育人为本、目标一致、设计科学、类型多样、难度适宜、时间合适、结构合理、体现差异[①]（见图1-1-2）。

---

① 上海市教育委员会教学研究室. 学科单元作业设计案例研究［M］. 上海：华东师范大学出版社，2018：6.

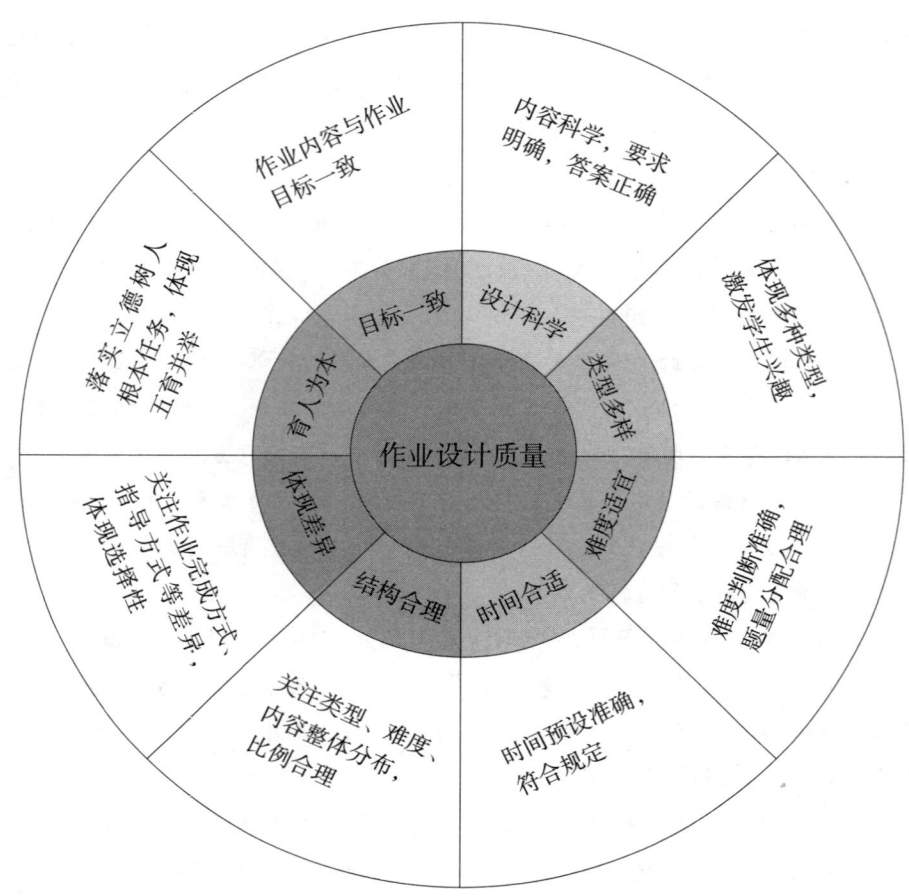

图 1-1-2　学科单元作业设计质量标准

1. 育人为本

作业设计必须要关注如何落实立德树人根本任务，确保正确的价值观，体现德、智、体、美、劳全面发展的育人理念。学科作业不仅要帮助学生巩固知识与技能，发展学生解决问题的能力，还要培养学生的责任心、坚持性，激发学生的学习自信，培养学生的学习兴趣等，同时也要考虑对学生德育、美育、劳育等方面的价值体现。

2. 目标一致

单元作业目标须符合学科课程标准规定，要兼顾知识、能力、态度等方面的目标。所有的单元作业目标都要有相应的作业内容来实现，体现作业内容与单元作业目标的一致性；需要关注目标覆盖比例问题，重点目标、达成难度大的目标建议通过较多的作业题与之匹配。

3. 设计科学

作业要内容科学，素材选择要关注思想性，用语要精练，要求要明确、易于理解，答案要正确。开放性、综合性作业任务的答案要合理，并且体现不同的水平标准。作业设计要科学，必须和学生的认知特点相符合。

4. 类型多样

作业要体现多种类型，激发学生做作业的兴趣。除常规书面作业外，还应该设计听说类、活动类、合作类、开放类、综合实践类等类型的作业。在作业内容、题型、完成方式等方面体现新颖性，同时考虑可操作性。要尝试探索跨学科作业设计，以发展学生的真实问题解决能力。

5. 难度适宜

作业设计要避免难度过高或过低两种极端。教师要依据学生实际，设计符合所任教班级学生实际情况的作业。对作业难度的判断要准确，不同难度作业的题量分配要合理。

6. 时间合适

作业设计对学生完成作业的时间要有充分预设和严格规定，保证学生作业时间在合适的范围内，确保学生的睡眠时间。要对时间判断准确，考虑大多数学生完成各课时作业的平均时间，并符合相关规定。

7. 结构合理

作业功能的发挥，往往是系统效应、累积效应，因此作业结构很重要。作业结构反映了作业目标、内容、难度、类型、能力、时间等方面的整体分布情况，体现作业各要素之间的关联性。设计基础性作业需对其各组成部分进行合理的排列和组合，充分考虑题型结构、题量结构、难易结构、能力结构等。

8. 体现差异

对每个学科的作业而言，作业的设计需要关注学生差异，关注每一个学生的发展，无论是作业的目标内容、难度水平、题量、题型，还是做作业的时间、情境，均须注重分类分级，鼓励多样路径，实现均衡发展，提供多元支架，肯定多元表达，倡导多元评价。

（五）作业设计有何基本流程与主要工具？

规范的流程、合适的设计工具是作业设计质量的重要保障。

作业设计是一项科学性、程序性和技术性都比较强的专业活动，须充分考虑设计过程中的各个环节和要素，依据一定的流程和方法有序进行（见图1-1-3）。

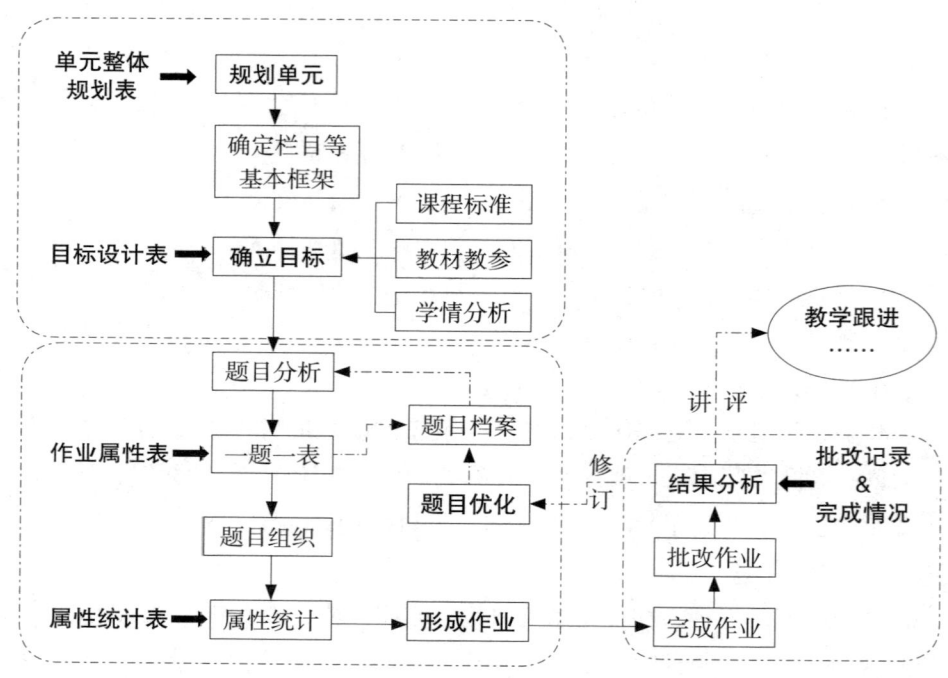

图 1-1-3　作业设计的基本流程

1. 单元整体规划与确立目标

基于课程标准，将课程内容领域的对应关系进行梳理并以一定方式呈现，参照主要版本教材的章节编排，聚焦学生核心素养的培育，根据学科具体情况开展单元整体设计。如小学数学单元整体设计（见表1-1-1），可通过明确内容模块、提炼单元主题、梳理本册内容、结合数学课程要培养的学生核心素养，开展单元作业内容结构整体设计。

表 1-1-1　小学数学单元整体规划表（节选）

内容领域		主要内容 （具体章节课时）
内容模块	单元主题	
数与代数	数的运算	②除数是一位数的除法 ④两位数乘两位数 ⑥年、月、日 ⑦小数的初步认识
	……	……
图形与几何	……	……
统计与概率	……	……
综合与实践	……	……

确立目标是作业设计的关键，需要基于课程标准，关注课程要培养的学生核心素养的方向，以单元为基本单位，进行单元作业目标设计（见表 1-1-2）。

表 1-1-2　单元作业目标设计表

目标序号	单元作业目标	对应核心素养	认知类型

根据单元作业目标，教师要结合教学内容进行课时规划。对于出现在不同课时的单元目标，需要进一步考虑不同课时对其要求的联系性与递进性。

作业的框架结构包括外显结构和内隐结构。外显结构包括课时结构、题量结构、类型结构和栏目结构等；内隐结构包括知识内容结构、能力结构、难易结构、时间结构等。在设计学科作业时需对这些结构要素进行合理安排。

2. 分析要素与组织题目

在确立了作业框架和作业目标后，就可以有针对性地选编、改编、创编作业题。

在分析、组织作业题阶段，可借助学科单个作业属性表（见表 1-1-3）进行设计。

表 1-1-3　学科单个作业属性表（示例）

作业题序号									
对应单元与课时名称									
作业内容									
答案或评价标准									
完成作业关键方法指导									
设计说明	（可选）								
使用建议	（可选）								
作业题属性	对应单元作业目标	认知类型	对应核心素养①	对应学科内容	作业类型	预估难度	预估完成时间	是否有差异性	作业来源
其他说明									

---

① 核心素养主要指相应学科所要培养的学生核心素养，老师们在使用时可以根据国家颁布的最新的义务教育各学科课程标准，对相关素养名称进行更正完善，后同。

在作业设计中，要完成对每条作业题的属性确定，然后进行汇总，形成学科作业属性统计表（见表1-1-4），这样就可以依据统计数据思考作业结构的合理性。比如，作业整体上是否有效反映单元目标？作业难度分布是否合理？作业的完成时间是否恰当？等等。若作业分析结果理想，则最终可形成学科作业体系。

表1-1-4　学科作业属性统计表（示例）

不同目标作业题量分布		不同认知类型作业题量分布		不同类型作业题量分布		不同难度作业题量分布		预计完成总时间（分钟）	不同来源作业题量分布	
单元作业目标	对应作业量	认知类型	对应作业量	作业类型	对应作业量	作业难度	对应作业量		作业来源	对应作业量
××××		记忆		选择		低			选编	
××××		理解		填空		中			改编	
××××		应用		判断		高			创编	
××××		分析		解答						
××××		评价		作图						
××××		创造		论证						
××××				论述						
××××				探究						
××××				实践操作						

说明：

①上述作业类型需要根据不同学科来确定和调整。

②不同学科可以根据实际需要增加对其他属性的统计。

3. 实践应用与分析优化

在布置作业并组织学生完成作业后，要注重对作业的批改分析与辅导讲评，留存批改记录以了解学生作业完成情况，有条件的学校可以辅以学生问卷调查、个别访谈等措施，进一步根据正确率调整题目难度，或者将预设完成时间调整为学生实际完成题目的时间，还可以通过增删题目、调整顺序，优化作业的整体结构。

基于实证的题目优化改进，有助于提高题目分析的精度，从而进一步提高学科作业的质量。同时，基于证据的作业问题挖掘，为教师做好作业讲评、开展教学调整提供了有力保障。

问题2　如何设计单元作业目标？ ①

单元是作业设计的基本单位，因此作业目标也要以单元为单位进行设计。单元作业目标主要反映某个单元所有作业最终需要达成的育人功能，明确某个单元作业的主要内容要求、难度容量、表现程度等，是单元作业设计的基本依据。

单元作业目标的设计水平，不仅反映了一门学科作业设计的育人理念，而且也决定了整个单元作业的科学性、结构性、适切性等，进而决定了整个单元作业设计的整体质量。单元作业目标不仅是引导作业内容要求的依据，也是当学生在作业中出现困难时解释学生可能存在的学习问题的参考。

（一）单元作业目标设计有哪些基本要求？

单元作业目标要尽可能从单元整体的角度进行描述，体现育人性、整体性、结构性和逻辑性。单元作业目标不能变成单个课时作业目标的简单累加，这样容易导致零散化、碎片化，无法体现单元作业整体设计的价值。

单元作业目标要聚焦单元重点、难点内容，描述那些的确需要通过作业环节来实现的内容要求，比如日常必要的记忆背诵，概念、原理和方法的应用，必要的拓展，融合单元所学知识、能力和方法解决真实问题的能力等。对于教学过程中已经实现，而且没有必要通过作业来巩固强化的内容要求，可以不作为单元作业目标。

单元作业目标具有以下基本要求：

◆ 描述的确需要通过作业环节来巩固、拓展、提高或综合应用的内容要求；

◆ 凸显素养导向，综合反映单元核心概念、观念、能力、学习习惯、学习策略、学习品质等方面的要求，切忌只写知识、技能目标；

---

① 本部分主要由王月芬撰写。

◆ 反映单元中的重点、难点要求；

◆ 数量要合理；

◆ 避免过于琐碎或过于宏大的目标描述；

◆ 注重同一单元不同课时以及不同单元作业目标之间的序列性、逻辑性等；

◆ 对于前后关联、具有要求递进性的目标，尽可能按照一定的顺序描述；

◆ 设计数量合理、要求恰当的跨学科作业目标、差异性作业目标和长周期作业目标；

......

1. 跨学科作业目标

跨学科作业目标要求体现两门及两门以上学科在内容、方法、思维等方面的统整要求。例如：

能科学调查小学生喜欢的电视节目，并依据统计结果写一份建议信给电视台。

上述跨学科作业目标可以在语文学科作业中设计，也可以在数学学科作业中设计，需要学生综合应用数学、语文，甚至信息科技、美术等学科所学，同时要将数学统计分析、语文写作等学科能力进行综合应用，形成具有数据支撑的建议信。

2. 差异性作业目标

差异性作业目标可以从完成方式、完成要求、完成时间、完成数量等方面来给学生不同的要求。例如：

选择自己喜欢的一种方式，比如画画、唱歌、阅读或表演等，准确、生动地描述故事。

上述差异性作业目标关注了学生不同的智能倾向和认知风格，学生可以自由选择自己擅长或者喜欢的方式，来表现某篇文章描述的故事，从而达到理解文章的目的。

3. 长周期作业目标

长周期作业目标可以是一段时间内重复相似的目标要求，具有一定的积累性要求。例如：

收集、筛选并阅读国内外不同的名人故事，设计并制作不同名人的资料卡。

长周期作业目标也可以是在一段时间内完成一个综合性、应用性的复杂任务，但是不同阶段完成的要求有差异。例如：

选择国内外 3—5 位科学家的故事进行阅读，撰写一篇关于不同科学家的比较分析文章。

显然，第一个长周期作业目标是以每天阅读、积累为主，不同的时间可以换不同的名人进行阅读整理即可，但是整体的要求很相似，最终也不需要完成一个综合性任务；第二个长周期作业目标则是以完成一篇比较分析文章为最终目标，学生需要在阅读过程中，对不同的科学家先做整体分析和关键事件记录，然后再综合比较，最终形成比较分析文章，表达个人的感悟。显然，第二个长周期作业目标的要求相对比较高，对学生在不同阶段完成作业的具体要求也有差异。这就要求教师在作业设计中，明确不同阶段对学生的不同要求与相应的指导，同时还需要根据学生完成作业的过程性表现，对作业的内容、完成要求、进度要求等做适当调整。

（二）单元作业目标如何表述？

作业目标如何表述才能科学清晰、可理解？加涅（R. M. Gagne）认为精确化的作业目标描述应该体现 5 个方面，具有行为发生的情境，习得的性能，对象，行为动词，以及与作业有关的工具、限制或有关的特殊条件等，即"五成分"表述方法。加涅曾举了一个例子，如"给出 10 道需要运用短除法的算式，通过写出答案以演示除法；在无特殊帮助下，达到 90% 的正确率"。他认为这样的目标表述就体现了五成分，清晰易懂。

由于教师在实际撰写目标的过程中，往往很难区分"行为发生的情境""习得的性能"和"限制或有关的特殊条件"，因此，一般情况下对作业目标的描述建议体现以下四个基本要素：行为主体、行为条件、行为表现以及表现程度。行为主体一般默认为学生。例如：

能在无人帮助下（行为条件）正确并熟练地（表现程度）拼读汉语拼音（行为表现）。

作业目标清晰明确，有助于指导作业设计、作业结果的分析诊断等。如果作业目标表达含糊，会导致作业设计与实施的效果打折扣。因此，只有对目标进行技术性的清晰界定，才可以发挥作业目标的指导价值，才会有助于教师、家长和学生达成共同可理解的观念，保证交流、诊断、评价、促进学习等方面具有共同的意义。表 1-2-1 给出了单元作业目标设计的建议，供老师们参考。

表 1-2-1　单元作业目标设计表格建议

目标序号	单元作业目标	对应核心素养	认知类型

说明：

1. 单元作业目标要尽可能从"行为条件＋表现程度＋行为动词"等方面进行表述，行为主体是学生；

2. 对应核心素养，建议参考各学科最新课程标准；

3. 要体现核心概念、学习策略、学习习惯、学习品质、跨学科、差异性、长周期等方面的作业目标；

4. 认知类型，建议参考布卢姆（B. S. Bloom）等人提出的教育目标分类系统，依据最新修订版本，各学科的作业认知类型统一界定为：记忆（remember）、理解（understand）、应用（apply）、分析（analyze）、评价（evaluate）和创造（create）六大类型[①]，这样能够使认知类型界定具有一定的理论依据，也有利于各学科内涵的相对一致，更加有利于各学科之间的比较分析。

总之，单元作业目标设计需要注意以下一些基本问题：

一是注意作业目标的传递性原则。作业目标与课程标准的内容要求、课堂教学目标之间紧密关联。单元作业目标应与学科课程标准的整体要求一致，并要考虑与单元课堂教学目标之间的合理关系。

二是作业目标的明确性和诊断性。作业目标描述要清晰明确、无歧义，应具有可检测性。这样的作业目标才有助于了解、诊断学生整体的学习状况与共性问题，有利于对课堂教学进行及时反馈与调整。

三是作业目标的共性与个性关系。作业目标要能体现知识、能力、习惯、态度、综合运用、问题解决等方面的共性要求，也要在一些目标上反映学生在完成方式、完成要求等方面的个性差异。作业目标还要反映学段差异和学科差异等。

---

① ANDERSON L W, KRATHWOHL D R. A Taxonomy for Learning, Teaching and Assessing: A Revision of Bloom's Taxonomy of Educational Objectives[M]. New York: Longman, 2001.

（三）单元作业目标与单元教学目标是什么关系？

单元作业目标与单元教学目标的关系，取决于如何界定"教学"的内涵与范畴。

第一种观点，"大教学观"，即把教学作为一个覆盖课内外的大概念，作业被涵盖在教学的范畴内。这种观点往往倾向于认为，作业目标主要来自教学目标。

第二种观点，"小教学观"，是把教学作为一个仅限于课堂教学的小概念，侧重于40分钟或45分钟的课堂教学，而作业则是作为非教学时间的学习任务。

本书采用第二种观点，即"小教学观"，教学侧重指课堂教学；作业侧重指非教学时间完成的学习任务，当然非教学时间中的课间休息时间是不应该让学生做作业的。这种观点倾向于"课程视域"，即不是仅将作业作为达成教学目标的一种手段，而是把教学、作业作为相互作用，协同实现学科课程整体要求的两个重要领域来看待。

作业目标与教学目标不是一种简单的从属关系，而是相互关联、相互促进、互为补充的关系。单元教学目标与单元作业目标的关系主要表现为：

一是完全一致。

这类作业目标与课堂教学目标完全一致，虽然在教学过程中已经实现了，但是仍然需要在作业环节予以强化和巩固。比如某个公式的应用、某个句型的掌握等。

二是修改完善、整合。

这类作业目标与课堂教学目标紧密相关，但是在课堂教学目标的基础上进行了适度的修改完善、拓展延伸、综合应用。比如课堂上让学生进行阅读，课后作业让学生进行抄写、背诵；又如课堂上教师带着学生阅读了某位作家的一篇文章，课后要求学生拓展阅读该作家的其他文学作品并撰写读后感等。

三是补充拓展。

这类作业目标是在课堂教学目标中没有，在课堂教学中也无法实现的目标。比如元认知能力、预习能力、复习整理能力等；又比如社会实践、外出参观考察、专题调查、时间管理等。从这一点来说，作业目标与教学目标具有互补性。

　　由于不同的学校、班级、教师、学生群体会有差异，所以对于同样的教学目标，不同的学校和学生的掌握情况可能会不一样。这就需要教师在课堂教学中通过提问、课堂练习和观察等诊断本班学生的掌握情况，从而保障作业目标的针对性。这充分说明作业目标具有预设性，但也有很强的生成性、针对性、过程性与条件性。

（四）如何将单元作业目标落实到课时中？

　　单元作业目标设计好后，就可以分配或分解到课时中。由于对单元作业目标再进行下位分解，往往需要教师具有很专业的目标分解技术，同时还要保证分解后的要求与总的目标一致，而这对于绝大部分教师来说，是极富挑战性的专业要求。

　　鉴于此，建议单元作业目标和课时作业目标是分配关系，即教师不需要对单元作业目标做什么改变，直接将其分配到相关课时，这便于教师理解和操作，如表 1-2-2 所示。

表 1-2-2　单元作业目标与课时作业目标分配关系（示例）

单元作业目标	课时1	课时2	课时3	课时4	课时5	课时6	……	单元复习课	单元讲评课
××××××01	◆	▲	◆					◆	◆
××××××02	◆	◆		◆				◆	◆
××××××03		◆	◆			▲		◆	
××××××04	▲		◆	◆	◆			▲	
××××××05				◆	◆	◆		◆	
……						◆	◆	◆	◆

　　从表 1-2-2 来看，将单元作业目标分配到各个课时中并不是简单机械的。有些单元作业目标可以分配到几个课时甚至所有课时的作业目标中去，这说明有些目标的达成，尤其是能力、学习习惯、学习态度等方面的作业是

需要长期坚持、不断巩固强化的。另外，新授课和单元复习课、单元讲评课所分配的作业目标也应该有差异，比如单元复习课的目标要相对全面、综合等，而单元讲评课应该重点关注学生在本单元日常作业中存在困难的目标等。

单元作业目标的要求、结构等，其实反映了单元作业设计的整体要求与水平。课程视域下的单元作业目标更强调整体性、系统性，而不是零散的、孤立的目标设计；更强调根据学生实际的掌握情况、学生的差异性进行个性化的适当调整与完善，而不仅仅是对确定目标的机械执行与落实；更强调与课堂教学目标的一致性与互补性。因此，课程视域下的单元作业目标应该反映共性要求与个性要求的统一，预设性与生成性的统一，过程性与结果性的统一。

问题3　如何理解与确定认知类型？①

1956 年，布卢姆等人提出了教育目标分类系统，将目标分为认知、情感和动作技能三大领域②。其中，认知目标分类影响深远。2001 年，安德森（L. W. Anderson）等人对该目标分类做出了重要修改，完善了原分类框架，将认知过程划分为记忆、理解、应用、分析、评价和创造六大类型③（以下简称认知类型）。

（一）为什么要考虑认知类型？

认知类型是反映作业特征的一个关键属性，也是作业设计中不可回避的主要要求。教师在设计作业时要充分考虑认知类型，原因如下。

1. 能使作业目标的指向性更明确

如前所述，作业目标一般具备四个基本要素：行为主体、行为条件、行为表现和表现程度。行为主体通常默认为是学生。教师在叙写作业目标中学生的行为表现及表现程度时，充分考虑学生学习知识所需要经历的认知过程，确定认知类型，使用能够精准描述其行为的具体动词，能使作业目标更加清晰、明确地表述学生建构知识的过程，避免歧义，也更有利于检测学生对学习内容的掌握程度。

2. 能提升作业题目设计的合理性

准确理解不同认知类型相应行为表现的内涵和特征，有助于引导教师在设计作业时相应地展开深入思考：创设什么样的情境，提出什么样的任务要

---

① 本部分主要由周杰撰写。

② BLOOM B S, ENGELHART M D, FROST E J, et al. Taxonomy of Educational Objectives. Handbook I: Cognitive Domain[M]. New York: David McKay, 1956.

③ ANDERSON L W, KRATHWOHL D R. A Taxonomy for Learning, Teaching and Assessing: A Revision of Bloom's Taxonomy of Educational Objectives[M]. New York: Longman, 2001.

求，给出什么样的指令，呈现什么样的材料内容，提供什么样的方法指导等，才能真正帮助学生将新学到的知识建构到自己已有的认知体系中去，从而提升作业设计的合理性，避免情境突兀、要求失当、指令不清、内容无关等问题。

3. 对学生思维发展具有不同意义

认知的过程伴随着思维的发展。学生在进行不同的认知操作时，其思维能力也会在不同维度上得到提升。比如"理解"，学生在将信息从一种形式转变为另一种形式，或在列举概念和原理的相关实例时，其思维的具象性和抽象性便能得到发展。又如"分析"，学生在将材料分解为它的组成部分，确定部分与部分、部分与整体的关系的过程中，其思维的逻辑性和批判性便能得到发展。再如"创造"，学生在将要素整合为整体以建构新的模型时，其思维的聚合性和发散性便能得到发展。

4. 有利于对单元作业整体设计进行结构化分析

作业结构是衡量作业质量的重要指标之一。单元作业结构主要是指一个单元中不同课时作业的目标、内容、要求、认知类型、难度、时间等的比例。虽然这种比例难以用一个绝对的标准统一划定，但教师在设计单元作业时如能具备统筹规划的意识，那么对于一些极端结构就会进行反思与改进。就认知类型而言，鉴于每种认知类型对学生发展都有独特意义，教师统筹考虑单元作业目标、题目内容要求所对应的认知类型，从整体上合理布局，可以避免学生在同一认知操作上的无意义重复。

（二）依据什么考虑认知类型？

修订版的布卢姆教育目标分类系统对统一认识和界定不同学科课程标准内容要求中或模糊或清晰的"动词"内涵有着重要意义和价值[①]，可为作业设计中目标、作业题对应认知类型的确定提供有益参考。安德森等人修订的新版认知框架包括记忆、理解、应用、分析、评价和创造六大认知类型。其中，"记忆"侧重知识的积累、存续和提取，"理解""应用""分析""评价"和"创造"侧重知识的调用、加工和迁移。此外，他们还将这六大类型细

---

① 雷新勇. 基于标准的考试命题技术（一）[J]. 考试研究，2011，7（1）：36-45.

分为 19 个子类，解释了各自的基本内涵，罗列了近似行为表现，具体如表 1-3-1 所示。

表 1-3-1　修订版布卢姆教育目标分类框架 [①]

认知类型（及其子类）	基本内涵	近似行为表现
1. 记忆（remember）		
1.1 识别 （recognizing）	在长时记忆中查找与呈现材料相吻合的知识	辨认（identifying）
1.2 回忆 (recalling)	从长时记忆中提取相关知识	提取（retrieving）
2. 理解（understand）		
2.1 阐释 （interpreting）	将信息从一种表示形式（如数字）转变为另一种表示形式（如文字）	澄清（clarifying） 释义（paraphrasing） 描述（representing） 转化（translating）
2.2 举例 (exemplifying)	列举概念和原理的具体例子或例证	以示例、图表等解释说明（illustrating） 实例化（instantiating）
2.3 分类 (classifying)	确定某物归属于某一个类别	归类（categorizing） 归入（subsuming）
2.4 概要 （summarizing）	概括总主题、主旨，提炼内容要点	概括（generalizing） 提炼（abstracting）
2.5 推断 （inferring）	从呈现的信息中推断出合乎逻辑的结论	断定（concluding） 外推（extrapolating） 内推（interpolating） 预测（predicting）
2.6 比较 （comparing）	发现两者或多者之间的异同和相互关系	对比（contrasting） 对应（mapping） 配对（matching）
2.7 解释 / 说明 （explaining）	建构一个系统的因果关系	建模（constructing models）

① ANDERSON L W, KRATHWOHL D R. A Taxonomy for Learning, Teaching and Assessing: A Revision of Bloom's Taxonomy of Educational Objectives[M]. New York: Longman, 2001.

续表

认知类型（及其子类）	基本内涵	近似行为表现
3. 应用（apply）		
3.1 执行（executing）	将程序应用于熟悉的任务	实行（carrying out）
3.2 实施（implementing）	将程序应用于不熟悉的任务	使用、运用（using）
4. 分析（analyze）		
4.1 区别（differentiating）	区分呈现材料的相关与无关部分或重要与次要部分	辨别（discriminating） 区分（distinguishing） 聚焦（focusing） 挑选（selecting）
4.2 组织（organizing）	确定要素在一个结构中的合适位置或作用	发现连贯性（finding coherence） 整合（integrating） 列提纲（outlining） 分解（parsing） 结构化（structing）
4.3 归因（attributing）	确定呈现材料背后的观点、倾向、价值或意图	解构（deconstructing）
5. 评价（evaluate）		
5.1 检查（checking）	发现一个过程或产品内部的矛盾或谬误；确定一个过程或产品是否具有内部一致性；查明程序实施的有效性	协调（coordinating） 查明（detecting） 监控（monitoring） 检验（testing）
5.2 评判（critiquing）	发现一个产品与外部准则之间的矛盾，确定一个产品是否具有外部一致性；查明程序对一个给定问题的恰当性	判断（judging）
6. 创造（create）		
6.1 生成（generating）	基于准则提出相异的假设	假设（hypothesizing）
6.2 计划（planning）	为完成某一任务设计程序	设计（designing）

续表

认知类型（及其子类）	基本内涵	近似行为表现
6.3 产出 （producing）	生产一个产品	建构（constructing）

*说明：表1-3-1中相关内容的中文翻译综合参考了华东师范大学出版社出版的《学习、教学和评估的分类学——布卢姆教育目标分类学修订版（简缩本）》和外语教学与研究出版社出版的《布卢姆教育目标分类学：分类学视野下的学与教及其测评（完整版）》两个译本。

（三）如何将认知类型运用到学科作业设计中？

学科作业设计应该根据学科课程标准的要求，参考表1-3-1，明确单元作业目标、作业题对应的认知类型。下面是不同认知类型搭配不同学科的作业设计案例。

1."记忆"及相关作业设计

记忆，主要涉及在长时记忆或长期印象中查找、匹配或提取相关知识，是相对简单的认知操作，一般被视为其他认知过程的基础。[①] 指向"记忆"的作业设计，需要向学生提供需要"识别"或"回忆"的题目（练习/任务）。题目（练习/任务）的材料一般与学习材料近似，学生几乎不用做或者很少做拓展与改动。

案例1　记忆类作业设计示例

学科	初中语文
作业目标	识别本单元内所学文学作品的作者
认知类型	记忆

---

① 安德森，等. 布卢姆教育目标分类学：分类学视野下的学与教及其测评（完整版）[M]. 蒋小平，张琴美，罗晶晶，译. 北京：外语教学与研究出版社，2009.

续表

作业题	请根据本单元所学，将下列文学作品与作家配对。 《春》 王湾 《济南的冬天》 曹操 《观沧海》 老舍 《天净沙·秋思》 朱自清 《次北固山下》 马致远
说明	本题要求学生在有关本单元学习的记忆中，查找与所呈现材料相吻合的知识，识别所列文学作品的作者，完成配对任务。

2. "理解"及相关作业设计

理解，涉及在口头、书面等信息交流的过程中，建立新旧知识间的联系，将新的知识整合到已有的知识图式和认知框架中，从而建构意义。理解被认为是推动知识迁移的重要认知类型。信息的来源并不唯一，授课、书本、手机、电脑等皆可；信息的种类纷繁多样，除了文字、图片、符号表达式外，还可以是课堂实验演示、田野调查经历等。由于概念是知识图式和认知框架的最基本的单元，所以指向"理解"的作业设计也多关涉概念性知识。

案例2　理解类作业设计示例1

学科	初中英语
作业目标	准确举出"chain store"的例子
认知类型	理解
作业题	Complete the sentence with the names of some chain stores to which you often go.（列举若干你常去的连锁商店，将句子补充完整。） I often go to such chain stores as＿＿＿＿＿＿＿＿＿＿＿＿＿＿＿＿＿ ＿＿＿＿＿＿＿＿＿＿＿＿＿＿＿＿＿＿＿＿＿＿＿＿＿＿＿＿＿＿＿．
说明	本题要求学生在知道了"chain store（连锁店）"这个英语一般概念的内涵和特征后，联系自身经历，列举出相应实例。

案例 3　理解类作业设计示例 2

学科	初中数学
作业目标	通过表格、折线图、趋势图等，感受随机现象的变化趋势
认知类型	理解
作业题	某地区 7—18 岁男女身高增长速度与年龄间的关系如下图所示，由图可以判断，下列说法中错误的是 (　　)。 增长速度（厘米 / 年） 男 女 男 女 年龄（岁） A. 男生在 13 岁时身高增长速度最快 B. 随着年龄的增长，男女生的增长速度均趋于减慢 C. 11 岁时男女身高增长速度基本相同 D. 女生身高增长的速度总比男生慢
说明	本题要求学生根据折线图读取关键信息，解释统计结果，根据结果对选项做出判断，侧重提升信息提取、解释和对比的能力。

3. "应用" 及相关作业设计

应用，涉及在给定的情境中执行一定程序，去完成相对熟悉的练习（任务），或尝试解决不太熟悉的现实问题。指向"应用"的作业设计多关涉学生对相关程序性知识的掌握情况，即一定的操作规则、方式、方法和步骤等。

案例 4　应用类作业设计示例

学科	初中英语
作业目标	遵循"情态动词 can（表能力）＋动词原型"的语法规则，运用"can+do"结构介绍自己和家人的情况
认知类型	应用

续表

作业题	List the sports you and your family can do in complete sentences, using **can**. （运用情态动词 can，介绍你和你的家人所会的体育运动。） I can play ＿＿＿＿＿＿＿＿＿＿＿＿＿＿＿＿＿＿＿＿＿＿＿＿＿＿ . I can ＿＿＿＿＿＿＿＿＿＿＿＿＿＿＿＿＿＿＿＿＿＿＿＿＿＿＿＿＿＿ . ＿＿＿＿＿＿＿＿＿＿＿＿＿＿＿＿＿＿＿＿＿＿＿＿＿＿＿＿＿＿＿＿ .
说明	本题要求学生在学完"情态动词 can（表能力）＋动词原型"的语法规则后，在完成"介绍自己和家人所会的体育运动"这一相对熟悉的任务过程中，通过由半开放的补句练习到全开放的造句练习，反复循环执行"运用 can+do 的表达式"这一程序。

4."分析"及相关作业设计

分析，涉及将材料分解，并确定各部分之间的相互关系、组织方式，以及各部分与总体结构之间的关系。分析是理解的外延，是评价和创造的基础。指向"分析"的作业设计多关涉学生对知识的总分关系的把握，侧重考查学生围绕所给题目（任务）、材料进行结构化思考的能力。

案例5　分析类作业设计示例

学科	小学语文
作业目标	梳理读懂寓言故事的方法
认知类型	分析
作业题	在空白的框内回答读寓言故事时需要思考的问题。 读寓言故事，明白其中的道理 读寓言故事时，我们可以借助一组问题，读懂故事内容，明白寓言要告诉我们的道理。 **读懂故事** ◇故事的主人公是谁？ ◇ ◇主人公在这件事中的具体表现是什么？ ◇ **明白道理** ◇生活中，你有没有遇到过类似的人或事？ ◇

说明	本题所在单元的教学围绕"如何读懂寓言故事"这一核心问题展开。在单元复习作业中设置本题,意在引导学生分析"如何读懂寓言故事"这一核心问题下要思考哪些子问题,子问题间有什么关联,子问题和核心问题间是什么关系,由此系统掌握阅读寓言故事这类文本的方法。

5."评价"及相关作业设计

评价,涉及基于准则和标准做出判断。这些准则和标准既有学科性的,如英语语法,数学公式、定理等,也有非学科性的,如质量、效果、效率、相关性、一致性、精确度、广度等。指向"评价"的作业设计可以由学生自己确定准则和标准,也可由教师指定,并在题目要求(题干)中明示或暗示。

案例6　评价类作业设计示例

学科	初中语文
作业目标	评价材料及材料之间的关系对凸显人物形象的作用
认知类型	评价
作业题	有人认为课文标题为"邓稼先",但第一部分最后一段才出现"邓稼先",所以第一部分可以删除,你是否同意?请说明理由。
说明	本题所在单元的核心学习要求是"人物形象的塑造"。题干暗示了评价的准则(标准),即相关性、一致性,要求学生在此基础上评判第一部分的存在是否有必要,思考其是否有利于凸显邓稼先这个人物的形象,是否服务于作者写作本文的目的等。

6."创造"及相关作业设计

创造,涉及将要素组成内在一致的或具有功能性的整体,它要求学生在心理上或行动上将某些要素或部件重组为新的结构或模型,从而产生一个从前未有过的结果。不过需要强调的是,即便"创造"的过程需要学生运用发散性思维、创造性思维,但这并不意味着学生可以完全不受学习内容要求或情境的规约而任意发挥。指向"创造"的作业设计一般体现这些要素:分析问题(练习/任务)、提出假设、设计方案、组织实施、呈现结果、交流分享等。

案例7　创造类作业设计示例

学科	初中化学
作业目标	利用酸、碱的化学性质，设计实验方案验证物质的组成
认知类型	创造
作业题	花匠用熟石灰来降低校园苗圃中土壤的酸性，但效果不明显。他怀疑熟石灰已经变质，想了解一下是部分变质还是完全变质。请设计一个实验方案进行验证，描述实验假设、实验步骤、实验现象与实验结论。 <table><tr><td>实验假设</td><td>实验步骤</td><td>实验现象</td><td>实验结论</td></tr><tr><td></td><td></td><td></td><td></td></tr><tr><td></td><td></td><td></td><td></td></tr><tr><td></td><td>……</td><td>……</td><td></td></tr></table>
说明	本题要求学生根据作业情境，利用已经学习的熟石灰的性质提出假设，并通过设计与实施实验验证假设，得出相应的结论。虽然学生对相关知识、实验操作都熟悉，但要在新情境下形成新的整体，并进行个性化应用，体现出创造性特征。

问题4　如何关注学生差异？①

不同学生在认知、情感、态度等领域存在差异，作业设计需要关注学生差异。通过多种途径设计满足不同学生需求的差异性作业，可以有效提高作业的针对性，使所有学生在完成作业的过程中均能充分受益。

（一）学生差异主要体现在哪些方面？

作业设计需要关注学生差异，做到因材施教。学生差异主要体现在知识与技能基础、学习能力、兴趣爱好、认知风格、智能倾向等方面。

知识与技能基础：学生已具备的知识与技能水平，据此可以设计不同难度水平、不同评价要求的作业供学生选择。

学习能力：学生完成学习活动所需的策略、方法、时间等，据此可以设计不同指导层次的作业，满足学生的个性化需要。

兴趣爱好：个人力求接近、探索某种事物和从事某种活动的态度与倾向，即学生所喜欢的事物或活动，据此可以设计不同类型的作业适应学生的兴趣特点。

认知风格：学生的认知偏好，如有的学生擅长文字阅读，有的擅长图像思维，有的擅长实践操作等，据此可以设计不同完成方式的作业，满足学生的独特个性。

智能倾向：学生在多种智能中所独有的表现形式，如有的学生视觉空间智能较强，有的学生音乐节奏智能较强等，据此可以设计不同完成方式、不同类型的作业以适应学生的智能特点和发展要求。

---

① 本部分主要由周坤亮撰写。

（二）如何设计体现不同难度水平的差异性作业？

基于学生的学习基础和能力水平，设计体现不同难度水平的作业供学生选择，是体现作业差异的一个重要途径。设计不同难度水平的、可供选择的作业能很好地调动学生的学习积极性，让学习基础和能力水平不同的学生达成符合自己现阶段学习需求的目标。教师在设计不同难度水平的作业时，不宜将重心置于拓宽内容、拓展要求层面上，而是要从深化理解、发展能力的角度展开思考。必要时，可提供对应目标、难度、完成时间、完成方式等基本信息，供学生选择时参考。

不同难度水平作业设计的关键是要准确地知道各类学生所处的学习基础与学习能力水平，并据此编制能够体现差异的作业。通常情况下，不同难度水平作业的设计有两种方式：

一是设计体现不同层级的作业板块，如"夯实基础""巩固提高""拓展探究""能力提升"，其中"能力提升"板块对学习基础和能力的要求相对较高，学生可以选择完成。不同层级的作业板块既可以满足不同学生的需求，又可以激发学生挑战的积极性。

二是设计若干体现不同难度水平的作业，让学生根据自己的学习基础和能力水平选择相应的作业。

案例1 差异性作业示例1

Choose Option A or Option B and complete it.（在选项 A 或 B 中选择其一并完成。）

Option A: Use the proper conjunctions to connect the sentences.

1. It was snowing hard, _____we had to stay at home and watch TV.

2. Take more exercise, _____ you'll be healthier.

…

Option B: Complete the sentences and make them correct and meaningful.

1. This summer I am going to visit Beijing *because* _____.

2. I have packed my suitcase and got the tickets *so* _____.

…①

---

① 上海市教育委员会教学研究室. 学科单元作业设计案例研究（第二辑）[M]. 上海：华东师范大学出版社，2020：71. 有修改。

为考查学生对连词的理解与运用能力，教师设计了两道不同难度水平的作业题供学生选择。"Option A"要求学生能通过句意判定所需连词，属于基础水平；"Option B"提供句子的部分内容，学生需根据所给的部分内容和连词做出逻辑推理，自己造句，使句意通顺。这道作业题具有一定的开放性，既能锻炼学生的逻辑思维，又能锻炼学生的发散思维。学生可以根据自身的能力和需求，自主选择其中一道作业题完成。

（三）如何设计不同完成方式的差异性作业？

基于学生的认知风格和兴趣爱好，针对同样的作业内容和要求，应用共同情境，教师可以设计不同完成方式的差异性作业。这类差异性作业设计的关键是要了解学生的认知风格类型和个人喜好，提供完成作业的多种方式和途径。作业的完成方式既可以是自主完成，也可以是合作完成；既可以以书面形式完成，也可以以实践形式完成；既可以用文字、图表的形式完成，也可以用论文、报告的形式完成；等等。学生可以基于个人特点，选择喜欢和适切的完成方式。

案例2 差异性作业示例2

请试着用自己喜欢的方式（如文字描述、思维导图、表格、图文结合等）梳理"正负数的认识"单元的知识结构，最终制作一期数学小报。[1]

这是一道可以采用多种方式完成的作业题目，目的是让学生自主梳理单元知识结构，使其加深对教学内容的结构化理解。在进行知识结构梳理时，学生可以根据自己的个性特点和爱好，采用不同的方式呈现知识结构梳理的结果。针对同样的作业目标和内容，让学生采用不同的方式去完成作业，关注了学生的差异，这样设计既能激发学生完成作业的积极性，又能提高学生完成作业的效率。

除了在一道作业题目中设计不同的完成方式，还可以通过设计综合体现不同难度、不同类型、不同完成方式的作业来满足学生的差异。

----

[1] 上海市教育委员会教学研究室. 学科单元作业设计案例研究［M］.上海：华东师范大学出版社，2018：127. 有修改。

案例 3　差异性作业示例 3

在以下两道作业中选择一道完成。

作业 1：阅读材料《触目惊心：中国平民体内发现美国转基因的 SCoAL 基因！》。该文是 2018 年初在微信圈里转发量较大的一篇有关转基因技术的典型的"钓鱼贴"，专门欺骗缺少科学基础知识、盲目相信伪科学的人。请阅读后找到这篇文章中的谬误，应用所学知识驳斥这篇文章的错误观点，阐释道理；也可以设计相关小实验，通过实验结论对文章中的谬误进行驳斥。

作业 2：在本章节中，我们了解了基因的表达，与之相关的前沿研究与技术可谓层出不穷。请以小组为单位选择一个相关主题，完成 5 分钟左右的 PPT 展示。[①]

两道作业分别属于书面类和合作类作业，作业内容都指向核心概念"转基因技术的基本过程"，作业 1 强调在个人理性思考后以文字表达的方式作答，作业 2 强调采用小组合作，通过演讲展示的方式作答。两道不同类型的作业不仅体现了能力要求上的差异，还体现了对不同个性特点学生的关注。学生可以根据自己的实际情况选择其中一道作业完成。

（四）如何设计提供不同指导方式与评价要求的差异性作业？

对于同样的作业内容和完成方式，教师可以通过提供多样化、针对不同学习水平的任务提示设计差异性作业。不同方式的任务提示为学生提供了个性化的作业指导，使不同能力水平的学生均能找到适合自己的指导提示，支持学生顺利完成作业，进而达成相近的学习结果。不同指导方式的作业设计的关键是要知道学生完成作业时可能会遇到的各种困难，以及该提供什么样的指导帮助不同学生顺利完成作业。指导既包括方法指导，也包括工具、资源等的支持，而方法指导较为常见。

---

① 上海市教育委员会教学研究室. 学科单元作业设计案例研究（第二辑）[M]. 上海：华东师范大学出版社，2020：333. 有修改。

案例 4 分层次的作业指导 [①]

概括《永远执著的美丽》一课中第二层（11—12 节）和第三层（13—21 节）的层意。可以借助任务提示（见下表）中的任何一个提示来完成。

概括层意的任务提示

提示程度	任务提示
A	• 提示学生以"虽然""但是""因为"三个连词为线索进行归纳
B	• 提示学生以"虽然""但是""因为"三个连词为线索进行归纳 • 提示学生注意含三个问题的问题链（袁隆平面对的挑战是什么？袁隆平如何面对挑战？是什么原因促使袁隆平有这样的表现？），问题顺序打乱
C	• 提示学生以"虽然""但是""因为"三个连词为线索进行归纳 • 提示学生注意含三个问题的问题链（袁隆平面对的挑战是什么？袁隆平如何面对挑战？是什么原因促使袁隆平有这样的表现？），问题顺序不打乱
D	• 提示学生以"虽然""但是""因为"三个连词为线索进行归纳 • 提示学生注意含三个问题的问题链（袁隆平面对的挑战是什么？袁隆平如何面对挑战？是什么原因促使袁隆平有这样的表现？），问题顺序不打乱 • 给出第一层的层意概括示例

教师为了能让所有学生都能完成概括层意的要求，设计了四个不同指导水平的任务提示。从 A 到 D，任务提示的要点逐渐增加，指导的具体程度逐步提升，而学生完成作业的难度则逐步降低。学生可以根据自己的能力水平，选择相应的任务提示，在任务提示的指导下完成作业。这样的作业设计可以让不同的学生在完成作业的过程中获得学习方法的指导，提升学习能力。

此外，由于学习基础与能力水平的差异，不同学生完成作业的质量也会不同，教师可以通过设置不同的评价标准和要求设计差异性作业。不同评价要求的设计使所有学生都能得到更有针对性和个性化的作业反馈，有助于激发学生完成作业的积极性。不同评价要求的作业设计的关键是要制定较为详细的评价标准，并采用等第制的评价方式，以激励不同学生达成相应的评价

---

① 上海市教育委员会教学研究室. 小学作业设计与实施指导手册［M］. 上海：华东师范大学出版社，2019：47. 有修改。

要求。教师在制定评价标准时，既要关注结果，更要关注过程，同时要关注学生在知识、能力、情感态度等多维度的表现。

案例5　多元化的作业评价 ①

（"角平分仪工件"作业）：角平分线在生活中的应用是非常广泛的，例如油纸伞、红酒开瓶器、木夹等。以油纸伞为例，右图是油纸伞伞骨的平面示意图，在使用油纸伞的过程中，伞圈 D 沿着伞柄滑动时，始终可以保证 $AE=AF$，$DE=DF$。

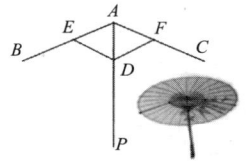

请参考油纸伞的设计原理及所学知识，以小组为单位，设计一个可以用来直接画出任意给定角的平分线的角平分仪工件。请尝试画出工件设计示意图，并说明设计原理且在劳动技术老师指导下做出实物。（可参考下表进行评价）

"角平分仪工件"设计评价表

小组组长：	小组成员：
评价维度	小组得分（每个维度满分为5分）
工件图纸绘制清晰度	
工件的简易程度	
工件的操作复杂度	
工件的实践准确度	
组员交流分享的流畅度	
总计得分	
团队荣誉称号	
个人荣誉称号	
注：团队荣誉称号有"最佳设计奖""最佳创意奖""最佳制作奖""最佳风采奖""最佳组织奖"；个人荣誉称号有"小小绘图师""小小工程师""小小演说家""小小摄影师""小小CEO"。	

① 案例引自上海市嘉定区金鹤学校朱玉洁、任敏芬、蔡伟、赵雪莲、王静、华梦云编制的"线段的垂直平分线与角的平分线"单元作业，成果未公开发表。

　　教师针对"角平分仪工件"设计这一作业制定了详细的评价表，采用多样化的评价以适应不同学生的需求和特点。首先，制定较为详细的评价标准，让每组学生在各个指标上都会有不同水平的表现，体现评价要求的差异性；其次，评价结果既设置了团队荣誉称号，又设置了个人荣誉称号，评价对象包含团体和个人，具有多元性；最后，对于个人荣誉的五种称号，每一种称号都指向某一方面的能力和表现，包含着多样且有差异的评价内容。

　　除了上述途径外，还可以通过其他途径设计差异性作业。教师在设计差异性作业时，不必局限于某一种途径，可以根据学情和内容灵活选择不同的途径。只有在作业设计时关注学生差异，并能通过适当的途径设计出符合学生差异的作业，才能真正提升作业的针对性和有效性，实现作业的个性化。

问题5　如何设计跨学科作业? ①

跨学科作业是教师依据作业目标，主要借助非教学时间为学生设计的解决真实问题的学习任务，完成此类任务需要学生调用两门及更多学科的知识、技能、方法、观念等。跨学科作业可以立足某一门学科，与其他学科联系整合进行设计；也可以综合多门学科，超越学科边界进行设计。值得注意的是，此处所指的学科主要指国家课程中明确规定的学科课程。

《中共中央 国务院关于深化教育教学改革全面提高义务教育质量的意见》中特别强调要"统筹调控不同年级、不同学科作业数量和作业时间，促进学生完成好基础性作业，强化实践性作业，探索弹性作业和跨学科作业，不断提高作业设计质量"。跨学科作业是一种新型的作业形式，是基础性作业中不可缺少的一部分，它倡导统整学生已有的学科学习经历，让学生产生全新的、跨学科的理解，提升学生解决真实问题的能力，发展学生的核心素养等。

（一）跨学科作业有什么特征?

1. 以解决生活中真实问题为导向

跨学科作业所涉及的问题应来自学生的真实生活，以唤醒学生已有的学习经历，建立起学生在不同学科所学内容与真实世界的联系。跨学科的真实问题多来自国家或社会热点，学校及周边社区中的事件，学生个人日常学习和生活，学生周围人（如父母、老师、同学等）的工作、学习和生活等学生熟悉的真实事与物。

2. 注重形成跨学科理解

促进学生形成跨学科理解是高质量跨学科作业的关键所在。跨学科理解

---

① 本部分主要由刘嘉秋撰写。

是学生在完成作业过程中所形成的产品、发现的问题、解决的问题、提出的解释等，其无法通过单一学科的学习获得，是学生针对真实世界问题运用两门及更多学科所学而得到的一种崭新学习体验。[①]

3. 合理利用校内外时空

跨学科作业需要教师引导学生合理利用校内外时空，连通课堂教学和课外学习，鼓励学生以自主学习、小组合作、实践探究等多种方式开展跨学科学习。与此同时，教师也要注意跨学科作业的设计与实施需符合国家和地区有关作业的政策精神，控制作业的时间、难度等，减轻学生不必要的学习负担。

（二）如何提升跨学科作业设计质量？

1. 创设真实跨学科情境

（1）设计真实的跨学科情境

高质量的跨学科作业应创设真实的跨学科情境，以引导学生在情境中综合所学解决问题，获得新的跨学科学习经历。跨学科情境应贴近学生的生活，以真实的问题激发学生调用不同学科的学习经历，并引发学生解决问题的学习兴趣。

（2）从学生真实的学习和生活中寻找题材

教师可在跨学科作业实践和研究的过程中，分门别类地积累、形成一些经典的跨学科情境，以便在设计作业时选用或改编。

2018 年 PISA 测试中的科学学科测试工具，基于学生的生活经验和学习兴趣，按个人、国家（地区）、全球 3 个不同范围，以及健康与疾病、自然资源、环境问题、自然灾害、科技前沿 5 个不同话题（见表 1-5-1），将各种情境进行分类整理，以调用不同情境考查学生的科学能力。[②]

---

① MANSILLA V B. Interdisciplinary Understand：What counts as quality work [DB/OL]. [2021-10-06]. https://www.olympic.edu/sites/default/files/files/interdisciplinaryunderstandingwhatcounts.pdf.

② OECD. PISA 2018 Assessment and Analytical Framework[M]. Paris: OECD Publishing, 2019.

表 1-5-1 科学学科情境设计一览表 [1]

	个人	国家（地区）	全球
健康与疾病	保持健康、身体疾病、个人营养	疾病控制、食品选用、社区健康	流行病学、传染性疾病的传播
自然资源	个体资源利用	种群维持、生活质量、安全问题、食品生产和分配、能源供给	可再生和不可再生生态系统、人口增长、生物种群的可持续利用
环境问题	环保行为，物品的使用和处置	人口分布、废物处置、环境影响	生物多样性、生态可持续性、人口控制、土壤的生成及流失
自然灾害	生活方式的危害评估	突发性自然灾害（如地震、剧烈气候变化）、缓发性自然灾害（如海岸侵蚀、泥沙沉积）、风险评估	气候变化、现代通信的影响
科技前沿	兴趣背后的科学、个人技术、音乐和体育活动	新兴材料、设备和工艺、基因改造、健康技术、交通	物种灭绝、太空探索、宇宙的起源和结构

教师可在日常教学活动中，以及与学生的沟通交往中，注意积累情境题材，如学生平时关注的各类人和事、日常校园中发生的事件、社会中的热点话题等。

案例1[2] 联系学生生活情境的跨学科问题示例

彼德为自己准备了一杯温度约为 90℃ 的热咖啡，一杯温度约为 5℃ 的冷矿泉水。两个杯子的样式和尺寸完全一样，而每杯饮料的容积也相同。彼德把这两杯饮料放在室温约为 20℃ 的房间中。请问 10 分钟后，咖啡和矿泉水的温度可能会是多少？

---

① OECD. PISA 2018 Assessment and Analytical Framework[M]. Paris: OECD Publishing, 2019：103.

② 姜南，张军朋. PISA 情境化试题及其启示［J］. 新课程学习, 2013（2）：122-123.

案例说明：本案例创设的情境题材是喝水，材料是生活中常见的饮料——咖啡、矿泉水，贴近学生的生活，有助于学生快速调取关于物理、数学等方面的方法、能力来完成后续的作业。

教师也可借助团队和他人的智慧来收集情境题材，通过咨询自己的研究团队、身边的同事、领域中的专家等，找到情境创设的合适题材。

（3）采用多样的方法丰富学习情境的呈现形式

教师应采用简短、生动、清晰的话语呈现作业的情境。教师也可以通过设计资料收集、社会调查、人员访谈等方式，让学生组成团队自行收集信息，逐步了解情境和其中所涉及的问题与内容。除去以文字描述作业的情境外，在条件允许的前提下（如信息技术的支持），教师还可以使用图片、影视、微视频、音频等多媒体手段创设情境。

2. 设计高质量的跨学科问题

高质量跨学科作业的问题设计具有以下基本特征。

跨学科。 高质量问题应具有跨学科的本质特征，应涉及两个及更多学科，问题的最终解决能引发学生形成新的跨学科理解。

真实性。 高质量问题多源自学生的真实生活，能唤醒学生已有经历，引导学生整合不同学科所学进行思考。

案例2　真实生活中的跨学科问题示例

"为何学校要提倡节约用水？"（涉及地理、生物、化学、道德与法治、数学等学科）

"如何合理解决校内数量众多的自行车的乱停放问题？"（涉及数学、科学、道德与法治等学科）

"怎样评论学校组织大家观看的《我和我的祖国》这部电影？"（涉及艺术、历史、语文等学科）

驱动性。 高质量问题能够激发学生的好奇心，让学生维持较高的学习兴趣和学习热情，并将其投入到问题的解决之中。

（三）如何丰富跨学科作业完成形式?

1. 设计书面形式的跨学科作业

书面形式的跨学科作业是指让学生主要以纸笔答题的方式输出作业结果。不同于传统的纸质学科作业，书面形式的跨学科作业中至少有一部分问题需要学生同时调用两个及更多学科的知识、技能、观点等来解决。书面形式的跨学科作业可以是学生在短时间内完成的练习，也可以是需要学生经过一定周期的自主学习或小组协作才能完成的作业。

案例 3[①]　书面形式的跨学科作业示例

任务1：在平整的沙盘里放上砖块（如下图所示），观察沙的变化。

任务2：根据下图所示砖块尺寸，算出块砖的上面、前面和左面的表面积分别是多少。

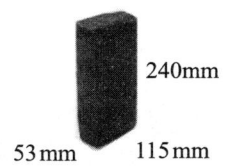

240mm

53mm　115mm

任务3：如果用不同的方法放置同一块砖，沙的变化又会有什么不同？

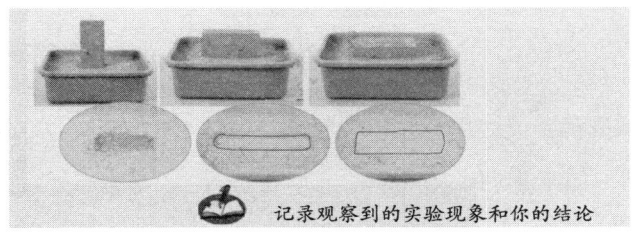

记录观察到的实验现象和你的结论

案例说明：本案例是一道立足小学数学学科的跨学科作业题，涉及数学和

---

① 案例引自小学数学余亚萍团队所设计的小学数学作业，未公开发表。

科学学科。教师通过三个相互联系的任务，引导学生观察并记录沙盘中沙的变化情况，调用学科内所学的面积计算方法，进而得出相关结论，以引导学生初步感知相同重量下不同面积与压强之间的关联，获得新的跨学科学习体验。

2. 设计非书面形式的跨学科作业

非书面形式的跨学科作业一般是要求学生在一定周期内，以非书面形式完成的作业。要充分考虑学生的多元智能和认知风格，倡导综合性、个性化等原则，丰富学生完成跨学科作业的形式，以激发学生兴趣，更好地引导学生从作业的完成中获得价值感和自信心。

案例 4[①]　非书面形式的跨学科作业示例

民乐是学校特色。民乐班的学生对民族乐器都很熟悉，特别是对自己长久使用过的乐器，会产生独特的喜爱感。但是，这些民族乐器失去演奏功能后就要更新换代，换下来的旧乐器会占用很大的空间。

仔细观察这些民族乐器，它们大多以实木材质为主，外形美观，很多乐器有孔和共鸣腔。废旧的乐器弃之可惜，同学们能否开动脑筋，将它们变废为宝呢？

正好有同学反映，学校教学楼一楼走廊灯光照明较暗，我们能否利用这些废旧的乐器设计一款多功能的、造型独特，又具有艺术气息的灯来照亮和装点学校走廊呢？

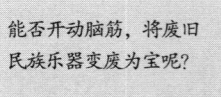
能否开动脑筋，将废旧民族乐器变废为宝呢？

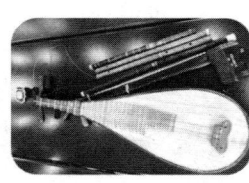

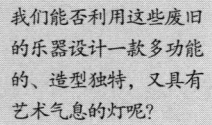
我们能否利用这些废旧的乐器设计一款多功能的、造型独特，又具有艺术气息的灯呢？

现在市面上的灯，大部分都以照明为主要功能

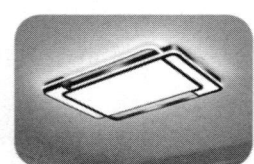

---

① 案例改编自上海市山阳中学柳晓燕、陆全欢、张仁棋、梅冬团队设计的"旧乐器，新光芒：基于跨学科学习的旧乐器改造案例研究"跨学科学习案例，未公开发表。

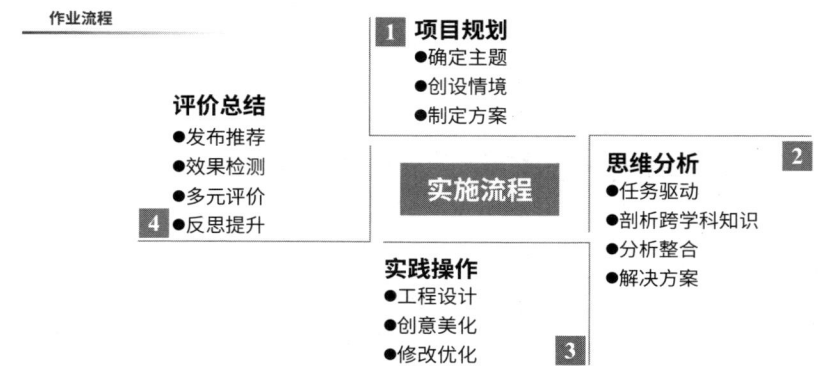

案例说明：本作业案例是让学生对身边的废旧物品进行有创意的改造，是体现设计制作要求的跨学科作业。案例中作业的设计因素比较完整，包括对材料、结构、功能、审美的考虑，综合性较强，以形成具体产品为目标，给予了学生较多的动手实践机会。

（四）如何避免跨学科作业设计误区？

1. 避免知识点的简单累加

跨学科作业的内容不是学科知识点的简单累加。教师在设计作业的过程中，应避免分别罗列不同学科各自的知识点，忽视学科之间的联系。跨学科作业也不宜只考虑相关学科的知识点，而是要从培养学生核心素养的角度出发，联系不同学科的知识、技能、方法、观点、价值等，以真正提升学生素养。

2. 避免几道不同学科作业的简单累加

应避免跨学科作业由不同学科的作业简单累加而成。在设计跨学科作业时，即使需要几道作业题联合组成，也应该做到每道作业题都具有跨学科特征。

3. 避免脱离真实生活

应避免虚构作业的情境、问题和内容，脱离甚至违背学生的真实生活经历设计跨学科作业。跨学科作业的内容应符合学生对真实世界的认知和经验，作业中所涉及的情境或提出的问题应该是学生在真实生活中接触过、听说过的。

问题6   如何设计长周期作业？ ①

长周期作业，是指围绕一个中心主题、观点、问题或任务，学生在较长一段时间内持续地、综合运用相关的知识、技能亲历问题解决的作业过程，完成作业的过程通常需要几日或数周不等。长周期作业也被称为长作业、长期专题作业等。

教师在设计长周期作业时，一般从学生经验出发，通过持续连贯的主题任务，促进知识内化、运用和自我建构。常见的长周期作业有文学欣赏与创作类、社会调查类、科学小实验类、项目实践类等。

（一）长周期作业有什么特征？

好的长周期作业能将兴趣、学习和生活有机整合，一般具有主题性、长程性、生成性、情境性、综合性、开放性等特点。

主题性。长周期作业应有明确的主题，通过主题来关联和整合一系列具体学习活动，促进学生的持续学习和发展。主题可以来源于学生发展需求、社会真实问题或学科重要内容。

长程性。作业实施包含系列阶段和步骤，学生需完整经历准备、计划、实施、总结、反思的过程，且持续较长一段时间。

生成性。作业实施过程中可能会出现与预设不完全一致的情况，新的目标、新的问题、新的方案和新的结果在实施过程中不断生成。基于长周期作业的生成性特点，教师需要根据学生完成作业的过程，适当调整与完善作业。

如果说主题性、长程性、生成性是所有长周期作业的共同特征，那么情境性、综合性和开放性则是部分长周期作业，如创新实践类、问题解决类、创作类等长周期作业所应该具备的个性特征。

---

① 本部分主要由柳叶青撰写。

情境性。长周期作业最好始于一个有意义的真实情境，作业内容伴随情境展开，完成作业的过程始终处于情境之中。情境既是作业实施的背景，也是学生理解和完成作业任务的重要参照。

综合性。作业的目标、主题、情境、内容、类型、完成方式、评价方式等都要有一定的包容性和融合度，体现综合性。

开放性。长周期作业在目标内容、任务要求、完成方式和成果形式上极具开放性，目标兼具共性与个性，内容源于生活经验，完成方式灵活多样，成果形式不拘一格。

（二）长周期作业有哪些类型？

长周期作业以持续连贯的主题任务为重要载体，教师可以按照学生习得知识、技能的内在逻辑或者完成过程、步骤进行任务分解，形成序列化的阶段任务。也可充分发挥学生的自主性，由学生围绕主题自主规划阶段任务，设计任务形式，安排学习进程。

根据一定周期内主题任务的关系特点，可以将长周期作业划分为以下两种主要类型。

1. 积累型长周期作业

这类长周期作业具有任务要求明确、学习方式稳定、过程持续连贯等特点，需要学生利用较长时间积累和整理以达成作业目标。作业的主题任务具有重复积累的特点，让学生在持续的任务完成中逐步积累知识、应用知识和发展能力。

如小学科学"观察月相"作业中，教师确定了3—5个月的观察周期，学生每天观察月亮、记录观察信息，完成一段时间的月相观察后，由学生总结月相变化规律。又如英语学科词汇积累的长周期作业中，学生每天完成的任务是相似的，通过一定时间的持续抄写、朗读和背记等才能完成词汇积累，掌握相应的学习方法。

2. 递进型长周期作业

针对一些情境问题复杂、任务难度大、知识与技能综合运用程度高的长周期作业，可以按照任务执行的先后顺序或者信息加工分析的要求设计作业的主题任务，任务具有步步推进、合理有序的递进特征。

如小学语文"夸夸我家乡"作业中，教师首先发布总体任务——"找一找自己家乡的相关资料，完成'夸夸我家乡'资料卡，最后，试着写一写自己的家乡"。然后对应各篇课文内容，设计相应的分解任务，即在学习《家乡的桥》之后，学生先收集家乡最具代表性的建筑的图片和文字资料，在学习《摇花船》之后，学生收集家乡的一种民间艺术活动的资料，在学习《扬州茶馆》之后，学生收集其中一种小吃的图片和文字资料，并完成资料卡内容填写。最后一个课时学完之后，学生基于资料卡进行口头表达——向好朋友介绍自己的家乡。

案例1 "夸夸我家乡"作业 ①

Z2005：实践活动
本单元的课文，作者通过文字介绍家乡的风土人情。我们也可以找一找自己家乡的相关资料，完成"夸夸我家乡"资料卡，最后，试着写一写自己的家乡。

Z2005：实践活动
请你选一个自己家乡最具代表性的建筑，找找相关的图片和文字资料，完成"夸夸我家乡"资料卡第一部分内容。

Z4005：实践活动
摇花船是一种民间艺术活动，凝聚着我国劳动人民的智慧。我国还有许多丰富多彩的民间艺术活动，如捏泥人、踩高跷、舞狮子等。请你收集家乡的一种民间艺术活动的资料，完成"夸夸我家乡"资料卡第二部分内容。

Z6005：实践活动
中国各地的小吃还有很多，如桂林的米粉、兰州的拉面、宁波的汤圆等，你的家乡有什么特色小吃？请收集一种小吃的图片和文字资料，完成"夸夸我家乡"资料卡最后一部分内容。

Z8005：实践活动
最近，大家收集了自己家乡的相关资料，完成了"夸夸我家乡"资料卡。请结合你收集的资料，向你的好朋友介绍一下你的家乡吧！

S0018：题目——夸夸我家乡
提示：在本单元的学习中，我们收集资料，完成了"夸夸我家乡"资料卡。在这个过程中，家乡给你印象最深的是什么？是代表性的建筑，是美味的食物，还是特有的民间艺术？你可以选择一个方面，结合自己的生活体验，试着写一写……

① 上海市教育委员会教学研究室. 学科单元作业设计案例研究［M］. 上海：华东师范大学出版社，2018：28-37.

（三）设计长周期作业要注意哪些问题？

长周期作业以贴近生活的情境任务来驱动学习，强调学生在完成作业过程中的学习体验，作业设计时尤其需要关注功能、情境、学习支架、实施过程、成果展评等方面。

1. 发挥作业育人功能

教师在设计与实施长周期作业时，应注重发挥其独特的育人功能，包括目标体现知识、能力的综合运用，情境彰显丰富的育人资源，任务内容调动学生的多感官经验，长程实施促进学生自主能力养成，多样化完成方式和成果形式促进学生创新实践能力发展等。

2. 有效创设作业情境

长周期作业情境需符合学科特征、体现学习要求、贴近学生实际，是学生比较熟悉的、可通过多种方式感知体验的。长周期作业目标的设计可直接给出既定的情境条件，如问题情境、活动情境、历史情境等，供教师设计作业内容时参考。情境设计完成之后，需对照作业目标中的学生特点、内容特征、学习水平等要求反思情境的合理性和适切性。

3. 提供作业完成支架

教师可以在充分把握学生学情和情境任务特点的前提下设计多样化、不同水平的学习支架，支架应符合学生的认知特点且合乎任务展开的内在逻辑，支架可以是范例、问题、指导、图表、认知工具等。如在"从史前时期到夏商王朝"单元探究作业案例中，教师提出明确的任务要求，分解了"背景学习—实地参观—总结反思"三个任务阶段，并且给出每个阶段的活动要求和需解决的关键问题，引导学生通过参观实践、自主探究的方式来认识、了解这些考古学文化，加深对本土文化的认同与理解。

案例 2　上海历史文化遗址考察作业 ①

上海市西南部方圆 20 多公里的范围内，分布着崧泽、广富林、马桥三处颇具特色的文化遗址，这几处遗址相互承启，将上海历史发展的源头有机地串

---

① 案例节选自高一年级历史学科第一学期第一单元"从史前时期到夏商王朝"作业，由上海交通大学附属中学陈鑫、杨磊、曹东旭、王瀚巍编制。

联了起来。查阅资料，了解这三处遗址，并选择参观上海崧泽遗址博物馆、广富林考古遗址展示馆、马桥文化展示馆（三处至少选择一处），仔细品味馆藏展品，透过遗址回到新石器时代的上海，完成实践活动报告。

活动具体要求：

背景学习：（1）通过查阅书籍、上网检索等方式了解这三处遗址的发掘过程、代表性器物类型，以及由这三处遗址命名的考古学文化。（2）选定实地参观的遗址，说明选择原因以及你的兴趣所在，设定参观目标。

实地参观：（1）了解遗址与博物馆的整体布局以及各功能区的主要内容，选择参观的主要目标。（2）通过馆内相关介绍和背景学习，回答问题：该遗址先后包含了哪几个考古学文化？由该遗址命名的考古学文化源于哪些考古学文化，其后又影响了哪些考古学文化？（3）参观考古现场局部展示部分和历史场景还原部分内容，描述你感受到的考古现场和历史场景。（4）参观新石器时代出土文物，总结石器、陶器、木器、骨器、玉器、青铜器六类文物（也可选择其他分类方式，说明分类标准即可）各自的主要特点，选取其中一类进行详细介绍。（5）选取你印象最深的一件展品，说明选择原因并对展品进行具体描述，找出其与馆内其他展品的异同点。

总结反思：（1）对照设定目标检查完成情况，说明超出目标之外的收获和未完成的目标。（2）通过查阅书籍、上网检索等方式进一步了解让你印象最深的一件展品，寻找其他遗址或博物馆中相类似的文物展品，分析它们的异同和关系。（3）从对历史的认识和对历史学或考古学的认识等方面分享本次活动的收获。

4. 收集作业实施数据

教师应注重对长周期作业实施过程的跟进了解，可采用个别访谈、量表评价等传统方式，也可以充分利用信息化手段采集过程性数据，如采集作业实施的阶段性成果、组织在线主题交流讨论、开展在线评估反馈等。重点采集有关学生兴趣态度、作业完成进度、作业实施面临的困难和需求等方面的过程性数据，据此调整改进长周期作业的设计与实施。

5. 注重作业成果展评

在设计成果展评时，首先，教师要为学生提供充分展示结果的机会，允许学生在符合总体要求的情况下以个人青睐的方式展示作业成果，鼓励创造性的表达。其次，教师可提供评价标准和工具，组织学生围绕作业成果进行交流讨论，在充分了解同伴的设计意图、完成思路和成果特点的基础上进行相互评价和自我反思。最后，注重对成果展示方法和要点的指导，如指导学生准备发言提纲、设计发言交流的评价要点、要求学生认真倾听等，促进真正的交流共享，使学生能够相互启发、相互借鉴。

问题7   如何提高单个作业题的设计质量？①

单个作业题是组成作业体系的基本单位，高质量的作业题是形成优质作业的前提条件。基于共性质量要求和个性质量要求，教师在设计单个作业题的时候可以从目标确定、素材选择、质量分析、优化完善等角度，通过选编、改编、创编等方式来保证作业题的质量。

（一）单个作业题有哪些基本质量要求？

一道作业题一般包括题干、问题、答案、评价标准、解题指导等要素。作业题的质量要求既包括针对一道完整作业题的整体性要求，也包括针对一道作业题每个具体部分的特定要求。

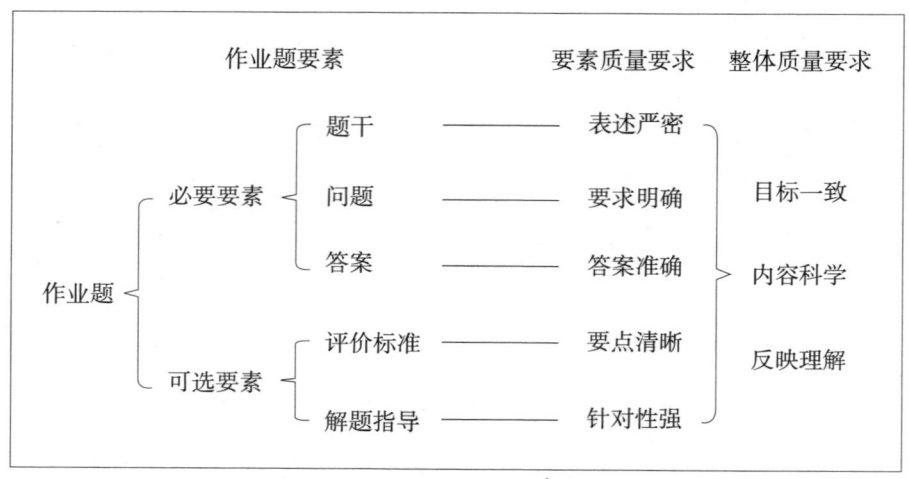

图 1-7-1   作业题组成要素及质量要求

① 本部分主要由张新宇撰写。

1. 单个作业题的整体质量要求

◎目标一致：作业题实际要求与作业目标一致。

要依据单元作业目标编制作业题。单个作业题可以对应一条主要的作业目标，也可以对应两条或两条以上的作业目标。可在试做并分析学生完成作业题的过程与结果的基础上，准确标注对应的主要作业目标。

案例1 作业题对应目标标定

作业题内容：请查找家中的发票，说明是什么发票，指出发票的金额为多少元，并用几元几角几分表示。请设计表格，并填写相应内容。

对应目标分析：此题以家中发票为内容载体，考查学生对元、角、分的转化。主要对应两条作业目标：一是用元表示金额，并转化成用元、角、分表示，对应内容层面的理解要求；二是能根据条件设计表格，对应方法层面的应用要求。

◎内容科学：内容正确，表述科学、准确、精练。

作业题的情境、内容、数据等素材要来源正规，符合思想性与政治性要求，杜绝科学性错误。

案例2 作业题内容表述示例 [①]

作业题内容：根据《国家学生体质健康标准》，五年级男生一分钟跳绳的及格标准是56个。某体育老师以此为基准，对一组男生一分钟的跳绳个数做了如下记录。

序号	1	2	3	4	5
与及格标准的差值	−2	+22	+10	−5	0

（1）跳得最多的男生一分钟跳了多少个？

（2）跳得最少的男生一分钟跳了多少个？

（3）该组男生一分钟跳绳的平均数为多少个？

作业题分析：此题在初次设计时，采用了每分钟跳绳80个的及格标准。经查阅资料发现并不符合实际情况，因而根据《国家学生体质健康标准》进行了

---

① 此案例由上海市徐汇区高安路第一小学戚海蓉团队提供，选自：上海市教育委员会教学研究室. 学科单元作业设计案例研究［M］. 上海：华东师范大学出版社，2018：126–128. 有修改。

修改。此外，第3小题的解题过程开放，学生可以直接使用正负数进行计算，也可以先算出每个学生跳绳的个数再进行平均，这样可以发现学生的思维方式差异。

◎反映理解：反映学生典型的思维过程、方法应用等。

在设计选择题选项、填空题空格、解答题完成要求时，均要关注不同类型学生作答的可能结果的差异，为发现作答特征、提高讲评辅导的针对性打好基础。

案例3　揭示学生思维过程的选项设计 [①]

作业题内容：小冬用长30厘米的尺来量黑板的长度，还差6厘米就刚好量9次，请问黑板的长度是（　　）。

A. 264厘米　　　B. 270厘米　　　C. 276厘米　　　D. 189厘米

作业题分析：在设计此题答案时，命题者力图通过选项设置揭示学生的思维过程，反映学生可能存在的几种理解情况。选项A为正确答案。若选择B，则忘记算6厘米，可能因审题不清或粗心大意所致。若选择C，则将差6厘米当成了剩6厘米，说明不清楚"差6厘米"的意思。而选择D，则可能算成了 $30 \times 6 + 9 = 189$，说明完全没读懂题意，或对计算规则的理解存在偏差。

2. 作业题组成要素的质量要求

◎题干表述要严密。

题干的意义要准确，表述要精准到位、符合逻辑，切忌拖沓冗长、主旨不清，以免造成阅读困难和意思混淆。

◎问题或完成要求表述清晰，指向明确，无歧义。

对于作业题答题要求、完成方式的表述均要做到精准到位、易于理解，确保学生能准确把握答题要求，尽量避免学生因对要求把握不当而导致错误回答。

---

① 上海市教育委员会教学研究室. 小学作业设计与实施指导手册［M］. 上海：华东师范大学出版社, 2019：36–37.

案例4　作业题完成要求表述示例 [①]

作业题内容：某实验小组做乙醛和新制氢氧化铜反应实验时，发现氢氧化钠的用量对反应产物有影响，于是他们采用控制变量的方法，均使用 0.5 mL 40% 的乙醛溶液进行下列实验。

编号	2%CuSO₄溶液的体积	10%NaOH溶液的体积	振荡后的现象	pH	加乙醛水浴加热后的沉淀颜色
1	2 mL	3 滴	浅蓝绿色沉淀	5～6	浅蓝绿色沉淀
2	2 mL	15 滴	浅蓝色沉淀	7～8	黑色沉淀

查阅资料可知，实验 1 中的浅蓝绿色沉淀主要成分为 $Cu_2(OH)_2SO_4$，实验 2 中的黑色沉淀是 CuO，据此判断：NaOH 用量较少时，乙醛_____（有、没有）参加反应，理由是_____。

作业题分析：原题将完成要求描述为"基于实验1、实验2的现象可以得出结论：NaOH 用量较少时，_____"。这样的完成要求指向不明确，学生可以回答现象，也可以回答结论，还可以说明理由，存在多种可能性。而将描述改为"NaOH 用量较少时，乙醛_____（有、没有）参加反应，理由是_____"，拆分结论与原因后，学生更加明确答题要求。

◎**答案准确合理。**

提供的答案要具体、合理、准确。存在多种正确答案时，要尽可能完整列举各种答案。

◎**评价标准清晰、明确。**

对于开放性较强的题目，需要提供清晰、明确的评价要点，以起到引导学生作答、检验学生作答情况的效果。若能形成分级评价标准，则有助于更好地区分作答水平。

---

① 案例由上海市杨浦高级中学鲍文亮团队提供，选自：上海市教育委员会教学研究室.学科单元作业设计案例研究（第二辑）[M].上海：华东师范大学出版社，2020：286-287.有修改。

案例 5 作业评价要点的设计 [①]

作业题内容：在"Sea water and rain water"（海水和雨水）单元，教师设计了一道写作题，并提供了自评检核表。具体如下：

A. Alice and Peter decide to write a letter to call on more neighbors to take part in the activities on saving water. Help them organize their ideas by using the mind maps.（Alice 和 Peter 决定写封信呼吁更多邻居参与节水行动，请使用思维导图帮助他们组织想法。）

B. Help Alice and Peter to complete their letter.（帮助他们完成这封信。）

C. After finishing the letter, check your work with the help of the following checklists.（完成信件后，使用以下检核表进行检查。）

信件完成情况检核要点	Yes	No
1. Have I clearly stated the cause and effect?（我对因果关系的解释清楚吗？）	☐	☐
2. Have I offered suggestions from different aspects? Are they really useful and practical?（我从多个角度提出建议了吗？这些建议是否有效实用？）	☐	☐
3. Have I used the sentence pattern correctly and properly?（规定句型的使用恰当、准确吗？）	☐	☐
4. Is the letter free of spelling mistake?（我有拼写错误吗？）	☐	☐
5. Is my handwriting easy to read?（我的字迹端正吗？）	☐	☐

作业题分析：为帮助学生完成信件，此题搭建了两个支架。一是提示学生使用思维导图组织想法，以增强信件的结构性；二是通过评价要点的设计，引导学生借助自评检核表，反思信件写作水平。自评检核表维度清晰，具有较强的针对性，指向单元学习内容与目标的达成情况，既能引发学生思考，又能激活学生思维，还可以作为教师评价、学生互评成果的依据。

---

① 案例由上海市徐汇区教育学院附属实验中学李萍团队提供，选自：上海市教育委员会教学研究室. 小学作业设计与实施指导手册［M］. 上海：华东师范大学出版社，2019：37-38.

◎解题指导表述精练，针对性强。

可根据实际情况确定是否提供解题指导。解题指导要有针对性地指出学生存在的问题以及为解决问题可开展的活动，以帮助学生改进不足，形成正确理解。

（二）常见类型作业题有哪些个性质量要求？

作业题的分类方式多种多样。从书面作业角度，作业题可以分为选择题、填空题、作图题、简答题等。从作业阶段来看，作业题可以分为新授课作业题、复习课作业题等。从完成方式与要求来看，作业题可以分为客观题、开放题、实践题、长周期题、跨学科作业题等。在此简要说明选择题、实践题等几类作业独特的质量要求。

◎选择题：处理好选项之间的关系。

选择题的选项要做到表述简洁，选项中相同的表述要尽量放到题干中；选项长度宜短不宜长，尤其不能长短相差过大；不同选项之间相互排斥，干扰项要具有迷惑性，能反映学生存在的主要问题。

◎填空题：注意空格设计的合理性。

填空题的空格数量要少，要注意意义上的连贯性；所填写的内容应该是重要的或关键性知识，具有代表性；要避免出现多种答案，也要避免出现争议性答案。

◎综合性作业：问题设计要体现系列性、关联性。

当作业题中出现多个问题时，注意把握问题之间的相互关联，做到逻辑结构合理，要求逐级递增。

例如，在前述案例2中，最终要求是计算该组学生一分钟跳绳的平均数。第1、第2小题要求学生进行单一结果的计算，第3题则要求学生以单一结果为基础进行平均结果的计算。这样的设计体现对问题解决思路的引导，有利于学生更好地掌握多步计算。

◎开放性作业：以多样的方式激发思维的创造性。

通过开放的任务条件、问题解决策略、答案与结果呈现方式，提升学生思维的发散性、灵活性和创造性。

◎新授课和复习课作业：把握不同阶段作业题要求的差异。

新授课作业题要注意通过设计系列问题、提供解题指导等途径，帮助学生经历问题解决过程，深化对内容的理解，掌握解题方法。复习课作业题可主要明确结果要求，由学生基于条件分析，自主确定问题解决思路，自主选择问题解决方法。

案例6　体现新授课与复习课差异的作业设计[①]

作业题题干： 如下图所示，OB 为轻质杠杆，可绕 O 点自由转动。OA 长为 60 厘米，AB 长为 20 厘米，在杠杆的 B 端挂一个所受重力为 90 牛的重物，在 A 点施加一个竖直方向的力 F_1，杠杆在水平位置平衡。

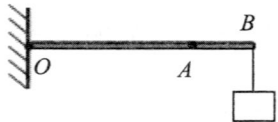

作业题问题1：

（1）在图中标出阻力 F_2 的大小与方向。

（2）在图中标出动力 F_1 的方向。

（3）在图中标出动力臂 l_1 和阻力臂 l_2，并指明数值。

（4）根据杠杆平衡条件，计算动力 F_1 的大小。

作业题问题2： F_1 的方向为 _____（填写"向上""向下"），大小为 _____ 牛。

作业题分析： 问题1和问题2的最终指向完全相同。问题1设计了四个问题，先确定阻力、动力的方向，再确定动力臂和阻力臂，进而明确已知量的大小，再依据杠杆平衡条件进行计算。问题之间相互关联，逐级递进，反映了解决杠杆平衡问题的基本思路。问题2直接要求学生提供结果，问题解决过程的自主性更强。

相对而言，类似问题1的设计方式更适用于新授课阶段，类似问题2的设计方式更适用于复习课阶段。当然，若要发现学生可能存在的问题，可以将问题2改为解答题，要求"求 F_1 的大小与方向"。

---

① 案例由上海市延安初级中学申健团队提供，未公开发表，收入本书时增加了"作业题分析"部分。

◎**情境性作业：注重作业题情境设计的有用性。**

情境创设要真实合理，注意联系日常生活、社会问题、科学研究、学科发展、传统文化。情境表述要注意简洁，突出重点，便于学生理解。情境与要解决的问题之间要联系紧密，不宜牵强附会。

案例7　作业题中的情境创设

作业题内容： 右图显示了上海市今天以及未来数天内的天气信息，其中百分数表示降雨概率。对此信息，下列说法正确的是（　　）。

A. 在今天8时至12时，肯定会下雨

B. 在8时至12时期间，12时下雨的可能性最大

C. 在未来几天内，下雨的可能性逐渐降低

D. 在今天12时，上海市内将会有60%的地区下雨

作业题分析： 此题提供了一张真实的手机截屏图片，包含了气温、空气质量、降雨概率等信息。学生需要从图片中找出降雨概率的信息，并通过比较回答问题，选出正确选项。此题情境与问题联系紧密，可以发展学生提取信息、加工信息、得出结论的能力。

（三）可以通过什么途径提高单个作业题的设计质量？

作业题设计指在单元作业目标和作业题质量要求的指引下，经过编制、分析、应用、优化，最终形成高质量作业题的过程。上海作业研究团队提炼了专家作业题编制与完善方式，形成如图1-7-2所示的可视化技术路径。特别需要指出的是，在设计特定作业题时，往往只需要选择此路径中的部分环节。

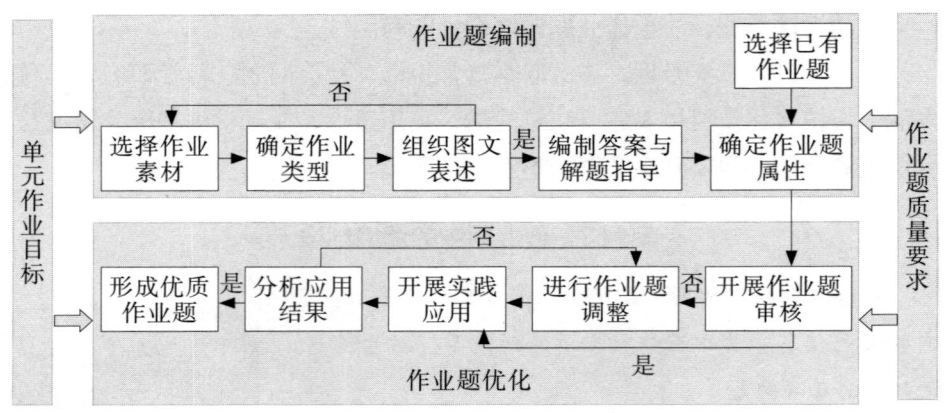

图 1-7-2　高质量作业题的设计路径

1. 倡导选编或改编作业题

作业题编制包括选编、改编、创编等方式。如图 1-7-2 所示，对于已有作业题，可借助作业题属性表确定作业属性，可参照作业题质量要求进行评价。若经过分析评价，发现作业题质量较高，可以直接选编，纳入作业之中；若作业题质量还有提升空间，则可对作业题进行改编，使其更好地满足学生学习的需要。

2. 把握创编作业题的过程

创编作业题意味着自主选择素材并编制作业题，一般按照选择作业素材、确定作业类型、组织图文表述、编制答案与解题指导、确定作业题属性的过程进行。创编作业题时需要关注以下方面：

◆ 可依据作业目标，通过分析教材、查阅资料、网络搜索等方式查找作业素材。素材要与学习内容联系紧密，科学合理，难度适宜，便于学生理解。

◆ 确定作业类型时要充分考虑素材特征。对于内容单一的素材，可设计成选择题、填空题等形式。对于内容丰富的素材，可设计成综合题等形式。

◆ 根据作业类型需要，利用或节选素材内容，以科学、合理、精练、符合逻辑的方式进行图文表达，并针对关键信息设计与作业目标相匹配的问题。

3. 理解作业题属性分析要点

作业题属性分析包括对应目标、认知类型、对应核心素养、预估难度、预估完成时间等方面。借助作业题属性表进行分析，教师可以深化对作业题的理解，也可以为进一步的作业整体分析打好基础。

4. 重视基于审核的优化完善

作业题审核主要分析作业题是否符合共性质量要求和个性质量要求，属性判断是否准确。利用作业题审核表，采用相互审核基础上的团队研讨，可以在较大程度上提高作业题的设计质量。

案例 8　作业题审核分析与优化完善示例 ①

1. 初稿编制

这是小学语文《白求恩大夫》一文一道作业题，编者设计此作业题，主要考查学生对"争分夺秒"一词的理解。与此相对应，把镇静作为干扰项进行设计。作业题属性分析如表 1 所示。

表 1　作业题属性表（初稿）

作业题	文中表示白求恩"抓紧时间，不放过分分秒秒"给伤员做手术的词语是（　） A. 镇静　　　B. 争分夺秒						
答案	B						
学习指导	"镇静"一词的意思你知道吗？可以查查字典或通过找近义词、反义词的方法来理解。						
属性分析	对应目标	题型（打"√"）			难度（打"√"）			完成时间（分钟）
		选择	判断	填空	较低	中等	较大	
	略	√			√			2

2. 审核分析

审核专家认为上述作业题设计在内容表述、选项设置、学习指导的针对性、完成时间预期等层面均有值得完善之处，因而提出修改意见。具体审核结果如表 2 所示。

---

① 上海市教育委员会教学研究室. 数字教材应用的上海实践［M］. 上海：华东师范大学出版社，2020：212-213，有修改。

表 2 作业题审核表（简化版本）

维度	评价标准	符合	不符合	主要问题与个性建议
共性要求	实际要求与作业目标一致	√		
	内容正确，表述科学、准确、精练		√	"不放过分分秒秒"与"抓紧时间"同义，可考虑删除
	完成要求表述清晰，指向明确，无歧义	√		
	反映学生典型的思维过程、方法应用等		√	"镇静"与"争分夺秒"意思差异大，干扰性不强。若用"分分秒秒"，学生可能需要思考两者差异
	答案准确合理，评价要点清晰、明确	√		
	解题指导表述精练，针对性强		√	只要求学生查字典解决问题，可以增加对于学生思考的引导
个性要求	处理好选择题的选项之间的关系		√	只有两个选项，猜测可能性大。可考虑补充"每分每秒"，帮助学生更好地区分选项
属性判断	难度判断准确	√		
	完成时间判断准确		√	用 0.5 分钟就可以完成

3. 结果修改

经审核专家与编制人员研讨，最终完成对作业题的修改，结果如表 3 所示。具体而言，选项改为三个，需要学生区分三个词语的含义。此外，在学习指导中，明确重点是对词的使用进行比较。

表3 作业题属性表（修改稿）

作业题	可用于表示白求恩抓紧时间给伤员做手术的词语是（ ） A.分分秒秒 B.争分夺秒 C.每分每秒						
答案	B						
学习指导	• "分分秒秒"与"争分夺秒"的意思存在怎样的差异呢？你可以查查字典，看看两者的含义，再看看选哪个词更为合适。 • "每分每秒"与"争分夺秒"的意思存在怎样的差异呢？你可以查查字典，看看两者的含义，再看看选哪个词更为合适。						

属性分析	对应目标	题型（打"√"）			难度（打"√"）			完成时间（分钟）
		选择	判断	填空	较低	中等	较大	
	略	√			√			0.5

5. 基于实证修订作业题

在实践应用过程中，要注意收集学生完成作业的数据，并在分析基础上修订作业题，以进一步提高作业题的设计质量，使其更加满足所教学生的需要。收集与分析数据的具体方式将在问题9中予以介绍。

问题8　如何理解与设计作业结构？①

作业结构反映了作业目标、难度分布、类型比例、完成时间等方面的整体情况。作业设计应依据学科课程标准，明确各年级差异、各单元学习要求，把握单元作业的内容结构、认知类型结构，保证作业目标与内容的科学性。以此为基点，关注作业设计的难度结构和类型结构，保证作业设计的适切性；把握新授课与复习课的差异，提高作业设计的针对性。

（一）如何把握作业内容结构和认知类型结构？

作业的内容结构和认知类型结构是单元作业目标体系的关键要素。在规划设计作业目标时，在依据学科课程标准、紧扣单元目标的基础上，应做到：关注内容结构，考虑各学习内容模块的知识、技能所占的比例，尤其是重点学习内容的覆盖率；关注认知类型结构，合理安排不同认知类型的作业内容。

要依据单元作业目标选编、改编和创编作业内容。一道作业题或一个任务应以反映单元目标体系中的一个目标为主，作业内容应覆盖所有的单元目标。要从整体上规划作业内容，做到充分、均衡、合理地反映单元作业目标，确保作业的科学性。

以初中语文七年级下册第一单元目标设计为例（见表1-8-1），该单元作业目标设计力求做到目标的逐层传递、分解落实，同时关注了学习内容、核心素养、认知类型之间的对应和配比情况，力求提高学习内容、对应核心素养的覆盖率。

---

① 本部分主要由邹一斌撰写。

表 1-8-1　初中语文七年级下册第一单元目标设计

目标序号	单元作业目标	对应核心素养	认知类型
720101	积累课文中的字词	语言建构与运用	A. 记忆
720102	概括课文主要内容	语言建构与运用	B. 理解
720103	将合适的词语、标点等运用到句子与段落中	语言建构与运用	C. 应用
720104	分析人物特征，理解人物的思想感情	思维发展与提升	D. 分析
720105	运用字斟句酌的阅读方法，分析副词、介词、文言语气词等在语境中表情达意的作用	思维发展与提升	D. 分析
720106	分析不同的句式、修辞、称谓等对表达人物思想感情的作用	思维发展与提升	D. 分析
720107	评价材料及材料之间的关系对凸显人物形象的作用	审美鉴赏与创造	E. 评价
720108	抓住人物特征，写出人物精神	审美鉴赏与创造	F. 创造
720109	组成小组，专访榜样人物，形成报告	文化传承与理解	F. 创造

说明：720105、720107 为本单元重点作业目标

该单元的核心学习内容是把握人物形象塑造，单元作业目标设计将"运用字斟句酌的阅读方法，分析副词、介词、文言语气词等在语境中表情达意的作用"和"评价材料及材料之间的关系对凸显人物形象的作用"确定为重点作业目标，落实对核心内容的学习要求，其余目标则定为常规作业目标。

对于重点作业目标，该单元三篇现代文各课时的作业内容设计均有所反映，呈现与内容相结合、难度逐步增加、关联度较为紧密的特点。常规作业目标则结合栏目设置和具体文本在各课时作业中予以适当安排。以七年级阅读课作业栏目为例（见表 1-8-2），该设计将每篇阅读课文作业分为四个栏目："积累运用"，涉及字词积累、文学与文化常识；"阅读鉴赏"，聚焦课文内容与结构的整体理解、语言形式的分析表达；"方法体悟"，关注阅读方法与过程的把握；"思路点拨"，引导学生基于作业反思自己的阅读过程和阅读体验，形成阅读方法。根据各栏目不同的定位，将表 1-8-1 中的单元目标有序地予以落实。

表 1-8-2　阅读课作业栏目

栏目名称	建议课型	栏目内涵说明	题目类型
积累运用	新授课	主要涉及字词积累、文学与文化常识等。字词积累主要针对学生容易读错、写错的字词，以教材"读读写写"中的字词为主	填空题、选择题、判断题
阅读鉴赏	新授课	一般从整体感知到重点词语、句子、段落的品读，从内容到形式进行理解。依据阅读文本的基本路径设计题目，题目之间形成关联，遵循"写什么—怎样写—为什么这样写"的思维过程进行设计	填空题、选择题、判断题、简答题、开放题、探究题
方法体悟	新授课	可以是提供思维支架的综合阐述题；可以是针对单元阅读方法的实践题，例如第一单元"字斟句酌的方法"，第二单元"批注的方法"；可以是针对一个课时"阅读鉴赏"板块阅读过程与方法的总结	填空题、简答题、开放题、探究题
思路点拨	新授课	对课时作业的重点和难点进行总结，可以针对一套阅读鉴赏题组，也可以针对某一道重点作业题；可以由教师总结，也可以设计提示语，引导学生自己总结	填空题、简答题、开放题、探究题

（二）如何把握作业难度结构和类型结构？

教师要根据教学的具体进程和学生学习状况，以单元目标体系为指引，设计适切的作业内容。作业内容设计需关注两点：一是把握难度结构，二是把握类型结构。

从难度结构看，作业设计要贴合学生实际学习的认知水平，适度安排不同难度的作业内容。题组的整体设计难度要适宜，不同难度的作业题量分布要合理，题目与题目之间要体现难度的阶梯性。从类型结构看，各种题型、各种类型的作业分布要合理，合理设置客观题（如是非题、选择题）、主观题（如简答题），题目之间应有内在意义上的联系，一组题目之间应构成关联性和层进性，类型呈现应具有可检测性。

表 1-8-3 是七年级语文下册整个第一单元作业题目统计表，单元作业题目设计所呈现的不同难度题量分别为 12、22 与 7，难度比例较为恰当；不同的作业类型也有所兼顾，比例结构也基本合理。表 1-8-4 呈现的是该单

元第一课《邓稼先》的作业题组设计。《邓稼先》是一篇多材料写人文章，围绕这个核心学习目标，教师共设计了7道作业题。前3题为积累运用类作业，帮助学生解决常规的字词积累问题。从第4题到第7题呈现这类文本的一般阅读思考过程。第4题让学生从总体上把握课文写了什么，用框架图呈现6个材料之间的关系，引导学生感受邓稼先的忠诚纯正、甘于奉献；第5题到第7题意在让学生感受词语、句子、段落对表现邓稼先这一人物形象的作用，以及蕴含的作者对邓稼先的赞赏、敬佩与深情。第7题设计3个导引问题，意在让学生理解副词表情达意的作用，通过对这个单元重点课文作业目标的把握，掌握基本的阅读思考方法。

表 1-8-3 七年级语文下册第一单元作业题目统计表

作业类型	不同难度题量		总时间	不同来源题量分布	
积累运用	12	低	12	315.5 分钟	选编	1
阅读	23	中	22		改编	3
写作	1	高	7		创编	37
口语交际	0					
综合实践活动	5					

表 1-8-4 《邓稼先》作业属性统计汇总

作业题序号	作业目标	对应学科内容	作业类型	难度
72010101	720101	积累基础知识 / 积累常用字词	积累运用类	低
72010102	720103	积累基础知识 / 积累常用字词	积累运用类	低
72010103	720103	积累基础知识 / 积累常用字词	积累运用类	低
72010104	720102	把握文章内容 / 概括段落大意和文章的主要内容	阅读类	中
72010105	720102	把握文章内容 / 概括段落大意和文章的主要内容	阅读类	中
72010106	720107	梳理文章思路 / 分析材料之间的内在联系及材料与中心思想的关系	阅读类	高
72010107	720105	品味文章语言 / 分析语言表现力	阅读类	中

这个题组设计关注了题目之间的逻辑关联，各个题目之间试图构建起对记人散文的思考路径，通过引导学生准确、深入地解读文本，以问题链的形式还原解读文本的思考过程，依据解读文本的思考过程合理布设命题点，关注题与题之间的逻辑关联，体现解读文本的思考视角、思考路径，培养学生解读文本的能力。整个题组设计具有整体性与路径意识，这样的作业设计有助于教师通过作业诊断学生学习中存在的问题、检验教学效果、调整和完善教学内容与方式，也有助于学生反思学习中存在的问题，检验学习成效，寻找改进学习的方法与策略。

（三）如何把握新授课作业、复习课作业的整体结构？

基于教学需要，作业可分为新授课作业和复习课作业。新授课作业和复习课作业兼具基础性与综合性。设计作业时应把握两者的差异，提高作业设计的针对性。

新授课作业的基础性表现为贴合教学内容，侧重检查学生对新学知识、技能的掌握情况。作业设计应围绕课堂学习内容，覆盖单元目标，促进学生对事实性知识的记忆，深化对知识内容的理解。新授课作业的综合性体现在对知识能力的综合运用上。应在确保作业难度，题量与时间趋于合理、均衡的前提下，关注情境创设，关注不同知识内容之间的联系，引导学生整合所学知识，在不同情境中对所学知识内容进行迁移和运用，培养实践思维。

复习课作业的基础性表现为凸显检查功能，回顾与总结一个周期（一个单元、一个学期或者一个学年）的学习情况。作业设计应呼应单元整体目标，处理好各单元作业之间、各课时作业之间的递进性与关联性，关注学习内容重点、难点的呈现，关注教学进程中学生可能出现的困惑和问题，帮助学生形成对相关学习内容的整体性理解。复习课作业的综合性表现为创设相互关联的情境活动，提高作业题目的复杂度、丰富度，引导学生掌握完整的学科知识体系，综合运用科学的思维方法，合理地组织、调动学科相关知识和能力，通过学科知识、能力内部的整合及综合运用，提高融会贯通的学习能力。

案例 小学语文三年级下册第二单元阅读鉴赏设计

阅读天地

鹿开始抱怨起自己的腿来。就在他没精打采准备离开的时候，忽然听到远处传来一阵脚步声。他机灵地支起耳朵，不错，正是脚步声！鹿猛一回头，哎呀，一头狮子正悄悄地向自己逼近。

鹿不敢犹豫，撒开长腿就跑。有力的长腿在灌木丛中蹦来跳去，不一会儿，就把凶猛的狮子远远地甩在了后面。就在狮子灰心丧气不想再追的时候，鹿的角却被树枝挂住了。狮子赶紧抓住这个机会，猛扑过来。眼看就要追上了，鹿用尽全身力气，使劲一扯，才把两只角从树枝中挣脱出来，然后又拼命向前奔去。这次，狮子再也没有追上。

鹿跑到一条小溪边，停下脚步，一边喘气，一边休息。他叹了叹气，说："两只美丽的角差点儿送了我的命，可四条难看的腿却让我狮口逃生！"

七、根据课文内容填空。

鹿在逃跑的时候，_____，于是，他_____，

（遇到什么情况） （怎么做）

后来，_____。

（结局如何）

八、读文中画线的句子，借助提示写出鹿对角和腿态度的变化。

（提示：可以用上"最初……，现在却……。"这一句式来写）

阅读迁移

雄鹰与鼹鼠

雄鹰夫妇从远方来到了一片茂密的森林中，准备在一棵高大、枝繁叶茂的橡树的顶端筑巢，以便夏天来临时生儿育女。鼹鼠知道后，便勇敢地来到雄鹰那儿，向它提出了自己的忠告：千万别在这儿安家，因为橡树的树根大部分已经腐烂掉了，随时都有倒下的危险。

雄鹰怎么能听进来自地下洞穴的家伙的忠告？更何况还是目光短浅的鼹鼠提出的。雄鹰根本没搭理这个家伙，马上开始做窝，很快建好了新家。不久，妻子就孵化出了雏鹰。可一天早晨，雄鹰带着丰盛的食物返回家里，却看到橡

树倒在地上，压死了它的妻子和儿女。雄鹰痛不欲生，它说道："我真是不幸！因为我没有听从正确的建议，命运之神狠狠地惩罚了我的傲慢。可是，谁能想到，这个忠告会来自毫不起眼儿的鼹鼠呢！""如果你重视我，"鼹鼠在洞穴中说道，"你就会想到，我每天都在地下打洞，经常接近树根，只有我最了解这棵树的状况。"

　　　　　　　　　　　　　——本文选自《克雷洛夫寓言》（天地出版社出版）

四、根据短文内容填空。

雄鹰挑选了一棵高大的橡树筑巢，鼹鼠警告他＿＿＿＿＿＿＿＿＿＿＿＿＿＿＿＿。

雄鹰不听劝告，他＿＿＿＿＿＿＿＿＿＿＿＿＿＿＿＿＿。一天早晨，捕食回来的雄鹰发现＿＿＿＿＿＿＿＿＿＿＿＿＿＿＿＿＿＿。

五、根据提示填写表格。

雄鹰的表现	原因
毫不理睬鼹鼠的劝告	
痛不欲生	

六、你从雄鹰一家的不幸遭遇中获得了怎样的启示？

＿＿＿＿＿＿＿＿＿＿＿＿＿＿＿＿＿＿＿＿＿＿＿＿＿＿＿＿＿＿＿＿＿

＿＿＿＿＿＿＿＿＿＿＿＿＿＿＿＿＿＿＿＿＿＿＿＿＿＿＿＿＿＿＿＿。

阅读诊断

郑 人 买 履

郑国有一个人，鞋子破了，想去买一双鞋。他先在家里量了一下自己的脚，把量好的尺码放在座位上，准备带走。

他匆匆忙忙地来到集市上，找到了自己想买的鞋。他摸摸口袋，忽然对卖鞋的人说："哎呀！我忘记带尺码来了。"说罢，转身就跑回家去取。等他赶回来，集市已散了，鞋也没有买到。

有人问他："你为什么不直接用自己的脚去试试鞋的大小呢？"

他说："我宁肯相信我量好的尺寸，也不能相信自己的脚。"

　　　　　　　　——本文选自《中国古代寓言》（三年级下册）（人民教育出版社出版）

六、根据短文内容，填写表格。

郑人遇到的情况	郑人的表现	故事的结局

七、读文中画线的句子，想一想你有什么话要对这个郑人说。请把它写下来。

_____

_____。

八、把正确选项的序号填写在横线上。

这个寓言故事告诉人们的道理是_____。

① 买鞋不一定要量尺码，只要用自己的脚试试鞋子就可以了。

② 遇事要多动脑筋，想办法，还要善于向别人请教。

③ 遇事要尊重客观事实，懂得灵活变通，不能守旧、死板。

上面以小学语文三年级下册第二单元阅读鉴赏设计为例。基于新授课和复习课的区别，该作业框架对单元中精读课文、略读课文和单元复习的课时作业结构进行整体设计。精读课文的课时作业结构依据小学三年级学习的基本内容，"阅读天地"板块主要针对本课内容的理解、分析、评价。略读课文的"阅读迁移"板块主要针对课外阅读内容的理解、分析、评价。单元复习作业为阅读诊断练习，旨在检测学生对单元语文要素的掌握情况。

以上案例呈现的"阅读天地""阅读迁移"属于新授课，其作业设计侧重于阅读与理解。设计重点是对课文内容的整体把握，主要以填空的形式为学生提供归纳课文内容的支架，帮助学生用简练的语言说清楚课文主要讲了什么，这是教材学习要求所规定的内容。"阅读诊断"则是复习课作业特有的栏目，设计重点是"从读到写"，不仅要让学生知道课文讲了什么，还要知道为什么这样讲，并且要求学生能通过文字进行表述。其设计目的指向学生对寓言类作品语文要素整体理解情况的诊断。

　　精读课文、略读课文和单元复习三个部分的作业设计结构相对独立，但三个部分作业之间又是相互联系的整体，体现了由学习掌握到尝试应用，再到梳理总结、拓展迁移的自主实践过程。这个过程也可以看作是以程序性知识带动陈述性知识的学习过程。

问题9　如何基于学生完成情况优化完善单元作业？①

作业实施包括作业布置、作业完成、作业批改与分析、作业讲评与辅导等环节。在每个环节，教师都可通过一定途径，合理利用文本分析、问卷调查、访谈研究、统计分析等方法，对特定作业题、作业题组、课时作业或单元作业质量进行更为精准的判断，并根据问题产生的原因做出有针对性的改进，使其更符合实际情况，更加适应实践需要。

（一）在作业实施过程中需要收集哪些方面的证据？

作业类型、作业必要性、内容可理解性、与学习内容的联系程度、作业难度、作业量等均是影响学生作业兴趣、作业负担、学业成绩的重要因素。对于这些影响因素，既要在编制作业时给予充分考虑，也要在实施作业时通过各种途径收集证据。表 1-9-1 简要列举了作业实施时证据的类型、内容、获取途径以及应用指向。

表 1-9-1　有关作业设计质量的证据获取与应用

证据类型	证据内容	获取途径		应用指向	
		完成作业	批改分析	单个作业题	作业整体
作业完成情况	完成时间 正确率 答案类型 主要问题	完成过程记录 学生问卷调查	作业文本分析	利用正确率、答案类型、主要问题等证据，改进单个作业题设计	汇总完成时间、正确率等数据，优化题组、课时作业或单元作业设计

① 本部分主要由张新宇撰写。

续表

证据类型	证据内容	获取途径		应用指向	
		完成作业	批改分析	单个作业题	作业整体
作业完成感受	目标一致性 内容可理解性 类型多样性 难度 兴趣 负担	完成过程记录 学生问卷调查	学生访谈	利用内容可理解性、难度、负担等证据，改进单个作业题设计	利用各项证据，确定优化单元作业、课时作业的方向
问题产生原因	学习基础 内容理解 方法掌握 作业习惯		作业文本分析 学生访谈	考虑各项证据，改进单个作业题设计，使其更加符合特定学生需要	

（二）在学生完成作业的过程中如何收集并分析证据？

学生在完成作业时，可以客观记录完成情况，也可以记录主观感受。教师也可以根据自身经验，预估学生的相关情况。以此为基础进行结果统计分析，可以发现学生对作业判断的整体特征，不同学生群体判断的差异，以及师生之间判断的差异。基于这些数据，可从一定视角判断作业整体质量以及作业题质量，为优化完善作业打好基础。

1. 即时记录作业完成情况并进行汇总分析

可以让学生在完成课时作业时记下完成作业的总时间以及遇到的主要问题。对于少数期望学生开展研究的作业题，也可以要求他们记下完成该题的时间以及遇到的主要问题。

持续记录并汇总课时作业时间，可以计算单元作业总时间以及课时作业平均时间，为控制作业量与难度提供证据。必要时，可进行教师预估时间与学生实际完成时间的比较，以逐步提高教师预估的准确性。

通过汇总完成作业的主要问题或解答特定作业题的主要问题，可以发现学生作业难点所在，既有助于进行有针对性的讲评与辅导，也可以为调整作业整体结构、完善特定作业题打好基础。

案例1 学生实际完成作业时间与教师预估结果的差异 ①

研究表明，教师估计的作业时间要明显短于学生实际完成作业的时间。通过比较不同学业水平学生群体报告的结果与教师报告的结果，可以发现无论是小学还是初中，在语文、数学、英语、物理等学科，教师在问卷中报告的作业时间均与学业成绩很靠前的学生在问卷中报告的作业时间较为接近。

2.依需调查学生主观感受并进行汇总分析

学生对作业的主观感受涉及目标一致性、内容可理解性、类型多样性、难度、兴趣、负担等多个方面，主要通过问卷调查的方式获取信息。

问卷调查涉及不同层级，其功能也各不相同。调查学生对学科作业的整体印象，可以把握未来改进方向。在学生完成课时作业后进行问卷调查，可以利用调查结果调整作业的整体结构。在完成特定作业题后进行问卷调查，可以利用调查结果优化、完善作业题。

案例2 调查主观感受的表述示例

调查学生完成作业的主观感受时，需要围绕调查维度设计表述。一般使用量表形式，设计4—5个选项，如"A.非常同意 B.比较同意 C.不确定 D.不太同意 E.非常不同意"等，以方便学生填写。下表列举了针对不同层级调查的表述示例。

针对不同层级调查的表述示例

指向	作业整体	课时作业	特定作业题
1.质量	××学科作业整体质量高	这份作业整体质量高	这是一道好的作业题
2.兴趣	我对××学科作业感兴趣	我对这份作业感兴趣	我对这道作业题感兴趣
3.目标一致性	××学科作业总体上与学习内容联系紧密	这份作业与最近学习的内容联系紧密	这道作业题与最近学习的内容联系紧密

---

① 王月芬，张新宇，等. 透析作业：基于30000份数据的研究［M］. 上海：华东师范大学出版社，2014：86—92. 有修改。

续表

指向	作业整体	课时作业	特定作业题
4. 内容可理解性	××学科作业的表述整体易于理解	这份作业的表述整体易于理解	我能理解这道作业题的表述
5. 问题指向	××学科作业的答题要求整体指向明确	这份作业中各题的答题要求指向明确	这道作业题的问题指向明确
6. 难度	××学科作业总体难度大	这份作业整体难度大	这道作业题难度大
7. 时间	我完成××学科作业的时间长	我完成这份作业的时间长	我完成这道作业题的时间长
8. 负担	我完成××学科作业时压力大	我完成这份作业时压力大	我做这道作业题压力大
9. 效果	• 完成××学科作业对于我加深内容理解帮助大 • 完成××学科作业对于我发展学习能力帮助大 • 完成××学科作业对于我提高学业成绩帮助大 • 完成××学科作业对于我培养学习习惯帮助大	• 这份作业我做得挺好 • 这份作业对我加深内容理解帮助大 • 这份作业对我发展学习能力帮助大	我这道作业题做得挺好

在具体实施时，可根据调查目标选择或调整相应的表述。上海作业研究团队组织了一次高中数学作业题特征问卷调查[①]，团队选择8道较为典型的作业题，学生在阅读、分析每道作业题后，均完成与之相对应的16个问题。对调查结果进行统计后发现，学生眼中好的作业题特征排在前三位的依次为：作业题直观易懂，对应目标明确，问题铺垫充分。

这些结果提示教师在设计作业题时，要从学生视角出发，使用学生能够理解的方式传递作业目标、表达作业题内容、设置递进性问题。

3. 重视对于完成情况与主观感受的群体差异分析

对不同类型学生的问卷结果进行比较，可以发现学生群体之间的差异。

[①] 此项工作主要由徐庆惠、李雪娇、郝莉莉、顾伟军、邵骁等完成，成果未公开发表。

以此为基础整体调整作业结构、有针对性修订作业题，可以使作业更好地满足不同学生的需要。

（三）在进行作业批改、分析与辅导时如何收集并分析证据？

教师在批改作业时，注意及时记录作业情况。完成批改后，要对作业情况进行梳理统计，发现典型特征。必要时，可对部分学生进行访谈，了解其作业背后的思考。在此基础上，对作业整体质量或作业题质量进行判断，并思考优化完善的方向。

1. 教师在批改作业时，可根据实际情况采取不同批改方式

对于学生能够自行订正的问题，教师直接指出错误即可。对于学生难以直接订正的问题，教师在指出错误的同时，还可提出改进建议，如引导学生复习相关内容、指引思考相关问题、提示问题解决要点等。在批改过程中，可以借助作业批改情况记录表（见表1-9-2）等工具进行简要记录，进而为后续分析打好基础。

表 1-9-2　作业批改情况记录表

姓名	主要错误与典型问题						
	1	2	3	4	5	6	7

在使用此表时，采用简单的文字与符号表示即可，不必过于复杂。对于选择或填空等作业类型，可考虑借助信息化手段在线完成作业，直接获取学生的作答情况。若在长期积累的基础上，能够提炼形成常见的答题水平或错误类型，则会进一步增加记录的便利性。

案例3　一道阅读题的完成情况分析 ①

在美国国家教育进步评价（National Assessment of Educational Progress, NAEP）2017年数字化阅读评价中，四年级有一道阅读样题，选择了古老的土耳其传说"五个煮鸡蛋"（*Five Boiled Eggs*），其中有一个问题为：

你认为店主是否发生了改变？请使用故事开头和结尾的具体信息来支持你的观点。

学生回答结果，分成了四种水平。

*扩展水平（水平4）：提供了关于店主是否改变的观点，并使用故事开头和结尾的具体信息来支持这一意见。

*基本水平（水平3）：提供了关于店主是否改变的观点，并对店主的性格做出了明确的陈述，但仅使用一部分故事的具体信息来支持该意见。

*部分水平（水平2）：提供了关于店主是否改变的观点，但仅通过对故事的一般描述来支持这一意见，或者仅从一部分故事中提供有关店主的具体信息，但没有明确说明店主的性格。

*不满意水平（水平1）：提供了不准确的信息、无关的细节或个人意见，回答可能只是重复问题。

处于不同水平的学生比例分别为：

水平4——13%，水平3——10%，水平2——30%，水平1——42%，未回答——4%。（数据只取整数部分）

此外，借助信息技术使学生作答水平与他们在回答之前是否重温了故事的两页或两页以上内容建立关联，发现重温故事有助于提高答题水平。

2. 批改完成后，注意进行正确率统计与问题类型统计

在整理数据时，除逐题统计正确率外，还可将学生作答结果归类，并进行数据分析与统计。

例如，案例3呈现了回答结果处于不同水平的学生比例，达到水平3、水平4的学生总计仅有23%，说明作答情况很不理想。

值得注意的是，考虑到操作的便利性，统计数据不必过于强调精确，只要能反映大致特征与典型错误情况即可。这样做既为后续讲评与辅导打好了

---

① NAEP. Sample Questions[EB/OL]. [2021-10-04]. https://www.nationsreportcard.gov/reading/sample-questions/?grade=4.

基础，也为优化完善作业提供了证据。

案例4 对一道选择题的结果分析 [①]

题目：气象台预报"本市明天下雨的概率是85%"，关于此信息，下列说法正确的是（　　）。

A. 本市明天将有85%的地区下雨　　B. 本市明天将有85%的时间下雨

C. 本市明天下雨的可能性比较大　　D. 本市明天肯定下雨

分析：此题正确选项为C，正确率为98.21%，说明难度极小。干扰项A、B的选择率均为0.89%，均极低，没有学生选择干扰项D。这说明三个干扰项缺乏迷惑性，未能充分反映学生的可能理解。为此，教师对作业题进行修改，适当增加了难度。设置与问题联系紧密的真实情境，引导学生从图片中找出降雨概率的信息，并通过比较回答问题，具体见第7问案例7。

3. 以作业题分析为基础进行作业整体分析

在获取每道作业题的分析结果后，可以以单元或课时为基本单位，对结果进行各种类型的汇总统计，以发现作业的整体特征，并找到更具针对性的教学策略及优化完善的思路。

4. 重视对于不同群体的差异分析

不同学业水平学生在作业完成时间、正确率、主要问题等方面存在着巨大差异。围绕作业整体或作业题，对不同群体进行差异分析，可以更好地把握学生的个性特征，有助于从教学调整和作业优化两个视角进行改进。

案例5 多视角的作业完成情况统计 [②]

在分析"质量守恒定律"课时学生作业完成情况时，除统计各作业题正确率外，还从不同目标对应题目的正确率、不同学业水平学生群体对应目标的正确率等角度进行归因和归类分析（见表1和表2），获取更有意义的启示。

---

① 上海市教育委员会教学研究室. 数字教材应用的上海实践［M］. 上海：华东师范大学出版社，2020：212-213. 有修改。

② 案例由上海市松江第七中学提供，选自：上海市教育委员会教学研究室. 小学作业设计与实施指导手册［M］. 上海：华东师范大学出版社，2019：50-51. 有修改。

表1   不同目标对应题目的正确率

作业目标	认知类型	题目编号	正确率
根据质量守恒定律进行定性推断	理解	1、2	95.77%
根据质量守恒定律进行定量推断	理解	3、6（1）、10（1）	89.32%
从微观角度应用质量守恒定律	理解	4（1）、6（2）、7（1）、8（1）、9（1）	68.83%
应用质量守恒定律的定量关系	应用	4（2）、5、7（2）、8（2）、9（2）、10	45.43%

表2   不同学业水平学生群体对应目标的正确率

作业目标	认知类型	不同群体	正确率
根据质量守恒定律进行定性推断	理解	成绩优异学生	100%
		成绩中等偏上学生	100%
		成绩中等学生	89.2%
		学困生	58.8%
……	……	……	……
质量守恒定律的定量关系应用	应用	成绩优异学生	70.5%
		成绩中等偏上学生	60.2%
		成绩中等学生	39.6%
		学困生	18.7%

*学生完成"质量守恒定律的定量关系应用"作业题的正确率很低。除了需要反思课堂教学、采取跟进教学措施外，还需要思考所选择的作业题难度是否合适，是否需要提供适切的解题指引以深化学生理解。

*不同学业水平的学生在作业表现上存在非常显著的差异。尤其是对于学困生来说，每个作业目标的达成率均在60%以下，完成作业难度大、负担重。对于学困生，可考虑减少思维要求高的作业题的数量，适当补充基础巩固类的作业题，以降低作业难度、减轻作业负担、增加学生完成作业的获得感。

5. 通过学生访谈发现问题产生的原因

必要时，可以选择学生典型作答情况进行个案分析。应用出声思维方法，了解学生完成作业题的过程。通过针对性提问，揭示学生的投入程度、方法应用、思维盲点等。访谈过程既是个性化的辅导过程，也有助于教师判断作业题质量。

（四）如何综合应用各类证据优化完善单元作业？

借助学生作业完成和教师作业批改、作业分析、作业辅导过程中收集的各类证据，综合利用证据统计、分析结果，把握问题产生的原因，在确立讲评策略的同时，进行单元作业的优化完善。

1. 优化作业题表述

依据学生主观感受调查结果、作业批改结果与个别访谈结果，发现作业题的表述不清、指向不明、难以理解之处，有针对性地修订题干、问题、选项与答案，提升表述的清晰程度。

案例6　基于证据的作业表述优化 [①]

作业题内容：木糖醇（结构简式如下）是从玉米和果实中提炼加工后制成的一种甜味剂，甜度相当于蔗糖。已知正戊醇难溶于水（结构简式 $CH_3CH_2CH_2CH_2CH_2OH$），木糖醇易溶于水，请从结构角度分析原因：_____。

$$CH_2-CH-CH-CH-CH_2$$
$$OH \ \ OH \ \ OH \ \ OH \ \ OH$$

作业题分析：对于此作业题，原题表述为"已知木糖醇的结构简式，可推知其_____（难／易）溶于水"。对出现错误答案的学生进行访谈，学生提出："如果从多羟基的角度看，的确易溶于水，但木糖醇分子中也存在5个C，从烃基的角度看，它是否也有可能难溶于水呢？"于是，对此作业题进行修改，直

① 案例由上海市杨浦高级中学鲍文亮团队提供，选自：上海市教育委员会教学研究室. 学科单元作业设计案例研究（第二辑）[M]. 上海：华东师范大学出版社，2020：286-287. 有修改。

接告诉学生结论，让他们从结构角度推测原因。这样的答题指向更为明确，避免了学生可能产生的误解。

2. 强化作业题指导

当学生的正确率明显偏低，解题过程面临诸多障碍，普遍感觉作业难度大，或不同水平学生差异过大时，就需要通过修订作业题，建立适切的问题系列，或提供必要的解题思路来加强指导。

例如，在前述案例 3 中，就有必要设计"解题提示"，建议学生重温"五个煮鸡蛋"的故事，找到文章首尾内容，进行比较分析，从而得出店主是否发生改变的结论。

3. 调整作业题属性

有了学生作业题完成时间、正确率等实测数据，就可以对作业题难度、预计完成时间等属性进行调整，使其更符合所教学生的实际情况，从而增强作业题的适应性。

4. 改进作业题组设计

对于存在相互关联的作业题组，可以综合利用收集到的有关难度、时间、兴趣、正确率等方面的数据，从作业题类型设计、内容选择、顺序排列等方面，对题组进行优化完善。

案例 7　基于证据的作业题组优化 [①]

单元的主题是"Shadow"（影子），基于对学生进行"跨学科知识"融入的构想，初拟对影子从"产生条件""变化原理"和"实际用途"等方面进行介绍。于是，整合已有参考材料，进行文本改编（见图 1）。

---

① 案例由上海市师范专科学校附属小学徐琳团队提供，选自：上海市教育委员会教学研究室. 学科单元作业设计案例研究（第二辑）[M]. 上海：华东师范大学出版社，2020：53—54. 有修改。

Part 3 Reading and writing

Light and Shadows

Light and shadows are friends. They usually go together.

1._____

When we want to make a shadow, we must have light source（光源）and opaque objects（不透明物体）. Light source can be the sun, a candle, a torch and things like these. Opaque objects stop the travel of the light and make shadows. For example, light cannot shine through you. Your body stops it from passing. There is a dark spot on the ground next to you. This is your shadow.

2._____

Different location（位置）of the light source makes different shadows. You know the sun makes the longest（最长的）shadows at sunrise and sunset. When it is high in the sky at midday, the shadow is the shortest（最短的）. When I go close to the light, my shadow is big and strong. When I go far from the light, my shadow gets short and small. It's fun.

3._____

Most of us like to stand in the shadow of a tree in summer. It makes us cool. And light and shadows are also used in art. In China, we have shadow puppet show. The shadows of the puppets make people laugh. In Western countries, famous painters like Leonardo da Vinci（达·芬奇）use the contrast（对比）between light and shadows to make their pictures more vivid（逼真的）.

Light and shadows make our life wonderful.

S00011: Read, choose and copy（阅读短文，选择下列句子使文章通顺，把句子抄在横线上）

> A. How do shadows change?
> B. Why do we need and love light and shadows?
> C. Why do light and shadows always go together?

S00012：Read, think and choose（阅读短文，想一想，选择恰当的答案，将编号填在横线上，并在 Light and Shadows 的短文中画出恰当的句子来证明观点，请将句子抄在横线上）

1. I want to take some photos. And I can make different shadows. When I need a big shadow, I can_____. When I need a small one, I can_____.

2. I choose the answers because of the fact(s)_____

_____

图 1　相关作业题的初次编写

本篇语篇结构严谨，学生可以通过泛读语篇厘清文章结构，精读语篇了解文章的关键信息及其含义。然而，由于生词偏多，内容比较枯燥，此大阅读板块，学生整体答题正确率为 78.2%，只有 35% 的学生表示对阅读内容感兴趣。于是，教师对作业题进行了整体修改（见图 2）。

---

* Let's make a shadow.

S00011：● Read and choose（阅读短文，选择下面的句子填空使文章通顺，将编号填在横线上）

　　　　　　　　　　　　　_____ 1. _____

　　It's Sunday morning. Kitty and Danny come to Alice's house. They want to have some fun._____ 2. _____

　　Alice: We need a lamp. Then we can make shadows on the wall.

　　Kitty:_____ 3. _____Put your thumb up and bend it. Bend your first finger. Move your little finger up and down. Wow! What a big mouth!

　　Peter:_____ 4. _____Put your two thumbs together. Open your hands. Move your fingers up and down. Ha! Ha! It's flying high in the sky.

　　Alice:_____ 5. _____Put your first and second fingers up. Close your other fingers and thumb. Look! The shadow is changing. It can hop!

　　The children laugh and play. They have a good time.

Vocabulary bank（生词表）

thumb 拇指　　　bend 弯曲　　　first finger 食指

A.　Let's make a rabbit.

B.　Let's make a bird.

C.　Let's make a dog.

D.　So they make shadow puppets together.

　● Read and circle（阅读短文，给文章选一个合适的名字，把编号填在横线上）

E. Animals

F. Puppets

G. Hand show puppets

图 2　相关作业题的再次编写

答案：

1. G   2. D   3. C   4. B   5. A

题目编码	对应目标编码	目标维度 与认知类型	题目 类型	题目 完成方式	题目 难度	预计 完成时间	题目 来源	是否为某一 大题拆分	备注栏
S00011	YY0423108	B 理解	选择题	书面	中等	2分钟	改编	否	

S00012：Read and choose（根据上文，选出恰当的答案，将其编号填入相应的括号内）

（　）1. Alice can use her ＿＿＿＿＿ to make shadows.

A. puppets　　　　B. hands　　　　C. ears

（　）2. When the children make shadows, they don't need the ＿＿＿＿＿.

A. lamp　　　　B. mirror　　　　C. wall

（　）3. When the children make a bird, they don't need ＿＿＿＿＿.

A. thumbs　　　　B. fingers　　　　C. toes

（　）4. Kitty puts her first and second fingers up. She can see the ＿＿＿＿＿.

A. dog's mouth　　B. rabbit's ears　　C. bird's wings

（　）5. Kitty puts her ＿＿＿＿＿ together and open her hands. She makes a ＿＿＿＿＿.

A. thumbs, bird　　B. little fingers, bird　　C. first and second fingers, dog

答案：

1. B   2. B   3. C   4. B   5. A

题目编码	对应目标编码	目标维度 与认知类型	题目 类型	题目 完成方式	题目 难度	预计 完成时间	题目 来源	是否为某一 大题拆分	备注栏
S00012	YY0423107	A 记忆	选择题	书面	中等	3分钟	改编	否	

S00013：Read and order（根据上文，选择句子排序，使各句能连成一段话，意思通顺，答案写在横线上）

First, ＿＿＿＿＿　　1. ＿＿＿＿＿.

Next, ＿＿＿＿＿　　2. ＿＿＿＿＿.

Then, ＿＿＿＿＿　　3. ＿＿＿＿＿.

After that, ＿＿＿＿　　4. ＿＿＿＿＿.

Finally, ＿＿＿＿＿　　5. ＿＿＿＿＿.

A. close your other fingers and thumb

B. put your second finger up

C. I can make the rabbit hop

D. move your fingers up and down

E. put your first finger up

答案：

1. E   2. B   3. A   4. D   5. C

题目编码	对应目标编码	目标维度 与认知类型	题目 类型	题目 完成方式	题目 难度	预计 完成时间	题目 来源	是否为某一 大题拆分	备注栏
S00013	YY0423108	B 理解	选择题	书面	中等	1.5分钟	改编	否	

*Look at the shadow!

S00014：Think, draw and write（以"Look at the shadow!"为题，依据影子的变化过程画一画、写一写）

图2　相关作业题的再次编写（续）

● **Let's draw**

● **Let's write**

Look at _____

_____

Sometimes _____

_____

I can _____

_____ How _____!

题目编码	对应目标编码	目标维度与认知类型	题目类型	题目完成方式	题目难度	预计完成时间	题目来源	是否为某一大题拆分	备注栏
S00014	YY0423108	B 理解	书面开放题	书面	较高	6.5 分钟	原创	否	

答案：略

图 2　相关作业题的再次编写（续）

本次语篇编写，依托文本为学生创设"制造影子"并与"伙伴玩一玩"的情境。学生初读语篇，知晓结构；再读语篇，提炼信息；深度分析，逻辑排序；尝试摹写，有序表达。通过访谈，发现 97.1% 的学生表示对阅读内容感兴趣；90.7% 的学生觉得这样的话题贴近自己的实际生活，实用性强，且阅读文章篇幅与难度在可接受的范围内，易于理解；86% 的学生觉得答题的过程是帮助自己梳理逻辑、建立结构、搜集信息的过程。学生整体答题正确率也提升到了 92%。

5. 调整单元作业结构

以修订后的作业题属性为基础，形成实践应用基础上的作业属性统计表。以统计表中不同难度作业题量分布与总时间为基础，结合各作业题的属性汇总，以及通过问卷调查获取的作业感受数据，调整单元作业结构，使其满足质量要求，符合实际需要。

案例8 基于证据的作业结构调整

某初中化学单元作业总计6课时。应用作业后，基于正确率统计调整各作业题难度，基于学生实际完成时间数据调整作业时间，单元作业的难度分布与总时间也发生相应变化，得到修订后的作业属性统计表，如下表所示。

作业属性统计表

不同目标编码作业题量分布		不同认知类型作业题量分布		不同类型作业题量分布		不同难度作业题量分布		总时间（分钟）
910101	3	记忆	12	选择题	12	较低	20	240
910102	4	理解	10	填空题	12	中等	10	
910103	5	应用	9	解答题	10	较高	11	
910104	3	分析	4	实践题	5			
910105	2	评价	3	长周期题	1			
910106	4	创造	3	跨学科题	1			
910107	3							
910108	5							
910109	4							
910110	2							
910111	3							
910112	3							

以上表为基础，结合学生作业感受，从以下方面展开思考，并调整作业结构。

◆ 6课时作业总共耗时240分钟，平均每课时40分钟，完成时间整体偏长，不符合"时间合适"的质量要求，需要适当减少题量。

◆ 难度较低的作业题量较少，难度中等和较高的作业题量较多，问卷调查表明，学生整体感觉作业难度大，说明不符合"难度适宜"的质量要求，需要考虑适当减少难度中等和较高作业题的数量。

◆ 单元有5道实践题，通过统计正确率，发现这些作业题难度较高。统计完成时间，发现总计耗时约 120 分钟。此外，通过学生访谈表明，有些实验材料家中也不易找到。可见，实践题偏多，不符合"结构合理"的质量要求。

◆ 依据分析，将 5 道实践题改为选做题，学生只要选做其一即可。经此调整，作业结构更加合理。此外，实践题耗时大约 30 分钟，单元作业总时间大约 150 分钟，平均每课时作业时间约 25 分钟，整体较为合适。

◆ 对于其中 3 道正确率低、难度较高的作业题，在题后提供解题提示，供学生按需要查看。如此虽然并未减少作业时间，但降低了作业难度。调整后，难度较低、中等、较难的作业题量分别 20、13、4，难度结构更加合理。

问题10 如何建构高质量学科作业体系？①

如何建构高质量学科作业体系，是目前中小学迫切需要解决的重要问题。如果说教学主要是通过师生互动解决"学什么，怎么学"的问题，那么作业就是以学生自主学习为主，解决"如何学得更好"的问题，考试评价则是通过书面测试等方式，解决"学得怎么样"的问题。作业是链接教学、评价的重要桥梁，也是促进学校内涵发展、提升教育质量、促进教师专业发展的重要支点。

（一）什么是高质量学科作业体系？

所谓体系，一般是指一定范围内同类事物按照一定的秩序和内部联系组合而成的整体。体系具有结构性、系统性、关联性、序列性等特征。

学科作业体系，主要是指学校教师依据学科课程标准、教材、学生的实际学情等，以单元为基本单位，系统设计该学段不同年级作业目标、作业内容与要求等。要确保作业体系的难度、要求、类型等方面具有科学性、结构性和纵向递进性等，避免不同单元、不同年级作业内容的混乱、简单重复、无效叠加、要求倒置、结构欠佳等情况。

学科作业体系的建构要求连续课时、连续时间内所布置的作业具有内容上的衔接性、水平上的进阶性、要求上的差异性等基本特征。比如，对于同一个能力要求，在不同课时、单元、年级需要有一定的差异或进阶特征。

为建构学科作业体系，还要加强不同学段之间的衔接，比如初中数学要加强与小学数学内容、形式与要求等方面的衔接思考，高中数学也要加强与初中数学内容、形式与要求等方面的有序衔接。

当然，学科作业体系不是静态的、一成不变的，而是动态的、不断发展

---

① 本部分由王月芬撰写。

完善的过程。学科作业体系的建构还要求教师从日常作业的批改、统计分析、讲评辅导等环节呈现的学生作业结果、与学生的交流沟通等活动中收集信息，利用这些信息改进学科作业体系，不断发挥这些工作对作业体系设计诊断改进的价值。例如，教师在作业设计中思考的目标、内容等，应该成为教师批改、统计分析、讲评辅导作业时的重要依据。同样，教师批改、讲评、分析中发现的问题，也应该是后续作业设计需要思考的重点。这样，作业从设计到批改到讲评辅导就形成了一个相互支持、相互促进、相互矫正的互动体系。

（二）为什么要建构高质量学科作业体系？

为什么要建构高质量学科作业体系？因为单独的几条好作业或者几个单元的好作业无法发挥系统效应，所以高质量的作业需要系统化。很多教师能设计出一些好的学科作业题，但是缺乏设计高质量学科作业体系的意识与能力。目前很多学校的学科校本作业往往是传统作业题的简单累加，在作业内容的纵向结构、难度结构、类型结构、水平结构等方面缺乏系统设计，这就容易导致学生学习的重复，也会导致作业与教学、评价之间脱节等一系列问题，容易造成教师在无序状态下，盲目抢学、拔高要求，给学生造成不必要的学业负担。

整体而言，学科作业体系最终要走向校本化。如果说教学整体上主要体现共性要求，那么作业最大的特点就是体现个性要求。因为每一所学校的校情、学情都是不一样的，每个学生都是独特的，而且他们的学习风格、兴趣爱好、天赋秉性、学习动机、坚持性、承受力都不同，所以作业设计最终必须坚持以校为本，充分发挥学校教师的专业能力，这样才能保证各个学校布置给学生的作业更有针对性、适切性和有效性。

（三）学科作业体系建构的基本流程是怎样的？

"控量、提质、增效"是高质量学科作业体系的核心价值导向。

高质量学科作业体系设计应该按照以下基本流程进行建构，即整体规划学科单元，以单元为单位研制作业目标体系，整体规划作业类型、作业栏目等，依据单元作业目标设计作业，统计分析并调整作业体系，依据实施效果动态调整完善作业体系。这个流程并不是一个简单的线性关系，而是在某些环节上是可以循环往复的，比如"统计分析并调整作业体系"环节，可能会从"以单元为单位研制作业目标体系"开始调整完善。（见图1-10-1）

当然，不同的学科在作业体系建构基本流程上并不一定要完全相同，可以依据学科、学段特点自行调整。

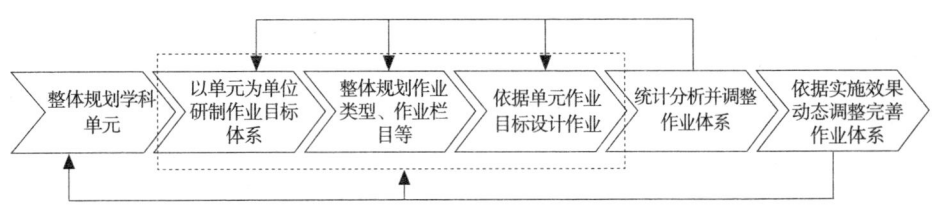

图1-10-1　学科作业体系建构关键步骤

1. 整体规划学科单元

整体规划学科单元不是一个学期的整体规划，而是要进行一门学科整个学段所有单元的整体规划。

一般而言，一个学科作业单元的整体规划，原则上应该是和教学单元整体规划完全一致的。但也不排除少部分学科，需要设计作业的单元可能只是部分单元，和教学单元并不完全一致的情况。

教师在进行单元整体设计时，往往有两种做法：一种是把教材原先设计的自然章节作为一个单元，这类单元可以称为"自然单元"，教师按照自然单元进行设计；另一种是教师依据学校和学生情况设计全新的单元，与教材自然单元形成互补，这类单元可以称为"重构单元"。对于教师而言，体系化地设计出某个学科重组的学科单元体系难度是很高的，所以建议教师以"自然单元"为主，适当补充"重构单元"，这是目前较为普遍并且也比较可行的做法。即便如此，也比原先仅从课时角度思考前进了一大步。

教师在进行一门学科整个学段单元整体规划的时候，可以参考以下单元整体规划表（见表1-10-1）。

表 1-10-1　单元整体规划表（供参考）①

年级	学期	单元序号与名称	单元性质 A. 概念单元 B. 主题单元 C. 能力单元 D. 项目任务单元 E. 跨学科单元 F. 其他	单元组合方式 A. 自然单元 B. 重构单元 C. 自然＋重构单元 D. 其他	单元总课时

2. 以单元为单位研制作业目标体系

作业目标体系是建立在单元作业目标基础上的。单元作业目标的设计可以依据单元作业目标设计表格（详见表 1-2-1）来进行，具体思路详见本书问题 2。

以单元为单位形成学科作业目标体系，本质上是对一门学科所有作业内容、要求的整体规划，是决定整个学科作业体系整体质量的基础与依据。

在设计好每个单元作业目标的基础上，处理好不同单元作业目标之间的纵向衔接关系，是形成学科作业目标体系的重点和难点。教师在处理不同单元作业目标对同一作业内容、要求或能力的纵向衔接时，主要有三种设计思路。

第一种思路是不同的单元落实不同的侧重点。

比如对于涉及"科学探究"能力的单元，第一个相关单元可能着重落实方案整体设计，第二个相关单元可能侧重于落实变量控制，第三个相关单元可能侧重于落实数据分析，第四个相关单元可能侧重于落实结论分析与交流等。

---

① 王月芬. 重构作业：课程视域下的单元作业［M］. 北京：教育科学出版社，2021：236.

第二种思路是不同要求与难度的提升。

比如对于涉及科学探究中"实验方案设计"的单元，第一个相关单元可能侧重于填补方案中某些重要信息，第二个相关单元可能侧重于判断方案的合理性与原因，第三个相关单元可能侧重于自己设计一个完整的实验方案，等等。

第三种思路是同一要求的循环巩固落实。

比如，涉及科学探究中"实验方案设计"的单元，在不同单元和年级可以变换不同的实验内容，某个单元可能是摩擦力大小影响因素的实验方案设计，另一个单元可能是影响物体下降快慢的实验方案设计，等等。

3. 整体规划作业类型、作业栏目等

作业类型、作业栏目等的整体设计，也是一门学科作业体系设计的基础。

作业类型的整体设计要兼顾书面和非书面、短周期与长周期、合作与独立完成、开放与非开放、学科和跨学科等各个维度的作业，可以多维度整合形成一种作业类型，比如开放式跨学科作业、长周期阅读作业等。

作业栏目的整体设计实际上与不同栏目要实现的作业功能相关，而且不同单元之间要相对一致。

例如，针对小学数学学科，教师可以将作业类型整体设计为选择题、判断题、解答题、操作题、探究题、开放题、长周期或跨学科作业题等几种类型。将每个单元的作业从新授课和复习课的角度，整体设计为"我来练一练""我能做一做""我想试一试""我会理一理""我要攀一攀"等几个栏目。这些栏目设计不仅体现了小学的色彩，而且也有数学的特征，分别有不同的内涵功能，并且通过一些主要的作业类型予以对应，这种整体设计有助于学科作业体系的整体建构（详见"小学数学单元作业设计指导"部分的表2-2-3）。

4. 依据单元作业目标设计作业

依据单元作业目标设计作业，是建立在已经形成作业目标体系，并且各个单元作业目标之间衔接问题已经解决的基础上的。

同一单元的作业设计，需要保证每一个作业目标都有合适数量的作业题与之对应，确保不同学科内容主题有适当的作业量予以落实，不同的作业类型、不同难度的作业数量比例要合理等。同一单元的作业设计，还要考虑新授课、复习课、讲评课作业设计的差异，比如在难度比例和综合性程度上，

复习课高难度作业的比例会高于新授课。单元作业设计可以使用作业属性表（可参考表 1-1-3），具体设计要求详见本书问题 1 和问题 7 的相关建议。

此外，高质量的学科作业体系还需要注重体现不同学段、年级的要求。例如，要关注小学阶段一至二年级以非书面作业为主，中、高学段要注重书面作业与非书面作业的统筹协调等要求。

5. 统计分析并调整作业体系

这个统计分析是在作业正式布置给学生前的统计分析，主要解决不同单元间的纵向衔接、比例分配等问题。主要通过作业文本分析法，对作业体系进行整体分析，判断每条作业针对的作业目标、体现的作业类型、预估的完成时间等信息，汇总后就可以判断整体作业的结构性，发现学科作业体系中每条作业目标的落实情况、每种类型作业的比例、不同难度作业的比例、作业总时间等是否存在问题，也可以判断不同单元同一内容或要求的难度差异是否合理等。作业体系的整体分析，可以借助作业属性统计表（可参考表 1-1-4）进行。

6. 依据实施效果动态调整完善作业体系

依据实施效果动态调整完善作业体系，是指在学生真正做过作业以后，教师根据本校学生完成作业的结果，结合在批改、分析与讲评作业过程中发现的问题进行的从目标到内容的系统反思和完善。

学科作业体系并不是一成不变的，而是要根据对学生完成结果的分析诊断，不断进行完善改进。学校应该建立一定的机制，通过学生实际的作业结果、作业感受度来反思加强作业体系设计的合理性，甚至通过学生的"出声思维"来判断作业设计本身的问题。教师在批改作业的过程中分析学生实际完成的作业结果，不仅有助于发现学生学习中存在的问题，并在后续的教学、个别化辅导中及时给予帮助和指导，而且有助于反思作业设计自身存在的问题，改进作业设计本身。具体操作建议详见本书问题 9。

总之，建构高质量学科作业体系并非易事，不仅需要教师具有一定的专业水平，还需要有学校的专业化管理作为保障。学校要把教师的作业设计与实施能力作为重要的专业能力来抓。教师只有具有作业设计的专业能力，才能真正设计出符合本校学生实际需求的高质量学科作业体系。学科作业体系切忌采用"累加式""拼凑式"等方式进行简单的"拼盘"，切忌用无数的试卷来替代学科作业体系，更要避免简单粗暴的题海战术。各个学科都要设计体现核心素养导向的作业体系。

"双减"背景下，高质量学科作业体系的建构是必须的、迫切的。但高质量学科作业体系建构是一项专业性极强的工程，也是一项非常系统的学校内涵建设的长期性任务。这就要求学校加强作业的内涵管理，以教研组为核心力量，强调教师要像学科课程专家一样，系统思考前后作业之间的关系，而不是孤立、片断地设计某一天的作业或者某一个课时的作业。

从目前学校作业现状与教师专业能力来看，各个学科可以尝试先做好每个学科的每个单元的作业设计，这也是形成学科作业体系的重要前提。

目前，国家或者省市级层面组织专业力量设计保障基本要求的基础性作业体系，学校在各个学科共性、基础性作业体系的基础上，依据学生实际进行校本化补充完善和调整，应该是最可行的路径之一。

第二部分

学科作业
设计指导

小学语文
单元作业设计指导 ①

小学语文单元作业重在让学生巩固课堂所学内容，引导学生梳理相关的语文知识，形成基本的语文能力，养成良好的学习习惯，掌握学科思想方法，开展深入的自主学习。它是学生巩固所学知识，掌握学科技能，进而形成学科思想方法的重要保证。

一、设计理念与思路

小学语文单元作业编写凸显面向全体学生，重在落实学科学习的基本理念，促进学生核心素养的形成。

基础性。 强调学科知识和能力的获得，强调学科基本思想方法的形成，强调学科基本活动经验的形成。

针对性。 单元作业目标凸显单元教学重点，与单元教学目标之间有较高的相关度。根据学生的学习基础和认知发展水平，合理安排作业内容，练习要求由易到难，内容前后关联、逐步递进。

科学性。 合理安排单元作业的内容结构、水平结构与难度结构等，凸显作业的整体性、稳定性与层进性，充分发挥作业的效能。

多样性。 注重作业内容的多样、作业呈现方式的多样、作业完成方式的多样，以激发并保持学生完成作业的积极性，丰富学生的学习经历，满足学生的发展需求。

二、设计要点

小学语文单元作业需要思考单元作业内容、作业类型、认知类型三者的

---

① 本部分主要由高永娟、闵晓立、颜欣玮、张蓉、胡节、华芳、王雅琴、陈凤英、陆郁新、杨蔚昀、刘嘉秋等撰写。

整体设计等。

（一）单元作业整体设计

小学语文单元作业的设计，要求教师根据语文课程标准要求，依据教材中各单元的课文、语文园地的内容，从字、词、句的学习，阅读理解和表达（口头和书面），综合实践等方面编写相关作业。作业内容以课为单位呈现，语文园地的内容以分散与集中相结合的形式呈现，将识字、词句积累、应用等内容自然融入单元的单课作业中。古诗、名言的积累，学习方法的归纳、交流等，则在单元复习作业中通过口头、书面和活动等形式呈现。

各单元作业一般由单元作业导语、单元作业目标、单元内容结构、课时作业内容、作业指导、作业答案等几部分组成。

单元作业导语着重介绍该单元指向语文要素学习的重点作业目标。指向单元重点作业目标的内容，可以通过思维导图的形式（气泡图、流程图、树形图等）呈现，为学生提供相应的作业指导。作业答案以活页形式呈现。

单元中的精读课文、略读课文和单元复习等不同类型课的课时作业内容结构如图 2-1-1 所示。

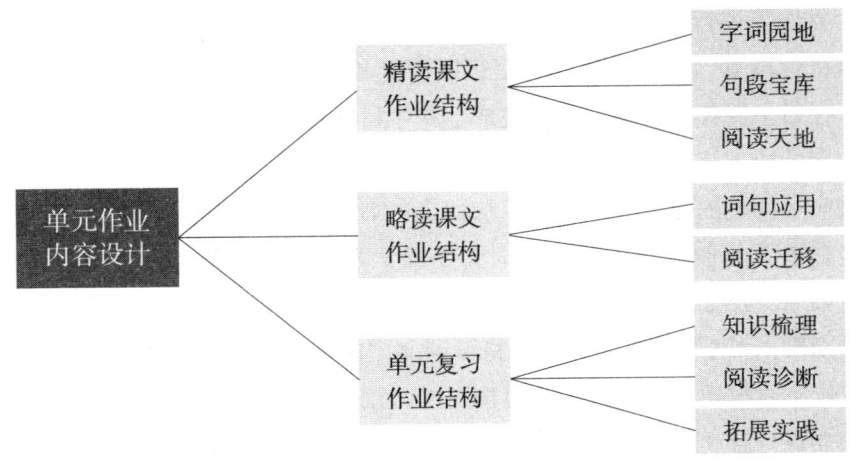

图 2-1-1 小学语文单元作业栏目设计

精读课文、略读课文和单元复习三种类型作业的设计结构相对独立，但又相互关联，体现由学习掌握到尝试应用，再到梳理总结、拓展迁移的自主实践过程。

精读课文作业可以从字词积累、句段应用、阅读理解三个方面设计相关作业。"字词园地"栏目主要帮助学生复习巩固一课所学生字的字音、字形，结合语境理解词语的意思，积累生字新词。"句段宝库"栏目主要检测学生对该课的某些句子、段落意思的理解和运用情况。"阅读天地"栏目主要围绕单元重点学习的语文要素设计相关题目，以了解学生对该篇课文的内容理解、主旨把握、写法体悟方面的掌握情况，重在训练学生的信息筛选、提炼及语言表达能力，引导学生运用已了解的阅读方法开展自主学习。

略读课文作业可以由"词句应用"和"阅读迁移"两个栏目组成。"词句应用"栏目侧重词句方面的练习，引导学生进一步在应用中夯实该单元词句方面的基础知识和基本积累。"阅读迁移"栏目为拓展阅读练习，侧重检测学生对单元重点学习的知识、技能的掌握和迁移情况，促进学生运用精读课学得的阅读方法和表达技能开展自主的拓展阅读，实现由"学"到"习"的转化。

单元复习作业可以由"知识梳理""阅读诊断""拓展实践"三个栏目组成。"知识梳理"栏目重在引导学生对一个单元所学的字词的读音、写法、意思等方面的掌握情况进行梳理和反思，对该单元语文要素学习的相关路径、方法等进行归纳提炼。"阅读诊断"栏目主要围绕单元重点学习的语文要素设计题目，关注对阅读方法运用情况和语言表达能力的考查。"拓展实践"栏目主要体现情境任务的完成、跨学科作业实践等方面的思考，设计基于一定情境的综合实践类活动，培养学生运用语文的基础知识、基本技能去解决实际问题的能力，帮助学生从"走进书本"到"走进生活"。

在单元作业设计中要关注语文要素学习的相关路径与方法的传递、梳理、归纳。比如，三年级下册第二单元的语文要素是"读寓言故事，明白其中的道理"，就可以在单元每篇精读课文"阅读天地"的作业设计中逐步传递"读寓言故事，明白其中的道理"的阅读路径和方法（详见"小学语文单元作业设计样例"中的阅读类作业），即读寓言故事时，要试着概括故事中的主要人物在相关情况下的表现，并联系故事的结局说明自己懂得的道理。经过一个单元的学习，在单元复习作业"知识梳理"栏目中，可以引导学生对"读寓言故事，明白其中的道理"的阅读路径进行梳理，要求学生在空白的框内回答读寓言故事时需要思考的问题（见图2-1-2）以及填写"读懂故事"和"明白道理"时要思考的一些问题，以便对"读寓言故事，明白其中的道理"的阅读路径和具体方法有完整的认识，从而促进阅读思维方式的形成。

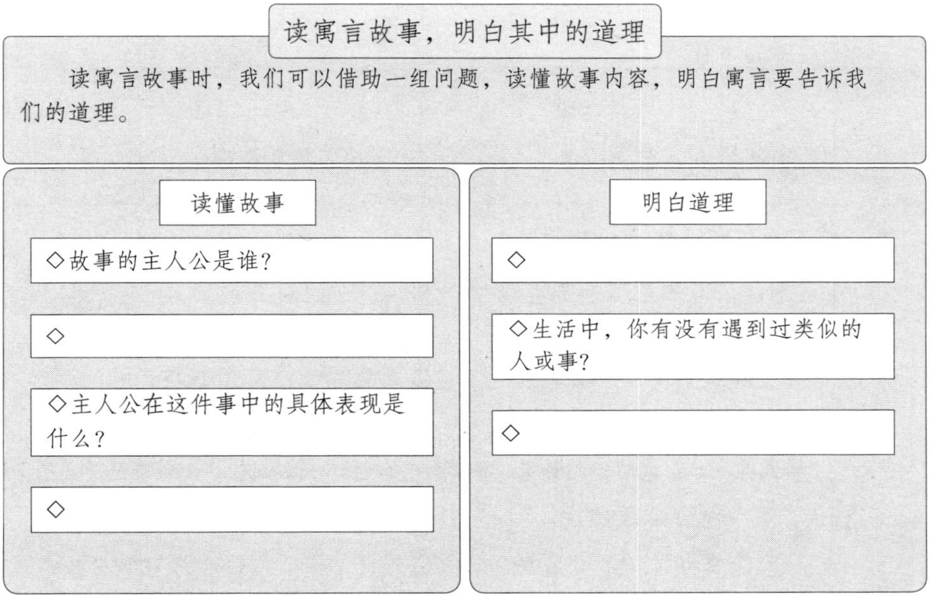

读寓言故事，明白其中的道理

读寓言故事时，我们可以借助一组问题，读懂故事内容，明白寓言要告诉我们的道理。

读懂故事	明白道理
◇故事的主人公是谁？	◇
◇	◇生活中，你有没有遇到过类似的人或事？
◇主人公在这件事中的具体表现是什么？	◇
◇	

图 2-1-2 阅读寓言故事需要思考的问题

（二）作业类型整体设计

根据教学任务，建议将小学语文单元作业分为以下几类。

1. 积累类作业

主要指字词句段的积累，陈述性知识的记忆、运用。

例1：小学语文三年级下册第二单元第5课《守株待兔》作业题

一、为加点字选择读音，把序号填写在括号里。
①gēn ②jǐng ③wèi ④yì ⑤gēng ⑥lěi ⑦jǐn ⑧jì

宋人有耕者（　　）

折颈而死（　　）

因释其耒而守株（　　）

冀复得兔（　　）

例2：小学语文三年级下册第二单元第6课《陶罐和铁罐》作业题

四、把正确选项的序号填写在横线上。

1. 与句中加点词的意思最接近的一项是_____。

"我就知道你不敢，懦弱的东西！"铁罐说，带着更加轻蔑的神气。

①衰弱　　　②软弱　　　③柔软

2. 铁罐说下面这句话时的语气是_____。

"和你在一起，我感觉到羞耻，你算什么东西！"铁罐说，"走着瞧吧，总有一天，我要把你碰成碎片！"

①温和　　　②轻蔑　　　③恼怒

---

2. 阅读类作业

包括课内、课外阅读。具体指对词句段意思的理解，对句与句、段与段之间关系的理解，对词句表达作用的体会，对自然段、逻辑段主要意思的概括，对叙事文章主要内容的概括，对文章中心思想的提炼，对文中人物言行心理的推断，对事实的陈述，对文中人物的评价，等等。

例3：小学语文三年级下册第二单元第5课《守株待兔》作业题

六、选择正确的一项，把序号填写在括号里。

"守株待兔"这个寓言故事给我们的启示是：（　　）

① 兔子撞死在树桩上是一种偶然的现象

② 贪图不劳而获的结果往往是一无所得

③做事情要发挥自己的优势，去达到预定的目标

> 我知道了，读寓言故事，一般先要知道故事的主人公是谁，然后了解主人公的行为表现及原因，再从故事的结局中想想寓言想告诉我们的道理……

例4：小学语文三年级下册第二单元第6课《陶罐和铁罐》作业题

六、根据课文内容填空。

铁罐轻蔑地称陶罐是"懦弱的东西"是因为＿＿＿＿＿＿＿＿＿＿；但陶罐并不认为自己"懦弱"，是因为＿＿＿＿＿＿＿＿＿＿＿＿。后来，铁罐恼怒了，是因为＿＿＿＿＿＿＿＿＿＿＿＿＿＿＿。

两个罐子遗落在荒凉的废墟上。许多年后，陶罐＿＿＿＿＿＿＿＿＿，铁罐＿＿＿＿＿＿＿＿＿＿＿＿＿＿＿＿。

> 我们读寓言故事，要读懂故事的大意，可以结合人物的语言去了解他们各自的观点。

3. 表达类作业

包括口头表达和书面表达。具体指根据要求写话、写段、写篇。

例5：小学语文三年级下册第二单元第5课《守株待兔》作业题

七、对下面这个人的做法你有什么想法，和同学交流一下你的观点。

有个人购买体育彩票中了奖，获得了300元奖金。之后，他节衣缩食，把自己的工作收入几乎都投入到了购买彩票中。

读寓言故事，不仅要了解故事的内容，还要想一想它对你有什么启示或帮助。请你思考在生活中有没有类似的人或事。

例 6：小学语文三年级下册第二单元第 7 课《鹿角和鹿腿》作业题

八、读文中画"＿＿＿"的句子，借助提示写出鹿对角和腿态度的变化。

（提示：可以用上"最初……，现在却……"这一句式来写）

_____

_____

4. 综合活动类作业

根据情境任务要求，进行学习体会分享、课外阅读、生活体验与表达、口语交际等方面的实践活动。举例如下。

某校四年级备课组在设计四年级下册第二单元的作业时，设计的综合活动类作业是要求学生"读《十万个为什么》，并选择自己感兴趣的内容，设计、填写资料卡"。阅读科普类文章，设计相应的资料卡，对于四年级的学生而言，是存在一定难度的。为了帮助学生更好地完成这项作业，教师整体规划这项作业需分哪几个阶段进行，将之有机融合到单元作业的设计中。

首先，将"快乐读书吧"前置到单元第一篇精读课文《琥珀》后，激发学生阅读科普读物的兴趣，并引导学生阅读时可通过设计资料卡做相应的记录，将了解到的科学知识与他人分享。如画一画，写一两句话；又如以思维导图、表格的形式，或以文字叙述的方式，提炼、呈现读懂的内容。记录的方式可以是多样的。

接着，给出两周时间，让学生选择自己感兴趣的内容进行阅读，并设计、填写资料卡，使学生通过自主的阅读实践，尝试根据不同类型事物的要素来梳理与提炼相关的要点。该单元课文学习结束后，安排一次资料卡的展示交流活动，一方面让学生分享彼此的阅读成果，丰富科学知识，另一方面又能激发学生进一步阅读科普读物的兴趣。

另外，可结合学校科技节活动，让学生借助资料卡上的提示，将阅读中了解到的科学知识介绍给学弟学妹们，旨在引导学生将在该单元口语交际课上学到的交际规则运用到真实的生活情境中，体验学以致用的快乐。

上述不同类型的作业应根据每一阶段的教材特点和作业目标灵活安排、设置，充分体现口头作业、书面作业相结合，学科知识作业与综合性、专题性作业相结合，短作业与长作业相结合，收敛性作业与开放性作业相结合，个体独立完成作业与团队合作完成作业相结合的原则。

（三）作业认知类型整体设计

根据布卢姆教育目标分类学提出的认知类型，小学语文单元作业认知类型可分为记忆、理解、应用、分析、评价、创造六种类型，见表2-1-1。

表2-1-1　小学语文单元作业认知类型内涵与行为动词举例

认知类型	基本内涵	行为动词举例
记忆	识别或记住有关汉语的基础知识与基本语言规范，积累语言材料	认读、背诵、默写、识别、识记、辨认、标识、回忆等
理解	感知或领会语文知识之间的内在联系，或结合语境对语言材料进行剖析，明确各部分的含义；把语言材料的共同特点归结在一起加以简明叙述或扼要重述，提炼出这个语言材料的主要内容与思想意义	解释、释义、描述、转化、举例、总结、归纳、概括、匹配、归类、判断、预测等
应用	应用已习得的语言知识与经验，解决简单的语文问题，形成自己的思考与感受	转换、模仿、反思、撰写、使用、运用等
分析	将语言材料的整体分为各个部分、方面、因素和层次，并分别考查其作用、效果，剖析部分与部分、部分与整体之间的内在联系，从整体上把握语言材料的思想内容和表现特征	梳理、区分、辨析、剖析、阐释、说明、推断、推理、归因、整合、选择等

续表

认知类型	基本内涵	行为动词举例
评价	依据文本信息、生活经验、相关语文知识对文中的人、事、物和语言形式等做出价值判断	评论、评价、鉴赏、批判、比较等
创造	综合运用语言知识与经验，解决复杂的语文问题，建构新的知识结构，形成自己对自然、社会和人生的新理解与新认识	探究、想象、设计、计划、编写等

三、小学语文单元作业设计样例

下面以小学语文三年级下册第二单元作业设计为例进行说明。限于篇幅，只呈现精读课文作业、略读课文作业和单元复习作业的部分案例。

【单元作业导语】

"读寓言故事，明白其中的道理"是本单元重点学习的内容。大家读寓言故事时，要试着概括故事中主要人物在相关情况下的表现，并联系故事的结局说明自己懂得的道理。

【单元作业目标】

表 2-1-2　单元作业目标

目标序号	单元作业目标
320201	在语境中读准生字的字音
320202	抄默指定的字词
320203	解释词句在语境中的意思
320204	解释指定文言文的大意

续表

目标序号	单元作业目标
320205	背诵指定的文言文
320206	概括故事中主要人物在相关情况下的表现
320207	联系主要人物的表现与故事的结局说明自己懂得的道理
320208	选择合适的方法向别人介绍自己喜欢的寓言故事
320209	向他人讲述自己对一些事情的观点及理由
320210	梳理读懂寓言故事的方法
320211	按照通知的基本要素和格式写通知

【单元作业内容】

📖 精读课文作业示例

5 守株待兔

字词园地

一、为加点字选择读音，把序号填写在括号里。（主要对应单元作业目标320201）

①gēn ②jǐng ③wèi ④yì ⑤gēng ⑥lěi ⑦jǐn ⑧jì

宋人有耕者（ ）

折颈而死（ ）

因释其耒而守株（ ）

冀复得兔（ ）

二、为加点字选择正确的解释，把序号填写在括号中。（主要对应单元作业目标320203）

1.兔走触株，折颈而死。（ ）

A.步行 B.跑 C.移动 D.往来

2.兔不可复得，而身为宋国笑。（ ）

A.回去，返 B.回答、回复 C.再，重来 D.还原

句段宝库

三、解释下列句子的意思，写在横线上。（主要对应单元作业目标 320204）

1. 因释其耒而守株

_____

2. 而身为宋国笑

_____

四、想象写话。（主要对应单元作业目标 320207、320209）

1. 看到"兔走触株，折颈而死"那一幕，那位农夫产生了一个想法：_____

_____。

2. 如果你看到那位农夫还在守株待兔，你会提醒他：_____

_____。

阅读天地

五、用课文原句完成下面填空。（主要对应单元作业目标 320205）

"守株待兔"这个寓言故事中的主人公是_____，让他"因释其耒而守株"的原因是_____，结局却是_____。

六、选择正确的一项，把序号填写在括号里。（主要对应单元作业目标 320207、320210）

"守株待兔"这个寓言故事给我们的启示是：（ ）

①兔子撞死在树桩上是一种偶然的现象

②贪图不劳而获的结果往往是一无所得

③做事情要发挥自己的优势，去达到预定的目标

　　我知道了，读寓言故事，一般先要知道故事的主人公是谁，然后了解主人公的行为表现及原因，再从故事的结局中想想寓言想告诉我们的道理……

七、对下面这个人的做法你有什么想法，和同学交流一下你的观点。（主要对应单元作业目标320209）

有个人购买体育彩票中了奖，获得了300元奖金。之后，他节衣缩食，把自己的工作收入几乎都投入到了购买彩票中。

读寓言故事，不仅要了解故事的内容，还要想一想它对你有什么启示或帮助。请你思考在生活中有没有类似的人或事。

*八、快乐读书吧。（主要对应单元作业目标320208）

寓言故事题材广泛，形式活泼，在轻松有趣的内容中蕴含着发人深省的道理。除了《守株待兔》《南辕北辙》这些中国古代寓言外，还有在世界范围内有很大影响的伊索寓言、克雷洛夫寓言，请在寓言宝库中搜集你喜欢的故事吧，本单元学习结束后，我们将举办寓言故事交流会。

你知道哪些寓言故事的名字？请你写一写。

略读课文作业示例

8*　池子与河流

词句应用

一、选择恰当的词语填写在括号里。（主要对应单元作业目标320203）

　　果然　　固然

1. 废寝忘食学习（　　　）令人敬佩，但是适时休息也很重要。

2. 都说桂林山水甲天下，身临其境，（　　　）名不虚传。

二、根据课文内容把句子补充完整。（主要对应单元作业目标320206）

1. 因为池子只顾自身的安逸，所以_____。

2. 河流受人尊敬，是因为_____。

三、照样子写句子。（主要对应单元作业目标320203）

例：我安闲地躺在柔软的泥土里，像躺在鸭绒垫上一样。

1.小妹妹走起路来摇摇摆摆，像_____。

2.树叶从枝头飘落下来，像_____。

阅读迁移

雄鹰与鼹鼠

雄鹰夫妇从远方来到了一片茂密的森林中，准备在一棵高大、枝繁叶茂的橡树的顶端筑巢，以便夏天来临时生儿育女。鼹鼠知道后，便勇敢地来到雄鹰那儿，向它提出了自己的忠告：千万别在这儿安家，因为橡树的树根大部分已经腐烂掉了，随时都有倒下的危险。

雄鹰怎么能听进来自地下洞穴的家伙的忠告？更何况还是目光短浅的鼹鼠提出的。雄鹰根本没搭理这个家伙，马上开始做窝，很快建好了新家。不久，妻子就孵化出了雏鹰。可一天早晨，雄鹰带着丰盛的食物返回家里，却看到橡树倒在地上，压死了它的妻子和儿女。雄鹰痛不欲生，它说道："我真是不幸！因为我没有听从正确的建议，命运之神狠狠地惩罚了我的傲慢。可是，谁能想到，这个忠告会来自毫不起眼儿的鼹鼠呢！""如果你重视我，"鼹鼠在洞穴中说道，"你就会想到，我每天都在地下打洞，经常接近树根，只有我最了解这棵树的状况。"

——本文选自《克雷洛夫寓言》（天地出版社出版）

四、根据短文内容填空。（主要对应单元作业目标320206）

雄鹰挑选了一棵高大的橡树筑巢，鼹鼠警告它_____。

雄鹰不听劝告，它_____。一天早晨，捕食回来的雄鹰发现_____。

五、根据提示填写表格。（主要对应单元作业目标320206）

雄鹰的表现	原因
毫不理睬鼹鼠的劝告	
痛不欲生	

六、你从雄鹰一家的不幸遭遇中获得了怎样的启示？（主要对应单元作业目

标 320207）

*七、快乐读书吧。（对应单元作业目标 320208）

最近你阅读的这些中外寓言故事中，哪些寓言故事给你留下很深的印象？选择你最喜欢的一个与小伙伴们分享吧！

> 我跟大家分享的寓言是……
>
> 这个寓言写了这样一个故事……
>
> 这个寓言让我明白了……

单元复习作业示例

单元复习（二）

知识梳理

一、读准字音，按提示做标记。（主要对应单元作业目标 320201）

耕　　尊　　皱　　遵循

狮　　释　　怨　　虚弱

提示：你可以在翘舌音的字下打上"△"，后鼻音的字下打上"○"，圈出读音相同的字。

二、圈出加点字的正确读音。（主要对应单元作业目标 320201）

匀称（chēng　chèn）　　不禁（jīn　jìn）　　撒腿（sā　sǎ）

称赞（chēng　chèn）　　禁止（jīn　jìn）　　播撒（sā　sǎ）

三、本单元中哪些字词特别容易写错，梳理一下，把它们写在横线上。（主要对应单元作业目标 320202）

四、读下面的词语，说说你的发现，在横线上再写几个词语。（主要对应单元作业目标 320203）

我发现"无忧无虑""无边无际"这两个词语……，我也能写几个这样的词语：_____、_____。

我发现"痛痛快快""忙忙碌碌"这两个词语……，我也能写几个这样的词语：_____、_____。

我发现"邯郸学步""滥竽充数"都是……，我也能写几个这样的词语：_____、_____。

五、在空白的框内回答读寓言故事时需要思考的问题。（主要对应单元作业目标320210）

读寓言故事，明白其中的道理

读寓言故事时，我们可以借助一组问题，读懂故事内容，明白寓言要告诉我们的道理。

读懂故事	明白道理
◇故事的主人公是谁？	◇
◇	◇生活中，你有没有遇到过类似的人或事？
◇主人公在这件事中的具体表现是什么？	◇
◇	

阅读诊断

郑 人 买 履

郑国有一个人，鞋子破了，想去买一双鞋。他先在家里量了一下自己的脚，把量好的尺码放在座位上，准备带走。

他匆匆忙忙地来到集市上，找到了自己想买的鞋。他摸摸口袋，忽然对卖鞋的人说："哎呀！我忘记带尺码来了。"说罢，转身就跑回家去取。等他赶回来，集市已散了，鞋也没有买到。

有人问他："你为什么不直接用自己的脚去试试鞋的大小呢？"

他说："我宁肯相信我量好的尺寸，也不能相信自己的脚。"

——本文选自《中国古代寓言》（三年级下册）（人民教育出版社出版）

六、根据短文内容，填写表格。（主要对应单元作业目标 320206）

郑人遇到的情况	郑人的表现	故事的结局

七、读文中画线的句子，想一想你有什么话要对这个郑人说。请把它写下来。（主要对应单元作业目标 320209）

_____

_____

八、把正确选项的序号填写在横线上。（主要对应单元作业目标 320207）

这个寓言故事告诉人们的道理是_____。

①买鞋不一定要量尺码，只要用自己的脚试试鞋子就可以了。

②遇事要多动脑筋，想办法，还要善于向别人请教。

③遇事要尊重客观事实，懂得灵活变通，不能守旧、死板。

拓展实践

九、根据要求拟一个通知，写在下面的方框内。（主要对应单元作业目标 320211）

请你代表小组拟一个通知，通知组内同学在 3 月 19 日中午 12:30 参加在学校图书室举办的寓言故事交流会。要求每位组员准时参加。通知要提早三天发布。

借助下面的提示，我可以自己检查通知是否写正确了。

◇通知的信息是否完整？
1. 时间
2. 地点
3. 事情
4. 通知对象
◇通知的格式是否正确？

*十、快乐读书吧。（主要对应单元作业目标320208、320209）

小组将要举办寓言故事交流会了，你准备选择哪一个寓言故事和大家分享？为什么选择这个故事？你准备用什么方式与大家分享？

听了组内同学的交流，你想给谁点赞？

请用一两句话写一写你为他（或她）点赞的理由。

小学数学
单元作业设计指导 ①

　　小学数学单元作业是巩固知识与技能、丰富学习经历、发展关键能力、落实核心素养的重要载体，可以促进学生理解基础知识和方法、掌握基本技能、获得基本经验；帮助学生主动重建关联的知识结构，形成正确的数学理解；引导学生领会数学学习的现实意义，感受数学与现实生活的联系，提高创造性地解决问题的能力；促进学生形成积极的学习情感，养成良好的学习习惯，培养学生的创新意识、合作能力与实践能力，引领学生树立正确的价值观。

一、设计理念与思路

　　小学数学单元作业依据课标，结合教材，遵循学习规律，尊重认知特点，通过选择重组、改编完善、自主创编等方式，遵循以下四方面的编写理念进行设计。

1.明确作业目标，聚焦核心素养

　　小学数学单元作业不仅是课堂教学的补充与延伸，也是培养学生核心素养的有效途径之一。小学数学单元作业的设计，要在明确的作业目标引领下，注重问题解答过程中的思维训练，通过数学课程渗透学生核心素养的培养。

　　例如，三年级下册第四单元"两位数乘两位数"作业目标为"理解并掌握两位数、几百几十数乘一位数（进位）的口算方法，能比较熟练地进行口算"。学生要通过观察和分析在直观图和算式之间建立联系，理解两位数、几百几十数乘一位数的口算方法，获得运算能力和数感的提升。

---

　　① 本部分主要由余亚萍、邹雪峰、黄琰、陈春芳、顾春文、范慧玲、穆晓东、柳叶青等撰写。本部分依据人教版小学数学教材进行设计。

2. 丰富作业素材，体现数学学习价值

小学数学单元作业的素材要关注学生的现实与数学文化。学生的现实主要表现在两方面：一是数学认知现实，即当前学生所学习的新的认知内容及其所积累的数学知识和方法；二是生活现实，即学生熟悉且有趣的事物、学生感兴趣的自然现象或社会中的一些现象或问题。数学文化主要是指与当前学习内容相关的传统数学文化。

例如，三年级下册第四单元"两位数乘两位数"作业创设了"学校卫生室采购消毒液的问题""垃圾分类的问题"等，又选取了古代经典数学著作《孙子算经》中的数学问题进行改编，设计为"今有三十六户，户输绵二斤八两。问计几何？"。数学作业的设计，选用了学生比较熟悉的学校和日常生活中的素材创编数学问题，同时融入了一些数学文化的元素。

3. 注重多元表征，增强学生数学理解

小学数学单元作业在内容表述科学准确的基础上，还体现了表征形式的多元化。针对具体数学知识的呈现形式，按需用图示、表格、文字或字母等不同的数学语言进行表达。

例如，三年级下册第四单元"两位数乘两位数"（笔算乘法第 2 课时）作业中提供了学生对 24×12 的两种不同计算方法，运用点图、连乘算式、竖式等多种形式表征。需要学生在问题的指引下，用联系的眼光观察和分析点图与连乘算式、点图与竖式之间的关系，进而理解每种计算方法的意义，促进对数学的整体理解。

4. 精选作业题型，外显学生思考过程

小学数学单元作业在填空题、判断题、选择题、计算题、问题解决等常规题型的基础上，还基于学生的发展与认知特点，精心设计了操作题、探究题、拓展题、长周期作业题、跨学科作业题等，进一步外显学生的主观思考过程。

例如，三年级下册第四单元"两位数乘两位数"（口算乘法第 3 课时）作业题以算式和箭头相结合的形式呈现了两组推算练习，学生要通过观察算式中的变化，推算出每个算式的结果，在探究的基础上，表达各自的发现。题目的设计旨在让学生经历观察、比较、分析、抽象等思维活动，丰富学生的学习体验，促进学生主动思考，发展学生的数学思维。

二、设计要点

小学数学作业以单元为基本单位，整体架构单元内容，系统设计单元作业诸要素，以提升作业的科学性和结构性。

（一）单元作业指引

单元作业指引以图文结合的方式，帮助学生认识学习价值，把握学习内容，明晰作业要求，建立单元作业的整体观念。

1. 单元作业导语

用贴近学生的语言引入单元作业，概述单元的主要学习内容和学生应达成的作业目标，使学生整体把握单元作业内容和学习要求。

2. 单元作业目标

以单元为基本单位，整体设计单元作业目标。各单元作业目标总量要适宜，单元作业内容应能充分、均衡、合理地反映单元作业目标。

作业目标关注情境活动设计，引导学生在活动中巩固知识与技能、丰富学习经历、发展关键能力和核心素养。

例如，三年级下册第二单元"除数是一位数的除法"单元作业目标320203"通过分一分的操作活动，能解释一位数除两位数除法的算理，并能用竖式正确计算"，明确提出作业目标达成的情境活动，即"分一分的操作活动"。

作业目标重视算理与算法渗透，让学生不仅知其然，而且知其所以然，引导学生根据算理与算法进行有效的作业练习。

例如，三年级下册第二单元"除数是一位数的除法"单元作业目标320209"能结合生活中的问题情境，解释一位数除多位数估算的一般方法，会用除法估算的方法解决实际问题，会比较估算结果与计算结果的大小关系"，充分体现了重视算理与算法的理念。

重视学习习惯与品质等方面的目标设计，引导学生养成规范、严谨的数学学习习惯。

例如，三年级下册第二单元"除数是一位数的除法"单元作业目标320211"在探索除数是一位数的除法的计算方法、运用除法解决问题的学习活动中，进一步养成规范、合理、严谨的习惯"，体现了对数学学习习惯的培养。

作业目标综合考虑各种认知类型，并结合数学学科特点和学生学习特点进行内涵界定，涵盖记忆、理解、应用、分析、评价、创造各类目标（见表2-2-1），促进学生的综合发展。

表 2-2-1   小学数学单元作业认知类型内涵与行为动词举例

认知类型	基本内涵	行为动词举例
记忆	能识别或记住有关的数学事实材料（包括定义、性质、法则、公式等），使之再认或再现；或按照示例进行模仿	识别、辨认、写出、说出等
理解	明了知识的由来，会用自己的语言正确描述对象的数学特征，规范地表达数学知识内容；会在标准的情境中直接运用数学知识，并会选择适合学科情境的条件进行运用	解释、举例、分类、推断、比较、说明等
应用	在一定的变式情境中能区分数学知识的本质属性与非本质属性；能把握数学知识内容及其形式的变化；能运用知识解决数学内部的问题以及简单的实际问题；能把具体现象上升为本质联系，从而解决问题	解决、实施、推导、转换、应用等
分析	能从一些实际问题中抽象出数学模型或基于实际问题进行归纳、做出假设，对新情境中的问题能进行数学分析，会对数学内容进行一定的扩展或对数学问题进行延伸	区别、联系、归因等
评价	能对解决问题过程的合理性、完整性、简洁性进行思考、表达和评价	检查、反思、鉴别、评价等
创造	能发表观点、见解，规划或设计问题解决方案，或提出独特的解决问题的思路、策略、方法	产生、计划、决策、设计、规划、生成等

3. 单元作业内容结构

通过图、表的形式呈现本单元内容分布及课时安排，帮助学生理解和掌握单元内容结构，建立作业与教学的紧密联系。

综合考量内容和素养两个维度，将小学阶段各册数学教材的单元教学内容与小学数学课程内容领域之间的对应关系作整体呈现，确保课程标准和数学课程所要培养的学生核心素养在作业中得到落实（以三年级下册为例，见表2-2-2）。

表 2-2-2　小学数学三年级下册单元内容结构

内容领域		具体内容	对应核心素养
数与代数	数的运算	②除数是一位数的除法 ④两位数乘两位数 ⑥年、月、日 ⑦小数的初步认识	数感 量感 运算能力 几何直观 模型意识 推理意识 应用意识
	数量关系		
	式与方程	—	—
图形与几何	图形的认识与测量	⑤面积	量感 几何直观 空间观念 模型意识 推理意识 应用意识
	图形的位置与运动	①位置与方向（一）	
统计与概率	数据的收集、整理和表达	③复式统计表	数据意识 应用意识 推理意识
	随机现象发生的可能性	—	—
综合与实践	主题活动	⑧数学广角——搭配（二）	符号意识 推理意识 应用意识 创新意识
	综合实践	★制作活动日历 ★我们的校园	
	综合复习	⑨总复习	

　　提倡开展综合主题复习，将教材的"总复习"单元纳入"综合与实践"领域，设立"综合复习"内容板块，体现总复习单元的综合性、整体性、结构性和活动性，帮助学生建立知识结构、掌握数学基本方法、发展综合应用能力。

　　例如，在三年级下册第九单元"总复习"作业设计中，建议安排 4 课时综合主题复习作业，每课时要有明确的复习主题、综合情境任务以及能体现整体性和结构化的作业内容设计。

（二）作业模块设计

　　参照教材内容，小学数学单元作业包括课时作业和单元复习作业。作业内容以模块形式呈现，作业模块在呈现、内涵和题型上各有侧重，以此凸显作业的结构和功能（见表 2-2-3）。单元作业模块主要有"我来练一练""我能做一做""我想试一试""我会理一理""我要攀一攀"。课时作业和单元复习作业可根据实际选择其中 2 个或 3 个模块。

表 2-2-3　小学数学单元作业模块设计说明（供参考）

作业模块	呈现	内涵说明	建议作业类型
我来练一练	课时作业	针对课时教学内容的重点、难点，通过算一算、辨一辨、连一连、圈一圈、填一填、选一选等熟悉的学习活动，来夯实学生的基础知识与基本技能，帮助学生掌握基本的问题解决方法，让学生形成良好的学习习惯	填空题、选择题、判断题、解答题、问题解决题等
我能做一做	课时作业	以动手实践操作为主，通过折一折、剪一剪、拼一拼、搭一搭、画一画等有趣味、不拘一格的动手操作活动，形成个性化、具有差异性的作品，帮助学生积累学习活动经验	作图题、操作题等
我想试一试	课时作业/单元复习作业	以新情境中的问题解决为主，通过拓展阅读、问题探究（含开放性问题探究），帮助学生自觉应用已经获得的知识与技能，经历观察、分析、比较、抽象、概括等思维过程，探究或发现简单的数学规律，积累探究性活动经验，发展数学思维品质	拓展题、探究题等
我会理一理	单元复习作业	梳理单元学习内容，建立知识点间的联系，能在梳理过程中体会知识之间的逻辑关系，将单元知识内容整体化、结构化	填空题、选择题等
我要攀一攀	课时作业/单元复习作业	结合课时内容或单元学习内容，通过初步观察、调查、分析、研究或实验，经历充分的思考、规划、实施过程，完成具有一定综合性、实验性或跨学科特性的作业，发展初步的综合能力和创新意识	探究题、开放题、长周期或跨学科作业题等

各单元作业中，"我来练一练""我能做一做"模块的重点是巩固基本的概念、提升能力、掌握方法等；"我想试一试""我会理一理""我要攀一攀"模块的重点是培养学生的数学思考、问题解决等高阶思维能力。

1. 课时作业

课时作业以教材课题为单位进行设计，与教学课时基本一致。对应课时教学内容，设计各类作业题型，包括常规题型和新题型、书面题型和非书面题型，引导学生练习和巩固课堂所学内容。课时作业数量不宜过多，应严格控制作业时间。

2. 单元复习作业

从单元整体出发，设计各类作业题型，引导学生梳理单元知识内容、分析解决综合应用问题和跨学科问题，促进学生综合发展。

单元复习作业依据教材特点灵活设计，若教材单元含"整理与复习"内容，则设计相应的单元复习作业；"总复习"单元只设计课时作业，不另设复习作业。

例如，三年级下册第二单元"除数是一位数的除法"复习作业分为两个课时。在第一课时中，首先通过导语的方式梳理本单元的学习重点，随后用具体的习题引导学生回忆并巩固除数是一位数的除法口算、笔算的基本算理与算法。在第二课时中，主要帮助学生通过解决实际情境中的问题，提升应用除法的能力。

（三）作业类型整体设计

除了常规的填空、选择、判断、解答、作图、问题解决等作业类型，教师在设计小学数学单元作业时，还要根据学科特点，设计操作作业、拓展作业、探究作业、长周期作业、差异性作业和跨学科作业。

在完成操作作业的过程中，学生需要主动参与，动手操作实践（实验），在亲历实践过程中积累操作活动经验，掌握问题解决方法。

拓展作业与课时或单元学习内容相关联，并在原有基础上拓展情境内容，需要较高程度的认知参与，以拓宽学生学习经验。

例如，在三年级下册第六单元"年、月、日"作业中，设计了"中国古代计时方法"的拓展作业，学生在阅读了解"干支计时法"和"十二时段计时法"

之后，需结合《孔雀东南飞》的诗句"奄奄黄昏后，寂寂人定初"的情境材料，回答"黄昏""人定"分别指什么时间段。

完成探究作业时，学生需经历观察、分析、比较、抽象、概括等思维过程，积累数学活动经验，体验数学思想方法。

长周期作业对应单元整体学习内容，不受每天明确规定的课时作业时间限制，可在一个相对较长的时间内完成，通常为数日或几周，特殊的时间可以更长。

完成差异性作业时，学生可以用不同方式来进行，或者用不同的表征方式提交学习任务成果。

跨学科作业要求学生经历规划任务、形成方案、实施方案、调整决策、解决问题等过程，综合应用学科和跨学科知识与技能来解决问题。

（四）作业答案设计

1. 作业参考答案

对于选择、填空、判断、解答、作图等常规作业，教师应给出答案，其中，对于体现高阶思维的作业，要给出一定的解题思路或策略，对于学生易出错或者体现差异的作业，则应给出完成样例。

2. 关键方法指导

对于难度较大、完成时间较长、需要学生综合运用所学知识解决的作业，要提供关键方法指导，呈现重要知识点、关键步骤、解决策略和需特别注意的内容，帮助学生理顺问题解决思路、把握知识内容的逻辑关系，并能够进行适当的拓展思考。

三、小学数学单元作业设计样例

下面以小学数学三年级下册第四单元"两位数乘两位数"作业设计为例来进行说明。限于篇幅，只呈现课时作业和单元复习作业的部分案例。

【单元作业导语】

同学们，本单元我们要学习"两位数乘两位数"的相关知识，它们在日常生活中可有用了。你想更好地掌握两位数乘两位数的运算本领，学会用运算方法解决生活中的数学问题吗？让我们一起走进本单元的学习和练习，相信大家一定会有很多收获！

【单元作业目标】

本单元的作业目标如表 2-2-4 所示。

表 2-2-4 单元作业目标

目标序号	单元作业目标
320401	理解并掌握两位数、几百几十数乘一位数（进位）的口算方法，能比较熟练地进行口算
320402	理解并掌握两位数乘整十数、整百数（不进位），整十数乘几百几十数（不进位）的口算方法，能比较熟练地进行口算
320403	掌握两位数乘两位数的竖式计算方法，能正确计算，并能解释算理
320404	形成估算意识，会用估算对乘积的合理性进行初步判断
320405	运用两位数与两位数相乘的计算解决简单实际问题
320406	运用连乘、连除的方法解决生活中的实际问题
320407	学会用两步计算和不同的方法解决问题，初步形成综合运用数学知识解决问题的能力
320408	在问题解决的过程中逐步养成规范、合理、严谨的习惯

【单元内容结构】

本单元的内容结构如图 2-2-1 所示。

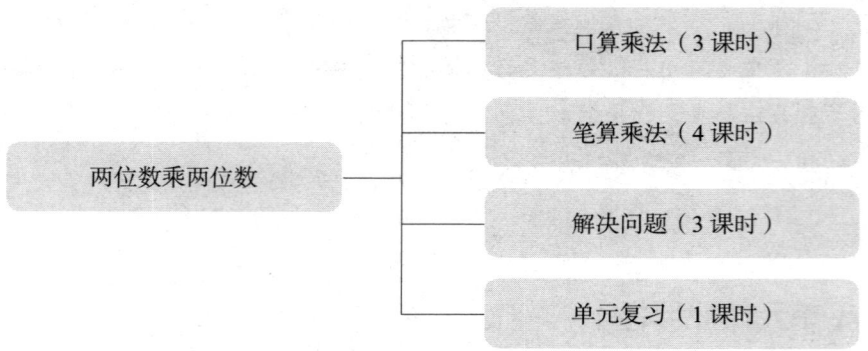

图 2-2-1　"两位数乘两位数"单元内容结构图

【单元作业内容】

课时作业示例

笔算乘法（第 3 课时）

我来练一练

1. 每本 24 元　王老师要买 18 本这样的笔记本，请你估算一下，王老师带了 500 元，够吗？说说你的理由。（主要对应单元作业目标 320404）

2. 每本 24 元　王老师要买 18 本这样的笔记本，实际需要多少钱？你能根据小巧画的图把算式填写完整吗？再补上答句。（主要对应单元作业目标 320405）

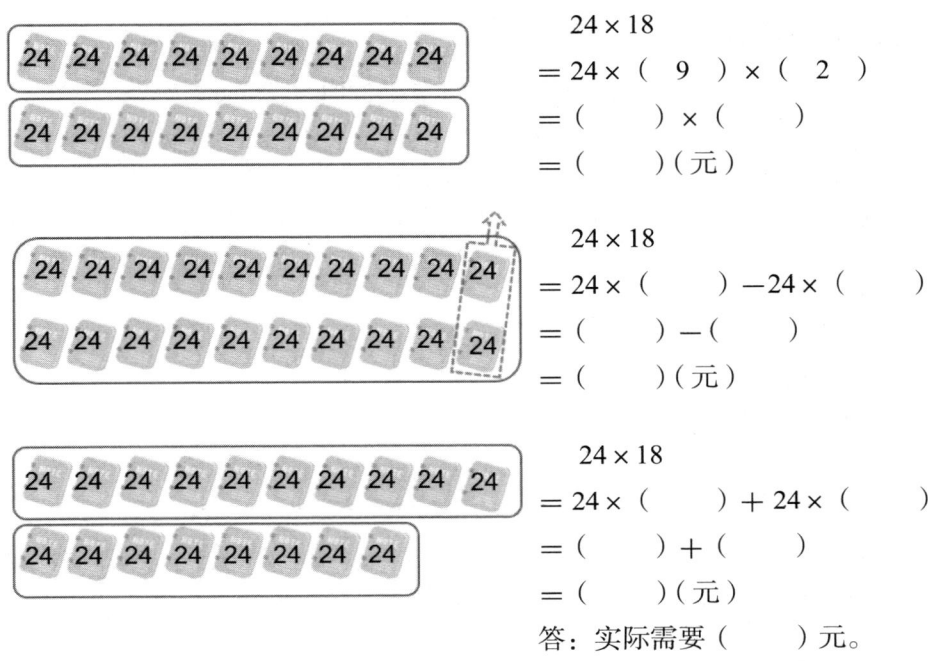

24×18

$= 24 \times (\ 9 \ ) \times (\ 2 \ )$

$= (\qquad) \times (\qquad)$

$= (\qquad)（元）$

24×18

$= 24 \times (\qquad) - 24 \times (\qquad)$

$= (\qquad) - (\qquad)$

$= (\qquad)（元）$

24×18

$= 24 \times (\qquad) + 24 \times (\qquad)$

$= (\qquad) + (\qquad)$

$= (\qquad)（元）$

答：实际需要（ 　　 ）元。

3. 在"爱心校服漂流"活动中，学校组织同学们捐赠闲置校服。此次捐赠的闲置校服共装了 78 箱，每箱里装 22 件，同学们大约捐了多少件校服？以下哪种估算方法更合理？（ 　 ）（主要对应单元作业目标 320404）

A.70×20　　　　B.70×30　　　　C.80×20　　　　D.80×30

4. 先把竖式填完整，再根据竖式在右图上圈一圈。（主要对应单元作业目标 320403）

$17 \times 13 = (\qquad)$

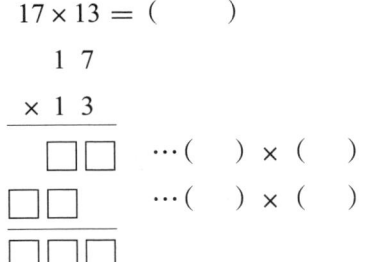

…（ 　 ）×（ 　 ）

…（ 　 ）×（ 　 ）

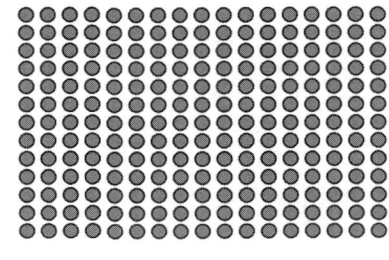

我想试一试

5. 分析错题原因。（主要对应单元作业目标 320403、320408）

　　　课堂上，小明做了两位数与两位数相乘的习题，老师看了直摇头。小明很纳闷，一脸疑惑地说："我错哪儿了？"同学们，你们知道小明错哪儿了吗？一起来帮助他找找原因吧。

A. 计算过程中没有进位。

B. 相同数位没有对齐。

C. 计算过程中加法算错了。

在括号里填写错误原因的编号，并进行改错。

```
      1 4              4 3              9 3
    × 2 6            × 1 5            × 4 5
   ───────          ───────          ───────
      8 4            2 0 5            4 6 5
      2 8              4 3            3 7 2
   ───────          ───────          ───────
    1 1 2            6 3 5          4 2 8 5
     （　）            （　）              （　）
```

　改错：　　　　　　　改错：　　　　　　　改错：

6. 阅读与解答。（主要对应单元作业目标 320406）

《孙子算经》是我国古代的一部经典数学著作，参考《孙子算经》，可以提出："今有三十六户，户输绵二斤八两。问计几何？"

　　译文：现在有 36 户人家，每户缴纳丝绵 2 斤 8 两，一共要缴纳多少两丝绵？（注：古代 1 斤＝16 两）请解决这个问题。

（其他课时作业略）

单元复习作业示例

我会理一理

> 这个单元的学习重点是：两位数乘一位数、整十（整百）数乘两位数的口算和两位数乘两位数的笔算。

1. 填空。（主要对应单元作业目标 320401、320402）

（1）口算 23×4：先算□0×4＝□□、□×4＝□□，再算□□＋□□＝□□；所以，23×4＝□□。

（2）口算 31×20：先算 31×□＝□□，再算□□×10＝□□□；所以，31×20＝□□□。

2. 选择。（主要对应单元作业目标 320403）

计算 45×67，错误的方法是（　　）。

A. 45×60＋45×7　　　B. 40×60＋5×7　　　C. 40×67＋5×67

3. 列式计算。一只羊一天吃草 3 千克，240 千克草能让 5 只羊吃多少天？（主要对应单元作业目标 320407）

4. 设计问题，并列式计算。（主要对应单元作业目标 320405、320406）

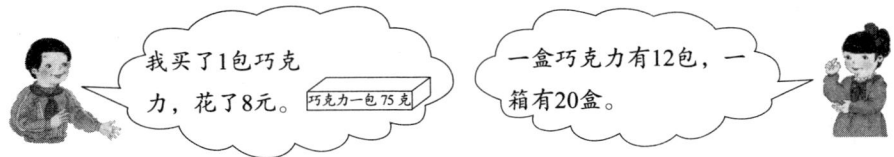

我设计的问题是：

我会列式计算：

我还可以设计问题：

我会列式计算：

我想试一试

5. 选择：❀的下面分别隐藏了一个数字，47×2❀的积可能是（　　）。（主要对应单元作业目标 320403、320404）

A. 8❀❀　　　　　　B. 15❀❀　　　　　　C. 1❀❀2

请根据你选择的答案，利用竖式算一算，找出❀下面隐藏的数字，把算式补完整。

6.

> 我准备了四道乘法题：48×42、53×57、61×69、26×24。请你按照下面的问题和要求，想一想、填一填、算一算。

（主要对应单元作业目标320403、320408）

（1）仔细观察每题的两个乘数，它们的共同特征是：乘数十位上的数都（　　　）；乘数个位上的数（　　　）。

（2）请你用竖式计算这四道题：

48×42 =　　　　　　　　　　53×57 =

61×69 =　　　　　　　　　　26×24 =

（3）猜一猜：积与乘数的特征之间有什么关系？

两数积的后两位（十位与个位），等于两个乘数（　　　　　）；

两数积的前两位（千位与百位），等于（　　　　　　）。

（4）用前面发现的乘数规律，自编两道乘法题，先口算乘积，然后用竖式计算的方法验证口算的结果是否正确。

7. 阅读理解：同学们，你们知道吗，计算两位数乘两位数的乘法，除了我们常用的竖式计算方法以外，还有其他的计算方法。下面就让我们来学习几种有趣的算法吧！（主要对应单元作业目标320403、320408）

（1）请先仔细阅读下面四种计算 35×23 的算法，你能看懂吗？

方法一：画线法　　6个百

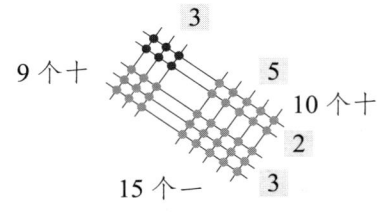

9个十

5

10个十

2

15个一　　3

$600 + 100 + 90 + 15 = 805$

方法二：表格算法

×	30	5
20	600	100
3	90	15

$600 + 100 + 90 + 15 = 805$

方法三：铺地锦

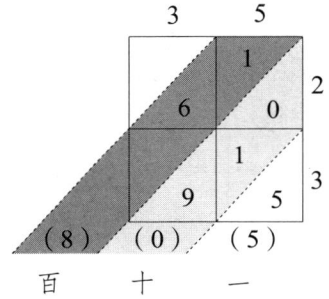

3　　5

1

6　　0　　2

1

9　　5　　3

（8）　（0）　（5）

百　　十　　一

方法四：其他竖式计算方法

```
        3  5
  ×     2  3
  ─────────────
        1  5   … 3 × 5
        9  0   … 3 × 30
     1  0  0   … 20 × 5
     6  0  0   … 20 × 30
  ─────────────
     8  0  5
```

（2）请你编一道两位数乘两位数的题目，任选上面的一种方法算一算，并和小伙伴交流一下你的计算方法。

小学英语
单元作业设计指导 ①

小学生通过完成小学英语单元作业能巩固所学的英语语言知识，发展听、说、读、看、写的英语基本技能，掌握一定的语言能力，并在此过程中逐步养成良好的学习习惯，提升思维品质、文化意识和学习能力。

一、设计理念与思路

小学英语单元作业力图通过设计情境丰富、难度适宜、形式多样的单元作业，鼓励学生以练促学，通过实践感悟，达成融会贯通与自主发展；并促进学生在持续努力中获得成功体验，增强学习自信，保持学习兴趣，从而形成良好的学习习惯，掌握有效的学习方法，以及在真实情境中运用知识解决实际问题的能力。

1. 作业目标关注学生持续发展

作业目标既凸显英语学科特色，重视语音、词汇、语法、语篇等方面的基本要求，又关注体现综合性、实践性、长周期性、跨学科性等多种特点的作业目标类型。着眼于学生学习的可持续发展，关注"目标引领"作业内容的结构化组织，形成系统、完整的单元语言知识与技能体系，引导学生在解决问题的语言实践过程中不断总结学习方法，促进学生核心素养的发展。

2. 作业内容关注学生真实生活情境

通过构建单元情境，链接学生生活实际，以任务驱动、助力"情境—语言—思维—学习能力"的融合推进。将学生的真实生活情境置于作业内容中，有助于实现以下功能。

◆ 更富有童趣，易于激发学生兴趣。

---

① 本部分主要由施嘉平、傅璟、徐琳、吴旻烨、周根妹、朱成、周嘉蓓、陆静娴、周坤亮等撰写。

◆ 使语言的表达更丰富。

◆ 更好地呈现语言思维的可视化路径。

◆ 有助于培养语言学习能力。

围绕真实生活情境设计作业内容，可以在多个维度上促进学生的语言学习和实践。

3. 作业类型关注时空拓展

通过对作业题目类型以及完成作业方式的多样化设计，形成丰富的作业类型，包括语言理解类、语言表达类、综合应用类、跨学科类、长（短）周期实践类、合作探究类、非书面其他类等。其中综合应用类、跨学科类、长（短）周期实践类、合作探究类等作业类型关注学生差异，合理拓展作业时空，给学生一定的自主选择、安排和探究的空间，促进学生知识内化、学以致用、自主发展。

4. 作业指导关注学生自我反思

教师充分发挥作业的激励、诊断、改进与补充的作用，引导学生通过将自我反思与教师指导相结合，在不断探究、建构与反思中，将知识与技能转化为实践能力；发现个人兴趣爱好与发展优势，发挥个性特长；逐步尝试从解决静态的问题到解决互动式的问题，从解决学科领域的问题到解决一般领域的问题，使每个学生的学习能力都得到充分发展。

二、设计要点

（一）单元作业整体设计

1. 单元内容结构

单元内容结构包括单元、板块、栏目和内容几个部分，以图谱的形式呈现。其中，单元即单元名称，板块包括 Part A、Part B 和 Part C 三个部分，栏目是依据课时选用的教材栏目，内容即栏目中的核心语言内容，由此形成每册教材"单元—板块—栏目—内容"的层级结构。以人教版英语教科书三年级下册单元内容结构为例，具体如图 2-3-1 所示。

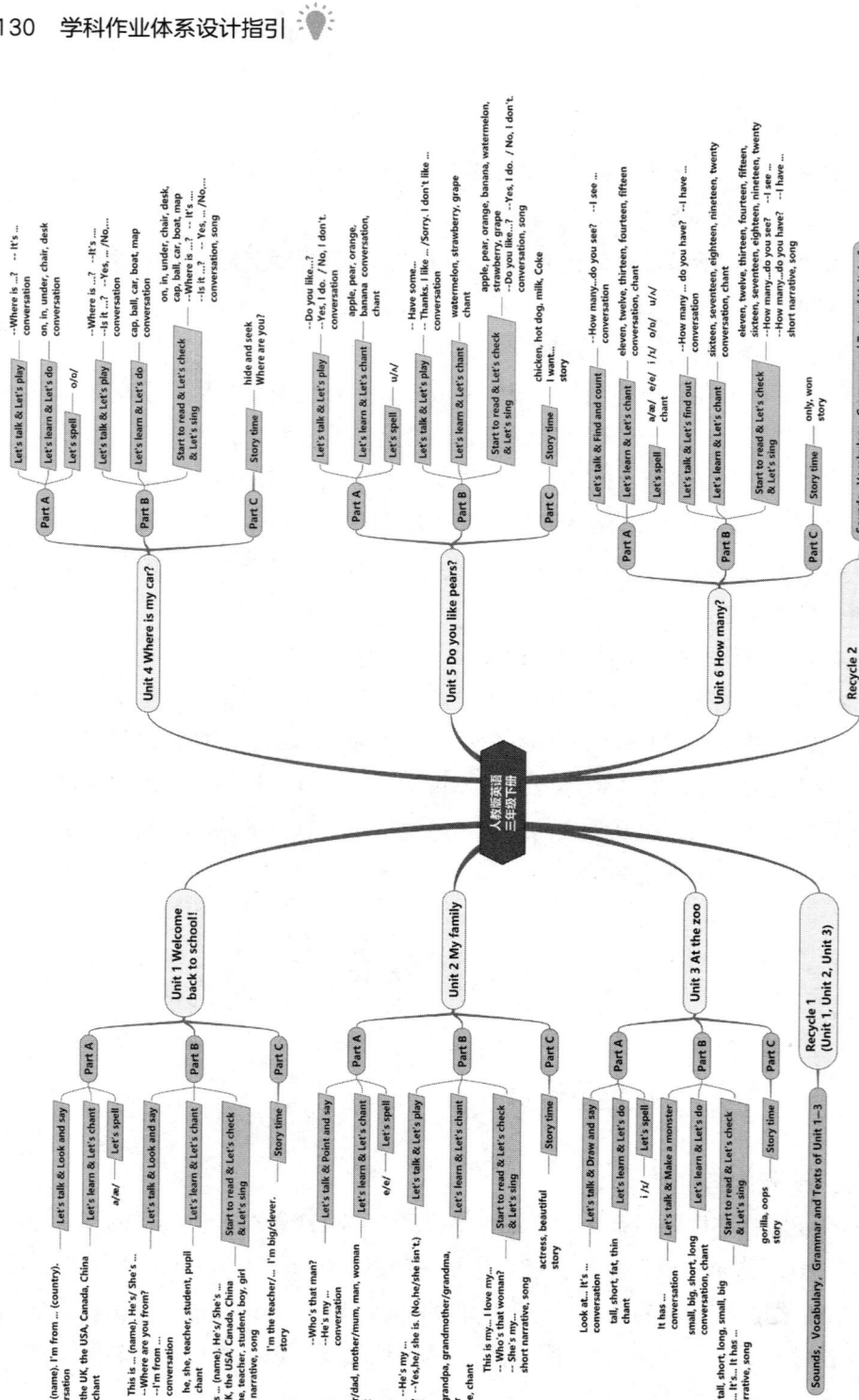

图 2-3-1　小学英语三年级单元内容结构（以人教版为例）

2. 单元作业目标

单元作业目标由导语和目标两个部分组成。导语部分主要阐述单元作业内容及其语用功能，引导学生明确单元作业的任务要求，为完成各课时作业做好准备。根据单元学习内容与要求及本阶段学生应发展的认知类型形成单元作业目标，对应英语课程要培养的学生核心素养，匹配课时。以小学英语三年级下册第一单元作业目标为例，具体见表 2-3-1。

表 2-3-1　小学英语三年级下册第一单元作业目标

目标序号	单元作业目标	对应核心素养	认知类型
320101	能在语境中正确地识别元音字母 a 在闭音节单词中的发音，尝试运用发音规律完成相关任务	语言能力	记忆
320102	能在语境中正确运用四个国家名称 the UK、the USA、Canada、China，人称代词 she、he 和名词 student、teacher 等完成自我介绍、向他人介绍新同学等任务	语言能力 学习能力	应用
320103	能在语境中正确朗读与识别专有名词的读音，辨析人称代词主格 he 和 she 的意思及用法	语言能力 学习能力	理解
320104	能在语境中正确运用"I'm / He's / She's …"介绍自己和他人的名字、国籍和学生身份；能正确运用"Where are you from?"句子询问他人国籍，并做出应答	语言能力 文化意识	应用
320105	能根据语篇材料进行角色扮演，并能模仿语篇结构完成相关任务	语言能力 学习能力	理解
320106	能通过制作个人名片正确地记录自己或他人的相关信息，并借助名片介绍自己或他人	语言能力 思维品质	分析

3. 单元作业栏目

单元作业与课堂教学同步。以人教版英语教科书为例，建议每个单元分为六个课时的作业内容，主要为教材 Part A 与 Part B 中的重点教学内容，Part C 中的拓展故事以"选做题"形式呈现于第六课时的复习作业中。每个单元形成"单元—课时—栏目—内容"的作业序列。

单元作业分为五个栏目，各栏目具体安排见表 2-3-2。

表 2-3-2　小学英语单元作业栏目设计（以人教版为例）

序号	栏目名称	栏目内容	对应教材栏目	认知类型
栏目 1	Sound Kaleidoscope（声音万花筒）	字母语音	Let's chant Let's sing Let's spell …	记忆 理解 应用 分析 评价 创造
栏目 2	Practice Hall（练习大厅）	词汇语法	Let's talk Let's learn Let's check Let's find out …	
栏目 3	Happy Paradise（快乐天地）	字母语音词汇语法语篇	Let's do Let's play …	
栏目 4	Shining Theatre（闪耀剧场）		Story time Start to read …	
栏目 5	Exploring Space（探索空间）			

说明：

● Sound Kaleidoscope（声音万花筒）栏目指向学生对字母与语音的掌握和理解；Practice Hall（练习大厅）栏目指向学生对词汇与语法的领会和理解；Happy Paradise（快乐天地）栏目指向学生在具体情境中综合应用语言；Shining Theatre（闪耀剧场）栏目指向学生在语言实践中展示自我；Exploring Space（探索空间）栏目指向学生在探究中自我建构语言知识和发展语言能力。

● 栏目 1、栏目 2 和栏目 3 较多涉及的认知类型是记忆、理解和应用，旨在培养学生的学习能力；栏目 4 和栏目 5 涉及的认知类型是分析、评价和创造，旨在培养学生的策划能力。

● 栏目 1 和栏目 2 适用于对单一学习内容或新授知识的巩固，栏目 3 适用于对单项或多项学习内容综合应用的巩固，借助情境创设引导学生通过努力，运用所学知识解决实际问题后获得快乐体验，激发学习兴趣；栏目 4 与栏目 5 是鼓励学生展示自我、主动探究的平台，而各类实践性作业、长周期作业、综合性作业等可以成为引导学生自我建构知识体系的载体。

●在单元作业设计中，可设置两题选做题，包括一道拓展故事题以及一道从综合应用类、跨学科类、长（短）周期实践类、合作探究类题型中任意选择的题。选做题配有"星星棒"的标志，提示学生根据自己的实际情况选做。

4.课时作业

同一单元的课时作业要体现整体性、关联性。以人教版英语教科书为例，每个单元作业都有6个课时作业，包括5个课时的新授课作业和1个课时的复习课作业。课时作业一般设2—3个栏目，一至四课时每课时建议设计4题；五至六课时每课时建议设计6题（第六课时建议有2—3题为选做）。各单元课时的栏目设置应有差异。

以小学英语三年级下册第五单元为例，各课时作业栏目设置如表2-3-3所示。

表2-3-3　小学英语三年级下册第五单元课时作业栏目设置

课时	新授课					复习课
	第一课时	第二课时	第三课时	第四课时	第五课时	第六课时
内容	— Do you like …? — Yes, I do./ No, I don't.	apple, pear, orange, banana	u/ʌ/	—Have some … — Thanks, I like …/Sorry, I don't like …	watermelon, strawberry, grape	apple, pear, orange, banana, watermelon… — I want… — Do you like …? …
栏目	练习大厅 快乐天地	练习大厅 快乐天地	声音万花筒 快乐天地	练习大厅 快乐天地	闪耀剧场 探索空间	快乐天地 闪耀剧场 探索空间

5.我的反思

在"My Reflection（我的反思）"部分，教师依据学生的年龄特点，从学习习惯培养维度设计评价量表（见表2-3-4），请学生以打钩的形式进行自评，引导学生从小树立按时、认真完成作业的观念，逐步养成良好的作业习惯。

表 2-3-4　小学英语作业习惯自评表

My Reflection（我的反思）	自评（打"√"）
Listen attentively when others speak.（他人说话时认真倾听。）	
Talk to others politely.（礼貌地与人交谈。）	
Read carefully and write clearly.（认真阅读，书写端正。）	
Complete assignment on time.（按时完成作业。）	
Work cooperatively with other students.（与其他同学合作。）	

6. 作业答案

作业答案包括听力内容、作业答案和解题指导，以活页的方式呈现。作业答案分为客观题的答案和开放题的参考答案，其中开放题的参考答案要提示相关结构、思考维度及可能的答案。解题指导包括对可能错误的原因的分析指导及关键学习方法介绍等。

（二）作业类型整体设计

为体现作业的功能与特征，凸显小学英语学科特点，我们对作业类型进行综合分类并进行学科作业类型整体设计。

依据小学英语作业题目内容、类型和完成方式三个维度建立小学英语学科作业类型整体框架。通过三个维度的融合式思考，形成了小学英语学科七种主要的作业类型，即语言理解类、语言表达类、综合应用类、跨学科类、长（短）周期实践类、合作探究类、非书面其他类。

跨学科类英语作业，可以设计"为学校拟开设的体育社团设计英语海报"等类型的作业，这类作业涉及英语、美术和体育多门学科的知识与技能，学生在完成作业的过程中，其跨学科知识得以巩固，动手实践能力得到提高。

长周期实践类作业，可以设计类似下面的作业：

养殖一种昆虫，对其进行观察，以画一画和写一写的形式记录其生长过程，观察后做好记录。

完成本项作业的过程是学生的观察能力、动手能力得到逐步提高的过程，与此同时，也培养了学生的意志力。

（三）作业认知类型整体设计

依据布卢姆的教育目标分类框架，可将作业认知类型分为记忆、理解、应用、分析、评价、创造六个类型。其中，记忆、理解、应用类型主要用于学习事实性知识或完成简单的任务；分析、评价、创造涉及问题解决能力、决策力、创新能力和批判性思维能力等。单元作业目标中的认知类型为本单元学习结束时，学生根据特定学习内容应达成的认知结果，同一学习内容的认知类型随课时推进呈现螺旋上升或梯次递增的现象。依据小学阶段英语学科的特点，对作业的认知类型整体设计如下，见表2-3-5。

表 2-3-5　小学英语单元作业认知类型内涵与行为动词举例

认知类型	基本内涵	行为动词举例
记忆	帮助学生记忆和熟悉（听懂，读懂，理解图表、数据等）学习内容，并通过梳理学习方法加深其对学习内容形态和含义变化规律的理解	跟读、抄写、背记
理解		解释、例举、分类、总结、推断、比较、说明
应用	引导学生在特定情境中提取相关知识，解决实际问题或应对日常交际任务，通过解构学习内容深入理解知识内涵，逐步优化学习方法	描述、转换、推理、掌握
分析		分解、筛选、处理
评价	鼓励学生依据标准，采用适当方法，调动学习兴趣，解决实际问题，在历经"假设—设计—构建"的学习过程中达成对所学知识的熟练掌握	核查、辩论
创造		生成、计划、制作

（四）学科内容整体设计

以主题为引领，以交际功能为主线，使单元作业内容呈现情境化、结构化与任务化的特点，将学生核心素养培育要素融入作业任务，体现年龄段特征，使学生完成单元作业的过程即运用英语完成有实际目的的语言任务的过程。在内容安排上，要考虑学生已有知识基础，体现循序渐进、螺旋上升，使知识承前启后，语言材料逐步渗透和不断复现。对作业的学科内容整体设计如表2-3-6所示。

表 2-3-6　小学英语学科内容整体设计建议表

内容	内涵描述	设计意图
主题	"主题"包括具有"简单交际功能"的主题、"侧重引导学生对外部世界的观察和判别能力"的主题和"注重对学生语言及思维能力培养"的主题，以及由这些主题构成的主题群	通过创设循环往复、螺旋上升的主题群，规约语言知识、文化知识等学习范围，并有机渗透情感、态度、价值观
功能	了解和运用表示交往、感情和态度的交际功能的表达形式来反映人的行为和思想	引导学生在完成语音、词汇、语法和语篇的综合练习过程中，体验与理解语言所表达的功能
语音	语音包括字母读音、读音规则和句子朗读。字母读音即 26 个字母的读音；读音规则包括元音字母的读音规则，辅音字母的读音规则以及常见字母组合的读音规则；句子朗读主要关注重音、连读、语调、节奏、停顿等朗读技巧	将语音练习与情境、阅读文本相结合。引导学生在听音、观察中总结读音规律，在趣味活动中提升认读能力，在自身实践中加深对语音知识的理解
词汇	词汇包括核心词汇和非核心词汇，有单词和习惯用语等形式。每个单元的核心词汇从属于相应的话题	引导学生在朗读中感悟语音，在情境中知晓词意，在练习中梳理多种记忆方法，背记词形，在深入阅读中加深对词义的理解
语法	语法包括名词、代词、形容词、副词、动词、数词、冠词、介词、连词以及简单句的基本形式。语法具有表意功能，并可以在特定语境中运用	引导学生通过练习，及时梳理语法知识，并由内容知识点连成单元知识链，逐步呈现每册的语法知识网纵横联结
语篇	语篇类型包括记叙文与应用文。记叙文要求能简单讲述对话、故事等文本中的时间、地点、人物、事件等基本信息；能简单阐明事件中的起因、过程和结果。应用文要求能简单复述信件、邮件、邀请函、海报等文本中的基本信息，能在理解以上信息的基础上进行回复	通过提供丰富的语篇类型，引导学生在听、读、看的活动中获取信息，理解大意，增加语言积累，体验语言的文化内涵；在说和写的活动中运用所学知识阐明事件、描述人物；在练习的过程中，形成语篇模式的意识，提升思维能力，增强文化意识

（五）其他注意点

1. 作业时间

通过文字量与题目类型相结合的方式确定答题时间，明确主观题与客观题的比例，力求作业时间的设定科学化、合理化。建议教师安排学生进行试做，以数据分析提升信度。同时注意单元作业间、课时作业间用时的平衡与适切。

2. 作业难度及作业量

作业难度要适宜，适当设置体现不同难度的差异性作业。作业量要适中，作业时间要符合教育部相关文件规定，确保每一道作业题的质量。

3. 作业结构

依据义务教育英语课程标准的精神统一构思作业结构，考虑同一单元内基于情境的单元作业与专题作业、同一内容的作业间、不同课型的作业间等多种关系。

三、小学英语单元作业设计样例

下面以人教版小学英语三年级下册 Unit 6 How many? 作业设计为例进行说明。

【单元作业导语】

　　本单元我们学习如何用英语表达数字。请跟随课本中的小朋友一起前往公园、农场、学校、赛车场等场所去发现数字的奥秘，尝试用数字解决生活中的问题。

【单元作业目标】

表 2-3-7 单元作业目标

目标序号	单元作业目标
320601	能在语境中正确、熟练地识别元音字母 a、e、i、o、u 在重读闭音节单词中的发音，尝试运用发音规律完成相关的任务
320602	能在语境中正确运用基数词 eleven、twelve、thirteen、fourteen、fifteen、sixteen、seventeen、eighteen、nineteen、twenty 完成计算、记录、统计等任务
320603	能在语境中正确运用特殊疑问句"How many ... do you see?"和"How many ... do you have?"询问物品的数量，并做出回答
320604	能在语境中正确介绍和复述语篇材料，并模仿语篇材料完成相关任务
320605	能通过团队合作尝试记录、统计，并借助统计表完成相关任务
320606	能通过种植活动细致观察植物的生长过程，观察后做好记录，并进行介绍

【单元内容结构】

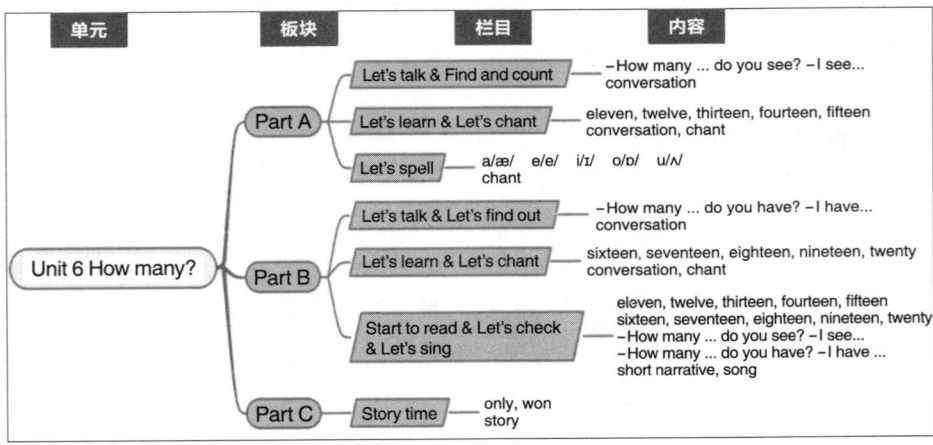

图 2-3-2 小学英语三年级下册第六单元内容结构图

【课时安排与栏目设置】

本单元分为六个课时，其中第六课时为复习课，其他五个课时为新授课。各个课时内容安排和栏目设置如图 2-3-3 所示。

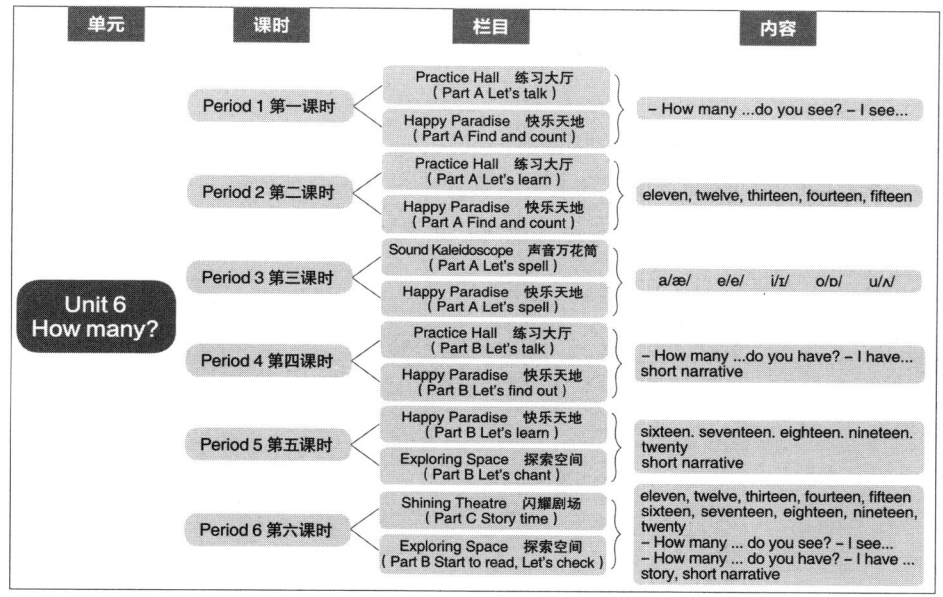

图 2-3-3 单元课时安排与作业栏目设置图

【单元作业内容】

Mr Jones teaches the students numbers in the class. Numbers are everywhere in our life. Mr Jones wants the students to find the numbers in their life. Let's join them.

（琼斯先生给同学们上了关于数字的课。数字在我们的生活中无处不在。他想让同学们找一找生活中的数字，让我们一起加入他们吧！）

第 一 课 时

张朋和他的小伙伴们一起去了公园，在那里他们看到了许多好玩又有趣的事物，大家一起数一数、说一说，玩得不亦乐乎！

 It's a sunny day today. My friends and I go to the park, We can count and talk about the things we see, How happy!

Practice Hall（练习大厅）

1. Read and match（张朋和艾米看到天空中有很多风筝和小鸟，他们兴奋地聊了起来。请将他俩的问答句进行配对，用线连起来并读一读。）（主要对应单元作业目标 320603）

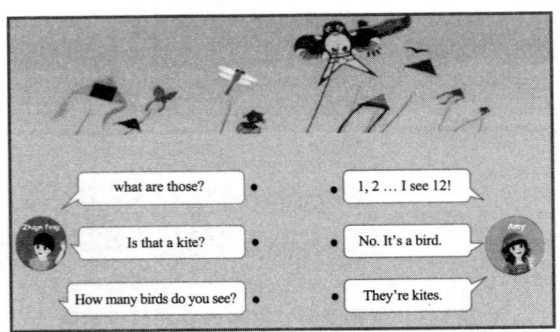

2. Count and choose（小伙伴们在公园里还看到其他有趣的东西。请数一数，选出与对话框内容相符的图片，并将相应图片的编号圈出来。）（主要对应单元作业目标 320602）

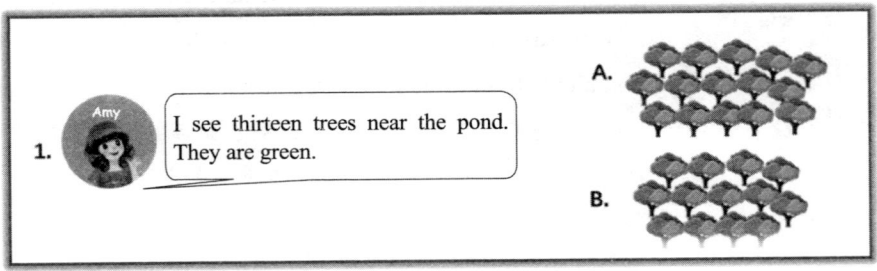

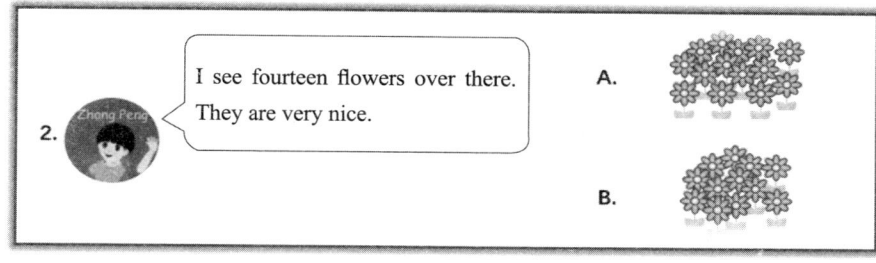

Happy Paradise（快乐天地）

3. Look, read and choose（艾米给大家欣赏自己拍的照片，约翰和张朋拿着照片讨论起来。以下两段话哪一段是他们讨论的内容，请在正确对话下方的括号里打"√"，并与小伙伴们一起读一读。）（主要对应单元作业目标320603）

John: Hello, Zhang Peng.

Zhang Peng: Hi, John.

John: Look! So many birds.

Zhang Peng: How many birds do you see?

John: I see eleven.

Zhang Peng: Oh! They can fly high.

（　　）

John: Hello, Zhang Peng.

Zhang Peng: Hi, John.

John: Look! So many birds.

Zhang Peng: How many birds do you see?

John: I see nine.

Zhang Peng: Oh! They can fly high.

（　　）

......

第 二 课 时

艾米很喜欢公园里的美景,她观察着不同事物的数量,用笔记录下来,并以说一说、写一写、唱一唱的方式与小伙伴们分享,你也试试吧!

Wow, so many beautiful things in the park! I want to write and sing for them. Can you join me?

Practice Hall(练习大厅)

1. Listen and write(在公园里,艾米发现很多小动物身上都有自己的数字编号,请根据听到的内容在方框内写上数字,给小动物们编号。)(主要对应单元作业目标 320602)

......

Happy Paradise(快乐天地)

3.Look and complete(公园里还有很多有趣的事物,艾米想把它们都记录在表格中,请帮她画一画、写一写,记下这美好的一切吧!)(主要对应单元作业目标 320602)

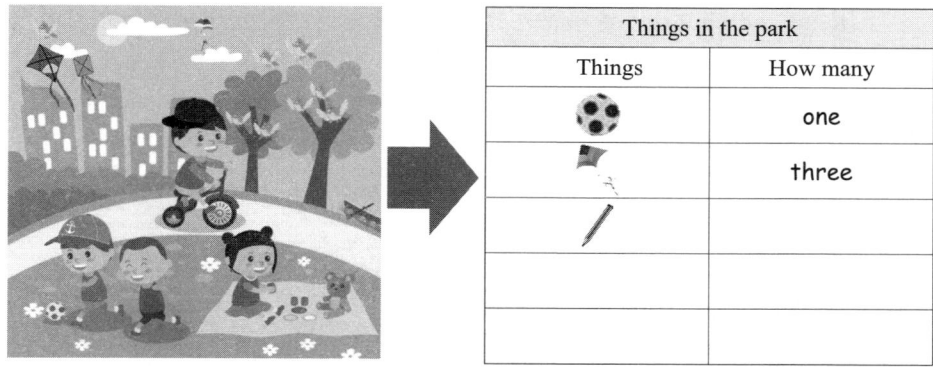

Things in the park	
Things	How many
⚽	one
🪁	three
✏️	

......

第 三 课 时

今天吴一凡去了农场，他见到了农民伯伯和他的小伙伴们。吴一凡竟然模仿起农民伯伯的样子，真是太有趣了！

Today, I go to the farm and meet some new friends. I can act as a farmer. How interesting!

Sound Kaleidoscope（声音万花筒）

1. Listen and read（通往农场的是一条含有元音字母 a、e、i、o、u 的单词的石子小路。请跟着录音，一起朗读一下单词吧！）（主要对应单元作业目标 320601）

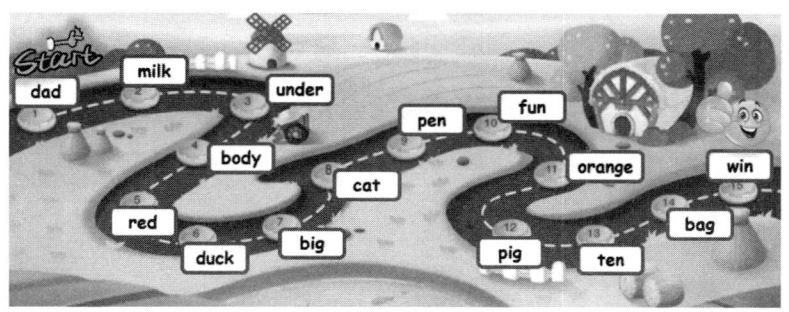

2. Read and choose（请根据左边指示牌的提示，选出与右边含有相同元音的单词，将其字母编号填入右边相应的标牌上。）（主要对应单元作业目标320601）

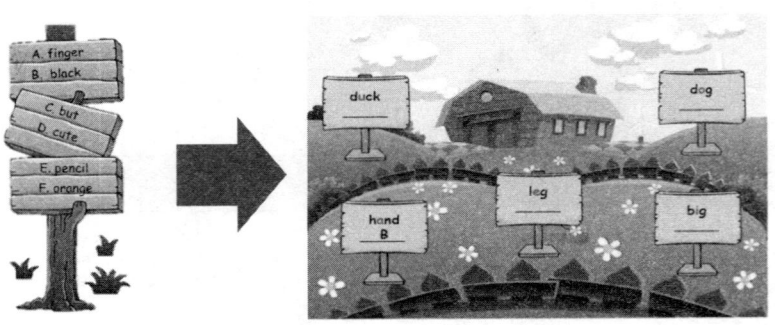

Happy Paradise（快乐天地）

3. Read and say（快乐的农民经常在农田里哼着儿歌，请跟着农民伯伯读一读、说一说，并在单词中圈出元音字母。）（主要对应单元作业目标320601）

My hand has five little fingers.
My feet have ten little toes.
My dog has one cute little face.
But my duck has one big nose.

……

第 四 课 时

陈洁看到很多同学都带着自己的物品去学校，她想做一个小调查来统计物品的主人及数量，让我们一起来参加吧！

Chen Jie: I can see a lot of things in the classroom. I want to do a survey about things the students have. Come and take a look!

Practice Hall（练习大厅）

......

2. Read and choose（请读一读、选一选，将相应对话内容的编号填在横线上。）（主要对应单元作业目标 320603）

> A.How many books do you have?
>
> B.What's in your bag?
>
> C.What's this, Mike?
>
> D.How many crayons do you have?
>
> E.Hello, Mike.

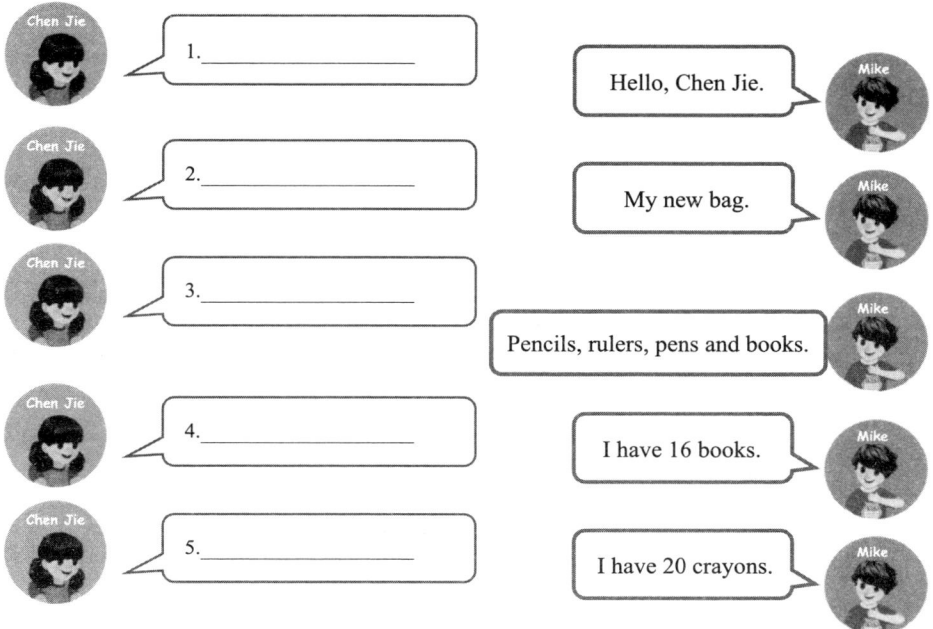

Chen Jie: 1.＿＿＿＿＿＿＿＿

Mike: Hello, Chen Jie.

Chen Jie: 2.＿＿＿＿＿＿＿＿

Mike: My new bag.

Chen Jie: 3.＿＿＿＿＿＿＿＿

Mike: Pencils, rulers, pens and books.

Chen Jie: 4.＿＿＿＿＿＿＿＿

Mike: I have 16 books.

Chen Jie: 5.＿＿＿＿＿＿＿＿

Mike: I have 20 crayons.

Happy Paradise（快乐天地）

3. Ask and answer（陈洁和她的小伙伴是如何进行对话的呢？请根据下面的调查表与句型提示，和小伙伴一起演一演、说一说吧。）（主要对应单元作业目标 320603）

thing / name	📖	📏	🖍️	⚽
John	6	2	15	
Mike	16		20	
Sarah	8	1	13	1
Amy	7	4	19	1

 How many ... do you ... ?

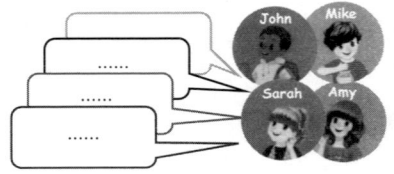

......

第 五 课 时

约翰是个数字迷，他上午在家做数字闯关练习，下午在赛车场也用数字解决了不少问题，让我们一起跟着他做一做吧！

 It's Saturday. I do my homework in the morning and go out to play in the afternoon. I see many racing cars. Hooray!

……

2. Listen and write（请与约翰一起做数学听算加法题。请将得数用英语写在横线上。）（主要对应单元作业目标320602）

1. _____

2. _____

3. _____

4. _____

5. _____

Exploring Space（探索空间）

……

4. Think and write（约翰继续为编号缺失的赛车补上编号，请与约翰一起找规律、写一写吧。）（主要对应单元作业目标320602）

……

6. Count and write（约翰根据汽车的颜色进行分类，并制作了汽车轮胎数量统计图，请根据下方柱状统计图的信息算一算、写一写吧！）（主要对应单元作业目标320604、320605）

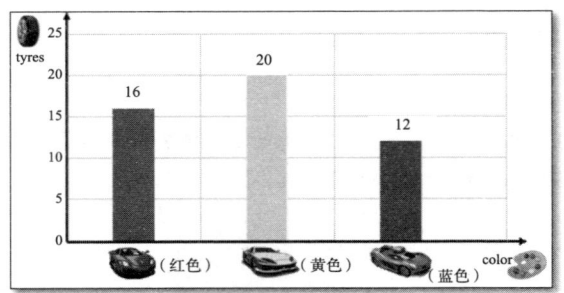

I see _____ red cars.
I can count _____ tyres on red cars.
I see _____ yellow cars.
I can count _____ tyres on yellow cars.
I see _____ blue cars.
I can count _____ tyres on blue cars.

第 六 课 时

　　迈克和萨拉一起看了关于小熊和松鼠的故事，故事里两个小动物进行了一场比赛。两个小朋友也想进行一场比赛，到底谁会取得胜利呢？让我们拭目以待吧！

We read the story about the race.
We want to have a race too. Who will win?
Please wait to see!

Shining Theatre（闪耀剧场）

　　Retell the story（迈克和萨拉想试着复述课本上小熊和小松鼠比赛的故事，有兴趣的同学可以自选本题，根据下面的故事结构图试着说一说哦。）（主要对应单元作业目标320604）

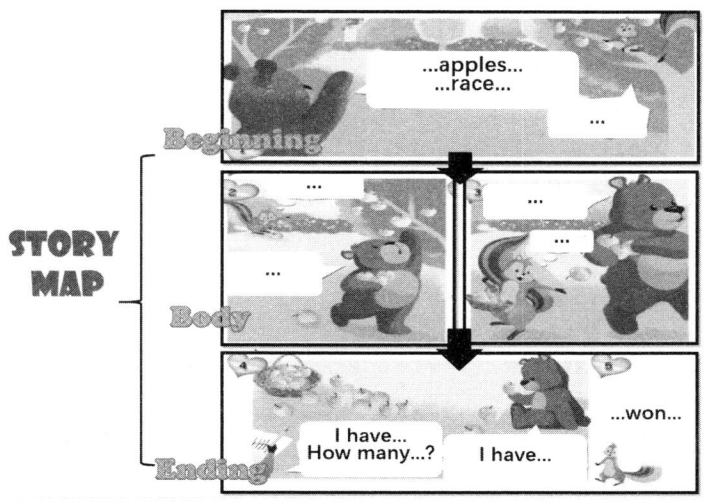

Exploring Space（探索空间）

1. Count and write（迈克和萨拉想进行一场种植绿萝的比赛，看谁的绿萝长得又快又好。首先，他们要根据绿萝的生长情况进行观察记录，请帮助他们完成记录表，将叶子的数量写在表格中吧。）（主要对应单元作业目标 320602、320606）

MY PLANTING RECORD 📅	💧	☀	🍃
6.7	✓		*two*
6.9		✓	
6.11	✓		
6.13		✓	
6.15	✓	✓	
6.17			
6.19	✓		

······

3. Listen and write（请根据听到的内容，帮助萨拉完成她的记录表，将叶子的数量写在表格中吧。）（主要对应单元作业目标 320602、320606）

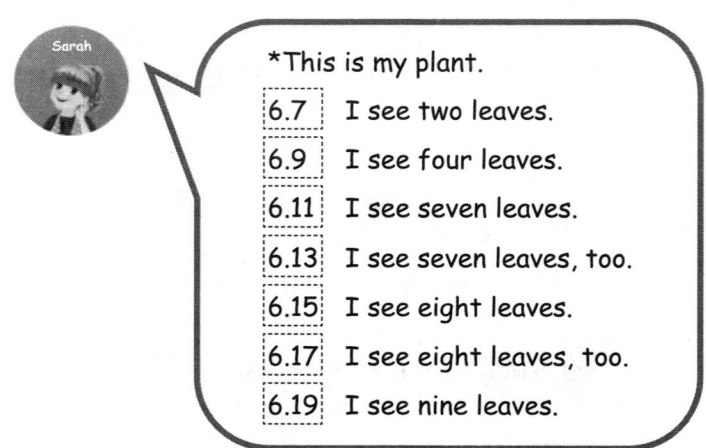

Sarah MY PLANTING RECORD			
6.7	✓		
6.9	✓	✓	
6.11	✓		seven
6.13	✓	✓	
6.15	✓	✓	
6.17	✓		
6.19	✓		

……

5. Introduce the report（请扮演萨拉，读一读她的报告。）（主要对应单元作业目标 320604、320606）

*This is my plant.

6.7	I see two leaves.
6.9	I see four leaves.
6.11	I see seven leaves.
6.13	I see seven leaves, too.
6.15	I see eight leaves.
6.17	I see eight leaves, too.
6.19	I see nine leaves.

*拓展词汇：leaves

拓展句型：This is my plant.

6. Have a try（如果你感兴趣，可以模仿迈克和萨拉做一个长周期小项目，在表格中依次记录下日期、浇水和日照情况以及叶子的数量，体验一下种植绿

萝的乐趣。你可以用两周的时间来完成。可选做。)(主要对应单元作业目标
320604、320606)

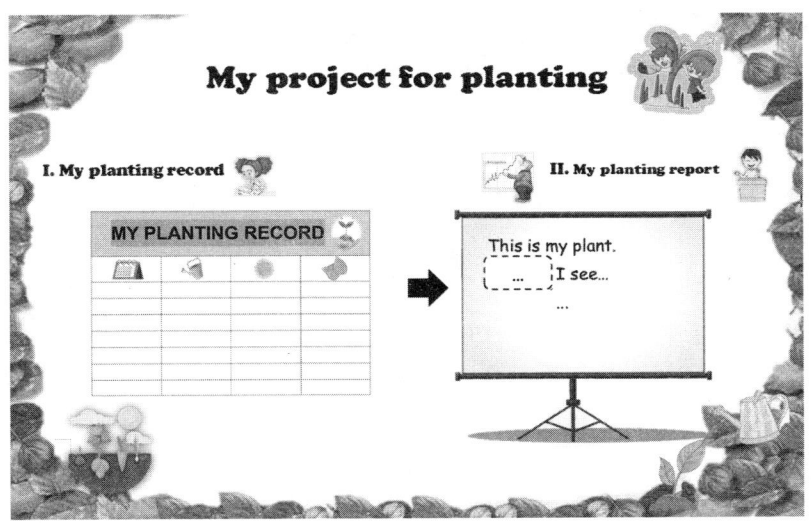

【我的反思】

你们是否按时、认真地完成了本单元的作业，你们对自己的表现还满意
吗？请对照自己的表现，用打钩的形式进行自评。

My Reflection（我的反思）	自评（打"√"）
Listen attentively.（认真倾听。）	
Read carefully and write clearly.（认真阅读，书写端正。）	
Complete assignment on time.（按时完成作业。）	
Work cooperatively with other students.（与其他同学合作。）	

初中语文
单元作业设计指导 ①

初中语文单元作业的主要功能有练习巩固、诊断反馈和指导沟通等。练习巩固体现在引导学生通过各类语言学习活动，巩固所学相关知识，在语言学习活动中探索学习方法，丰富学习经历，培养良好学习习惯。诊断反馈体现在通过作业诊断学生学习中存在的问题，检验教学成效，调整和完善教学内容与方式，促进学生反思自身学习存在的问题，改进学习方式。指导沟通体现在借助作业布置、批改、讲评等实施环节，了解学生的学习需求，给予学生针对性的指导与帮助，有效激发学生学习兴趣，营造良好的学习氛围。

一、设计理念与思路

1. 基于课标与教材，凸显单元整体

充分研读教材单元导语，深入分析单元的人文主题与语文要素，解读课文的思想内容与语言形式特点，对标课程标准，把握单元教学任务、要求，教学重难点和教学思路，从单元视角对作业进行系统设计、统筹安排。

2. 挖掘文本教学价值，依据阅读路径设计作业

力求挖掘文本的核心教学价值，提炼出解读文本的核心问题，建构解决核心问题的下位问题链，问题设计涉及从整体理解到细节感悟，从写什么、怎样写到为什么这样写等，从而形成阅读路径，依据阅读路径设计作业题目，落实知识、技能与思想方法的训练。

3. 搭建思维支架，帮助学生反思读写策略

针对一个单元的阅读类、写作类作业，依据单元训练要求，梳理、总结阅读一类文本、解决一类问题的策略与方法。可以是归类后提供总结的角

---

① 本部分主要由缪亚男、黄蓓、刘侠、黄琴、陈妍、严英、谢穹、张一凡、邹一斌等撰写。

度，也可以从结论逆向呈现思考的过程，设计导引问题等，以此帮助学生掌握读写的策略与方法，养成良好的学习习惯。

4. 创新作业形式，增强学生作业兴趣

要设计带有一定开放性、实践体验性、跨学科和合作学习式的作业，创新作业形式，丰富作业类型。加强学生在生活中及各学科中对语文资源的开发利用，激发学生学语文和用语文的兴趣。

二、设计要点

（一）单元作业整体设计

1. 前言

内容包括语文课程的定位，统编语文教材的编写特点、基本内容、使用方法、特色亮点与实践意义等。

2. 单元作业导语

以简明扼要的语言导入教材规定的单元学习内容，呈现这一单元主要的学习目标，使学生更直观地了解和把握该单元的学习内容和要求。

3. 单元作业目标

以单元为基本单位，整体设计单元作业目标。单元作业内容的设计应充分、均衡、合理地反映单元作业目标。

4. 课时作业内容

根据单元作业目标，基于学生学情，设计符合学生认知特点的作业题型（见表 2-4-1），帮助学生通过适度练习巩固所学知识，形成能力与掌握方法等。每一课的作业时间应严格控制，因此要在提高作业设计质量上下功夫。

表 2-4-1　初中语文单元作业栏目整体设计

栏目名称	建议课型	栏目内涵说明	主要作业类型建议
积累运用	新授课	主要涉及字词积累、文学与文化常识等。字词积累主要针对学生容易读错、写错的字词，以教材"读读写写"中的字词为主	填空题、选择题、判断题
阅读鉴赏	新授课	一般从整体感知到重点词语、句子、段落的品读，从内容到形式进行理解。依据阅读文本的基本路径设计题目，题目之间形成关联，遵循"写什么—怎样写—为什么这样写"的思维过程	填空题、选择题、判断题、简答题、开放题、探究题
方法体悟	新授课	可以是提供思维支架的综合阐述题；可以是针对单元阅读方法的实践题，例如第一单元是"字斟句酌的方法"，第二单元是"批注的方法"；可以是针对一个课时"阅读鉴赏"板块阅读过程与方法的总结	填空题、简答题、开放题、探究题
思路点拨	新授课	对课时作业的重点和难点进行总结，可以针对一套阅读鉴赏题组，也可以针对某一道重点作业题；可以由教师总结，也可以设计提示语，引导学生自己总结	填空题、简答题、开放题、探究题
回顾反思	复习课	可以归纳一个单元课文的思想内容与写作特色，可以梳理单元知识，也可以总结过程与方法。一般以思维导图或者表格的形式呈现	填空题、简答题、开放题、探究题
拓展迁移	复习课	一篇课外阅读文章＋一套阅读理解题。课外阅读文章要与该单元文章形成关联，或者是主题有关联，或者是写作特色相近。可以设计口语类、片段写作类作业	填空题、选择题、判断题、简答题、开放题、探究题
综合实践	复习课	一般以一个完整的活动或者有关联的3—4个单项任务的形式呈现，主题明确、内容有趣、要求合理、评价到位。活动主题和内容，与单元主题、单元写作要求、单元综合性学习保持一致。可以考虑跨学科整合	填空题、简答题、开放题、探究题

5. 作业答案编写与试做

除了整篇写作外，原则上所有作业都要提供参考答案。开放类作业要提供思考的基本方法与路径，以及参考的答案样本。

可以设计分级评价。可分为 A、B、C 三个等级，其中 A 级为满分，B

级为部分分数，C 级为零分，每个等级都要有等级描述，并给出相应级别的答案示例。

作业设计完成后，可以让已经完成该单元学习的学生试做。一篇课文的作业至少由代表四个水平层次（好、较好、一般、须努力）的若干名学生进行试做。重点关注学生的作业时间与作业答案。学生的作业试做情况一方面可以帮助教师调整、优化作业设计，另一方面也可以成为设计分级评价答案示例的重要依据之一。

（二）作业类型整体设计 [①]

初中语文作业类型主要包括积累运用类作业、阅读类作业、写作类作业、口语交际类作业、综合活动类作业。

积累运用类作业，主要是向学生布置学习语言知识，文学、文化常识的任务，让学生辨析字音、字形、字义，掌握重要的语法知识，文学、文化常识等。

阅读类作业，主要是向学生布置阅读任务，一是阅读文本，二是阅读文本后完成相关的理解、分析、鉴赏等学习任务。阅读类作业以问题链的形式还原出解读文本的思考过程，依据解读文本的思考过程合理布设命题点，关注题与题之间的逻辑关联，体现解读文本的思考视角、思考路径，培养学生解读文本的能力。

写作类作业，主要是向学生布置写作任务，一般的形式有命题（半命题）作文、话题作文、读后感、随笔、日记、研究报告、信函、申请等。写作类作业分为一般文章写作、应用文写作，设计要贴近学生的生活积累、生活体验、阅读经验等，要鼓励学生及时记录自己的所见、所闻、所思、所感。一般文章写作作业，应提供必要的审题提示，提供获取素材的角度、渠道、方式，以问题链、思维导图、表格等形式向学生提供必要的思考支架，明示成果要求与评价量规等，指导学生掌握必要的思考方法。应用文写作作业，应提供相关应用文的基本格式。

口语交际类作业，主要是向学生布置朗诵、演讲、辩论等听说形式的作

---

① 部分参考了：上海市教育委员会教学研究室. 初中语文单元教学设计指南［M］. 北京：人民教育出版社，2018：60.

业，在听说中完成概括、分析、归纳、推理、交流等学习任务。口语交际类作业应明确每次作业的语言功能指向，要根据学生生活实际，有针对性地创设或模拟各种真实、自然的交际情境，让学生作为交际主体参加有实际意义的交际活动，要指导学生在完成各项真实或贴近生活的交际任务的过程中，建立起交际的目的、对象和场合意识，积极运用交际规则、交际技能等进行各种口语交际的实践。

综合活动类作业，这类作业可以由一个人完成，也可以由小组合作完成，可以设计为短作业，也可以设计为长作业。综合活动类作业应有明确的主题、内容和基本要求，旨在让学生通过一系列活动，完成一个特定情境下的语文学习任务。综合活动类作业要将学生的学习置于真实的问题情境中，提供语言实践任务，引导学生运用课堂所学的语文知识、语文技能分析问题、解决问题。要依据不同年级的教学要求、学情特点设计综合活动类作业，拓展综合性学习的内容、形式，丰富学生的学习经历。

（三）作业认知类型整体设计

表 2-4-2   初中语文单元作业认知类型内涵与行为动词举例

认知类型	基本内涵	行为动词举例
记忆	识别或回忆有关汉语的基础知识与基本语言规范，积累语言材料	了解、背诵、识别、积累
理解	感知或领会语文知识及知识之间的内在联系；结合语境，对语言材料进行剖析，明确各部分的含义，以及部分与部分、部分与整体之间的内在联系，从整体上把握语言材料的思想内容和表现特征	解释、把握、梳理、概括、配对、举例、分类、总结
应用	将习得的语言知识与经验，应用于具体的语言情境中，解决简单的语文问题	使用、运用
分析	区分语言材料的相关与无关部分以及主次，确定语言要素在语篇中的合适位置或作用，确定语言材料背后的观点、倾向、价值或意图	区别、归因、判断
评价	基于原则、标准，确定听、说、读、写的结论是否可靠，查明听、说、读、写的过程是否有效，并判断结论与过程的优劣	鉴赏、评论
创造	综合运用语言知识和经验，为完成任务、解决问题而提出假设、设计方案，形成自己对自然、社会和人生的新感受、新体验	创作、规划

（四）学科内容整体设计

表 2-4-3 初中语文学科重要内容

一级目录	二级目录
1. 积累基础知识	积累常用字词
	了解基本语法知识
	理解常用修辞格
	理解常见标点符号的作用与用法
	了解现代文的文学、文化常识
	了解基本的文体知识
	背诵、默写教材中要求记诵的古诗文
	了解"记""说""表"等文体的基本特征
	了解诗、词、曲的基本形式特点
	了解古诗文涉及的著名作家、作品及与之相关的文学、文化常识
	了解古今异义、词类活用、通假字等语言现象
	理解常用文言实词的意思
	理解常用文言虚词的意思和用法
	了解判断句、省略句、倒装句和被动句等句式特点
	用现代汉语翻译文言语句
2. 把握文章内容	概括段落大意和文章的主要内容
	提炼文章的中心思想
3. 梳理文章思路	分析材料的组合方式
	分析材料详略的安排
	分析材料之间的内在联系及材料与中心思想的关系

续表

一级目录	二级目录
4.品味文章语言	理解词句的含义
	分析词句的作用
	理解词语的感情色彩
	分析语言的表现力
5.鉴赏文学作品	分析小说的内容及主要的表现手法
	了解剧本的基本特点
	了解新诗的基本特点
	了解古诗和文言文常见的表现手法
6.写作	掌握写作记叙性文章的基本方法
	掌握写作简单的说明性文章的基本方法
	掌握写作简单的议论性文章的基本方法
	掌握常见应用文的格式
7.口语交际	注意对象和场合，文明得体地交流
	掌握讲述、复述、转述的基本方法和技巧
	针对问题或者问题焦点发表意见
8.实践活动	能根据一定的生活情境，运用语文知识和能力解决问题
	根据要求，完成读写任务

三、初中语文单元作业设计样例

下面以初中语文七年级下册第一单元作业设计为例进行说明。限于篇幅，只呈现精读课文作业和单元复习作业的部分案例。

【单元作业导语】

　　本单元有三篇现代文、一篇文言文，向我们展示了四位杰出人物。我们在学习过程中，能感受到他们的非凡气质，产生对理想的憧憬与追求。

　　本单元是精读第一单元，学习字斟句酌的阅读方法，把握人物特征。单元写作要求是写出人物的精神。

　　通过本单元作业，练习精读，在理解整篇课文的基础上，借助朗读、比较等方法，字斟句酌，把握人物特征，理解人物的思想感情。梳理三篇现代文组合多材料凸显人物形象的写作手法，在综合实践活动中收集、筛选、组合素材，体验写人类记叙文的写作。

【单元作业目标】

表 2-4-4　单元作业目标

目标序号	单元作业目标
720101	积累课文中的字词
720102	概括课文主要内容
720103	将合适的词语、标点等运用到句子与段落中
720104	分析人物特征，理解人物的思想感情
720105	运用字斟句酌的阅读方法，分析副词、介词、文言语气词等在语境中表情达意的作用
720106	分析不同的句式、修辞、称谓等对表达人物思想感情的作用
720107	评价材料及材料之间的关系对凸显人物形象的作用
720108	抓住人物特征，写出人物精神
720109	组成小组，专访榜样人物，形成报告
说明：720105 和 720107 为本单元重点作业目标	

【单元作业内容】

📖 精读课文作业示例

1　邓稼先

积累运用

1.根据要求完成下列题目。(主要对应单元作业目标720101)

(1)根据拼音写汉字。

元 xūn (　　)　　zhòu (　　)夜　　马革 guǒ (　　)尸　　平沙无 yín (　　)

(2)给加点字注音。

选聘 (　　)　　宰 (　　)割　　筹 (　　)划　　鲜 (　　)为人知

2.选词填空。(主要对应单元作业目标720103)

(1)这封短短的信给了我极大的感情_____(震荡　震动　动荡)。一时热泪满眶,不得不起身去洗手间整容。

(2)"粗估"参数的时候,要有物理直觉;昼夜不断地筹划计算时,要有数学见地;决定方案时,要有_____(勇猛　勇进　勇武)的胆识和稳健的判断。

(3)一次井下突然有一个信号测不到了,大家十分_____(焦灼　焦虑焦躁),人们劝他回去,他只说了一句话:"我不能走。"

3.阅读材料,回答以下问题。(主要对应单元作业目标720103)

邓稼先纪念馆位于怀宁县稼先公园内,从 2021 年 7 月 1 日开始试运行。纪念馆包括主展厅和临时展厅两部分。所展内容全面展示了邓稼先科学报国的感人事迹和甘做无名英雄的高尚情操。

小 A 参观了邓稼先纪念馆。现在,他想为纪念馆拟一副对联,并且使用课文"读读写写"中的成语,请你助他一臂之力。

上联:可歌可泣报祖国,甘做无名英雄,不求_____

下联:至死不懈为民族,无畏艰难险阻,唯愿_____

可歌可泣　鲜为人知　至死不懈　鞠躬尽瘁　妇孺皆知

阅读鉴赏

4.参照示例，将课文各部分小标题填入框内，并概括每部分大意，将其填在横线上。（主要对应单元作业目标720102）

```
                          ┌─────────────┐
                          │ 邓稼先与奥本海默 │
                          └─────────────┘
                                 ↓
                          _____
                          _____
                          _____
                          _____

┌────────┐   ┌────────┐   ┌────────┐         ┌────────┐
│        │ → │"两弹"元勋 │   │        │         │        │
└────────┘   └────────┘   └────────┘         └────────┘
    ↓            ↓            ↓                   ↓
介绍中华民族百  _____  记叙中国独立研发原  _____
年巨变的历史背  _____  子武器的事实，突出  _____
景，推出主要人  _____  邓稼先强烈的民族自  _____
物——邓稼先。 _____  尊心和自信心。

                          ┌────────┐
                          │        │
                          └────────┘
                                 ↓
                          _____
                          _____
                          _____
```

5.阅读下文，回答问题。（主要对应单元作业目标720102、720104）

（1）青海、新疆，神秘的古罗布泊，马革裹尸的战场，不知道稼先有没有想起过我们在昆明时一起背诵的《吊古战场文》……

（2）也不知道稼先在蓬断草枯的沙漠中埋葬同事、埋葬下属的时候是什么心情？

（3）……不知稼先在关键性的方案上签字的时候，手有没有颤抖？

1982年，他做了核武器研究院院长以后，一次井下突然有一个信号测不到了，大家十分焦虑，人们劝他回去，他只说了一句话："我不能走。"

三个"不知"背后，邓稼先面临的困难分别是什么？结合这些困难，"我不能走"这句话展现了邓稼先怎样的形象？

6.课文标题为"邓稼先"，但第一部分最后一段才出现"邓稼先"，即便如此，第一部分也不可以删去，请说明理由。（主要对应单元作业目标720107）

方法体悟

7.有感情地朗读课文第四部分，体会下面句子中"再"表情达意的作用。（主要对应单元作业目标720105）

他说他觉得没有，但是确切的情况他会再去证实一下，然后告诉我。

引导问题	我的思考
（1）将"再"和"去证实一下"连起来读一读，这句话是什么意思？	
（2）联系"他觉得没有"，可以看出邓稼先是一个怎样的人？	
（3）由此，你感受到作者对邓稼先怎样的情感态度？	

思路点拨

《邓稼先》是一篇多材料写人文章。从第4题到第7题，呈现精读这类文本的一般过程。第 4 题引导学生从总体上把握课文写了什么，用框架图呈现六个材料之间的关系，引导学生感受邓稼先的忠诚纯正、甘于奉献；第 5 题到第 7 题引导学生感受词语、句子、段落对表现邓稼先这一人物形象的作用，以及蕴含的作者对他的赞赏、敬佩与深情。

理解副词表情达意的作用，是本单元的重要作业目标，第 7 题的三个导引问题，可以让学生对"再"的理解更深入，以后在解读词语表情达意的作用时，也可以让学生这样问问自己。

（第 2—4 课作业略）

单元复习作业示例

单元复习（节选）

回顾反思

1.请回顾每一课"方法体悟"板块的作业，看看我们关注了哪些词句。请试着总结三条运用"字斟句酌"这一阅读方法的体验。（主要对应单元作业目标 720105）

引导问题	个人体会与小结
（1）我们会关注哪些词句并进行分析？	
（2）可以用什么方法体会词句在文中的作用？	
（3）可以从哪些角度分析词句的作用？	

2.本单元三篇现代文组合了多个材料凸显人物形象，各有特色。请回顾本册 1—3 课的第 4 题作业，关注课文材料组合的方式，并分析材料之间的关系，请参考《邓稼先》一课，完成下表。（主要对应单元作业目标 720107）

课题	组合材料的方式	材料之间的关系
《邓稼先》	采用小标题标识课文大部分的内容	第一部分统领全文，第六部分是对全文内容的总结和对人物精神的升华，第二部分领起第三、四、五部分的介绍，先简要交代邓稼先的生平和贡献，然后具体介绍邓稼先朴实无私的个性气质、强烈的民族自尊心和自信力，以及超凡的创造才能和坚强的意志
《说和做——记闻一多先生言行片段》		
《回忆鲁迅先生（节选）》		

拓展迁移

阅读下文，完成后面的题目。

我眼中的杨绛先生（节选）

铁　凝

①二〇〇七年一月二十九日晚，是我第一次和杨绛先生见面。在三里河南沙沟先生家中，保姆开门后，杨绛亲自迎至客厅门口。她身穿圆领黑毛衣，锈红薄羽绒背心，藏蓝色西裤，脚上是一尘不染的黑皮鞋。她一头银发整齐地拢在耳后，皮肤是近于透明的细腻、洁净，实在不像近百岁的老人。她一身的新鲜气，笑着看着我。我有点拿不准地说：我该怎么称呼您呢？杨绛先生？杨绛奶奶？杨绛妈妈？……只听杨绛先生略带顽皮地答曰："何不就叫杨绛姐姐？"

②我自然不敢，但那份放松的欢悦已在心中，我和杨绛先生一同笑起来，"笑得很乐"——这是杨绛先生在散文里喜欢用的一个句子。

③那一晚，杨绛先生的朴素客厅给我留下难忘印象。未经装修的水泥地面，四白落地的墙壁，靠窗一张宽大的旧书桌，桌上堆满了文稿、信函、辞典。沿墙两张罩着米色卡其布套的旧沙发，通常客人会被让在这沙发上，杨绛则坐上旁边一张更旧的软椅。我仰头看看天花板，在靠近日光灯的地方有几枚手印很是醒目。杨绛先生告诉我，那是她的手印。七十多岁时她还经常将两只凳子摞在一起，然后演杂技似的蹬到上面换灯管。那些手印就是换灯管时手扶天花板留下的。杨绛说，她是家里的修理工，并不像从前有些人认为的，是"涂脂抹粉的人"。"至今我连陪嫁都没有呢。"杨绛先生笑谈。

④后来我在一次接受媒体采访时描述过那几枚黑手印，杨绛先生读了那篇文章说："铁凝，你只有一个地方讲得不对，那不是黑手印，是白手印。"我赶紧仰头再看，果然是白手印啊。岁月已为天花板蒙上一层薄灰，手印嵌上去便成白的了。而我却想当然地认定人在劳动时留下的手印必是黑的，尽管在那晚，我明明仰望过客厅的天花板。

⑤我喜欢听杨绛先生说话，思路清晰，语气沉稳。虽然形容自己"坐在人生的边上"，但情感和视野从未离开现实。她读《美国国家地理》，也看电视剧《还珠格格》，知道前两年走俏日本的玩偶"蒙奇奇"，还会告诉我保姆小吴从河南老家带给她的五谷杂粮，这些新鲜粮食，保证着杨绛饮食的健康。

⑥我还好奇过杨绛先生为什么总戴着一块圆形大表盘的手表，显然这不是装饰。我猜测，那是她多年的习惯吧，让时间离自己近一些，或说把时间带在身边，随时提醒自己一天里要做的事。如今在家中戴着手表的百岁杨绛，让我看到了虽从容却严谨的学者风范。而小吴告诉我的，杨绛先生虽由她照顾，但至今更衣、沐浴均是独自完成，又让我感慨：杨绛先生的生命是这样清爽而有尊严。

　　　　　　——选自《以蓄满泪水的双眼为耳》（生活·读书·新知三联书店出版）

3. 选文主要写了杨绛先生的哪些生活片段？用简洁的语言概括。（主要对应单元作业目标 720102）

（1）_____。

（2）杨绛先生的客厅朴素，天花板上留着她换灯管的手印。

（3）_____。

（4）_____。

（5）杨绛先生戴着大表盘的手表。

4.“我”眼中的杨绛先生是一个怎样的人？请至少从两个方面概括，并简述理由。（主要对应单元作业目标720104）

5.第①段的“何不就叫杨绛姐姐？”如果改成“就叫杨绛姐姐”，在表达效果上有何不同？（主要对应单元作业目标720106）

6.第③段细致描写了杨绛先生的客厅，这样安排材料有何作用？（主要对应单元作业目标720107）

综合实践

寻访我心目中的榜样人物

“榜样人物”是可效仿的人，既可以是在一定历史阶段对社会发展起重大推动作用的杰出人物，也可以是身边的平凡人物。

“寻访”是指访求寻找，即通过探访寻求、查找资料等形式，对某个人物进行深入了解。

“寻访”的过程一般有以下步骤：

寻访前	寻访中	寻访后
· 组建寻访团队 · 准备工具材料 · 收集基本资料	· 线下实地走访 · 查阅线上资料 · 探究关键事件 · 记录寻访所得	· 整理寻访资料 · 撰写寻访报告 · 交流分享内容

寻访榜样人物，则应从人物生平、关键事件、时代背景等大方面出发，深入探寻其言行特点、生活细节等，了解其个人成就和对他人的影响。将这些内

容进行整合，探寻其可供我们效仿的过人之处，理解该人物在时代中所做出的个人选择。并且通过寻访，树立正确的人生观、世界观、价值观。

请选择一位"我心目中的榜样人物"，以小组为单位，收集相关资料，完成一份寻访报告，并进行交流分享。

寻访团队的组建一般分三个步骤：

首先，要明确一个共同的目标，即寻访哪一位"榜样人物"，这是大家共同努力的方向。

其次，要制订具体的寻访计划，在制订计划时可参考前文提供的寻访过程的一般步骤。

最后，要明确团队分工。大而言之，是在整个寻访任务中的分工，如谁负责文字记录，谁负责摄像，谁负责资料的整理，谁负责协调管理等。小而言之，每个寻访环节也应有具体的分工：比如查阅线上资料时，每个人查阅的侧重点应有所区别，避免重复性工作；又比如在撰写寻访报告时，不同的板块可由不同的人负责撰写。

初中数学
单元作业设计指导 ①

　　作业，是课堂教学的延伸与拓展，是学生自主学习逐步内化的关键环节，是学生独立解决问题的重要途径。初中数学单元作业是依照国家义务教育数学课程标准，面向初中学段（七至九年级）所有学生的共性要求的学习任务。

　　数学作业应既能检验学生当前的学习情况，又能使学生巩固所学、发展能力，凸显数学学科的育人功能，还能满足学生核心素养发展的需要。具体而言，可以落实数学基础知识、基本技能、基本思想、基本活动经验，集成逻辑思考、检核验证、推理分析等数学学习方法，养成良好学习习惯，进而形成一定的数学意识与学习品质。

一、设计理念与思路

　　提高学生自主学习意识和能力，是培养学生核心素养和终身学习发展观的必备条件。我们将"指向学生自主学习"作为初中数学单元作业设计的核心理念，设计栏目，研制作业，形成编写特色，旨在引导学生自主学习。

1. 强化单元形态，完善内容结构

　　以单元为作业设计基本单位，以内容结构图的形式，贯串整个单元作业的设计，力求强化单元意识，完善内容结构体系，给学生以整体性的作业感受。

2. 融入数学文化，呈现学科发展

　　以阅读材料的形式设计作业，融入与本单元内容相关的数学文化素材，让学生体验数学学科的发展进程；同时设计适切的问题，关注知识的延续，引导学生自主查阅相关资料，给学生以过程性的作业体验。

---

① 本部分主要由顾跃平、徐炜蓉、徐颖、逯怀海、鲁海燕、袁晓婷、朱玉杰、邵骁等撰写。本部分依据人教版初中数学教材进行设计。

3. 丰富作业类型，培养核心素养

在使学生巩固知识与技能的基础上，设计部分促进基本思想方法形成、关键能力发展和思维品质提升的作业，给学生以多样化的作业素材，有效开发学生学习的潜能，拓宽学生视野，提升学生自我探究能力，帮助学生在学习数学的过程中形成核心素养。

4. 设计感悟环节，提高反思意识

根据单元特点，设计感悟环节，引导学生在完成单元知识学习后，能从不同角度发表自己的学习感悟，通过质疑和归纳，养成反思性的作业习惯。

以学生的视角，依据标准、按照要求、遵循进程编制数学单元作业，努力实现培养学生自主学习兴趣、增强学生自主学习能力、提升学生自主学习品质的目标。

二、设计要点

初中数学单元作业强调整体结构设计，用单元分布说明、单元作业导语、单元作业目标表与单元内容结构图指引单元作业设计的方向；设置形式多样、体现功能特征的不同作业模块促进教师深度思考，引导学生深入参与；重视作业类型的组合、题组的架构、要素的分布，提升作业设计的质量，达成引导学生自主学习的期待。

（一）单元作业指引

单元作业指引由每一学期的单元分布、单元作业导语、单元作业目标和单元内容结构组成，主要起到学习指引作用。单元作业指引通过图文结合的方式，帮助学生认识学习价值，把握学习方法，明确作业要求，促使学生形成对单元的整体印象。

1. 单元分布

梳理全学段教材知识内容，分析数学课程标准明确的学生核心素养，用单元分布说明可视化呈现某一个学期作业在初中阶段的地位与特点。（见图2-5-1）

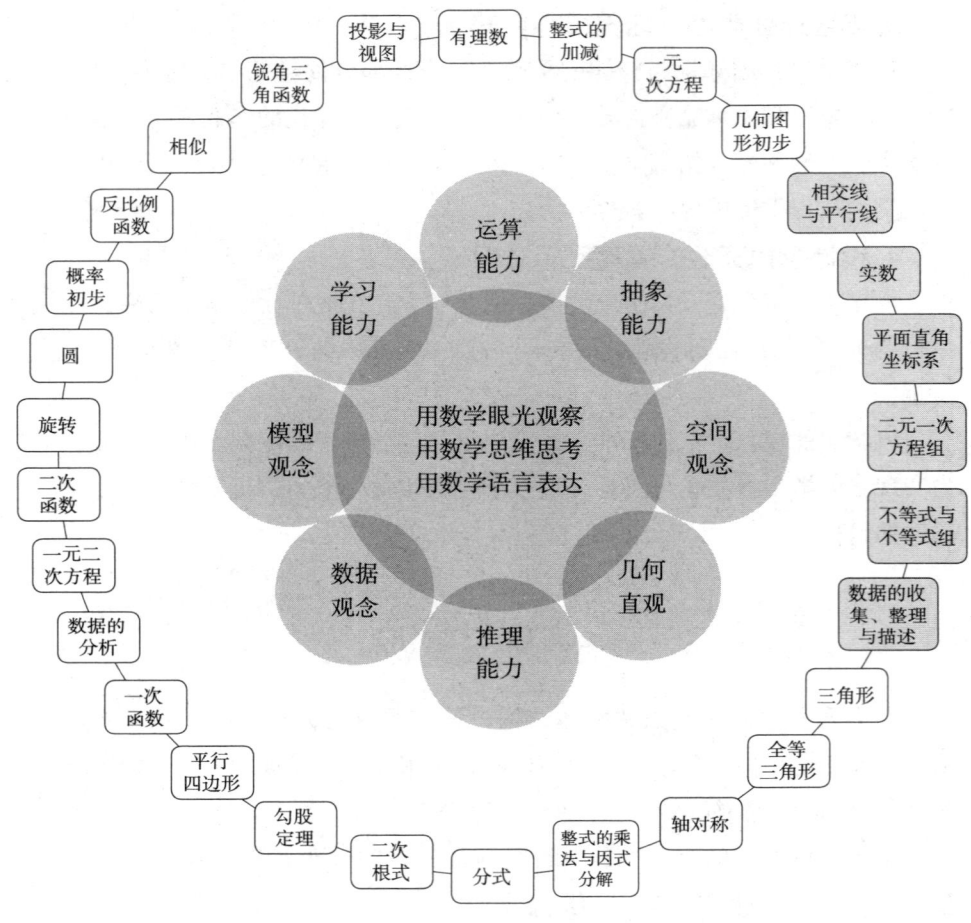

图 2-5-1　初中数学知识体系与本册单元分布图

注：初中数学七年级下册内容为上图中铺灰底的方框部分。

2. 单元作业导语

单元作业导语说明单元的主要学习内容，指明内容的前后联系，揭示内容的学习价值，提示学习方法与要点，提出对于学习结果的期待，帮助学生了解单元整体特征与要求。

例如，初中数学七年级下册第七章"平面直角坐标系"的单元作业导语如下：

本单元我们主要学习平面直角坐标系有关的概念、点与坐标的对应关系、用坐标表示地理位置和用坐标表示平移。

在本单元作业中，我们由实际生活中确定物体位置的需要引出用有序数对表示平面内点的位置的方法，类比如何在数轴上确定点的位置，引出平面直角坐标系，建立点与坐标的一一对应关系。经历从数轴到平面直角坐标系的知识发展过程，进一步体验数形结合的思想，感受用代数方法研究图形问题、用图形直观研究代数问题的方法。以生活实际为背景，运用所学习的坐标知识，用数学的语言简明地描述问题，感悟数学与生活的联系。

3. 单元作业目标

单元作业目标主要描述期望学生通过完成作业达到的预期结果。撰写单元作业目标时，应体现以下几方面的特征：

（1）单元作业目标采用总体设计的思路，需要考虑作业目标与课堂教学目标之间的关联性、互补性和差异性，以提高整个教学实施的效能。

（2）关注单元作业目标与课程要培养的学生核心素养、认知类型的内在联系，以目标编码的方式加以处理，力求整册作业、整学段作业设计的总体均衡。

（3）从学生视角确立并描述单元作业目标，既要便于学生理解，又要便于学生执行操作，还要能引导学生对照目标，形成自主解决问题和自我反思的能力。

（4）建议各单元作业目标控制在 10 条左右，关注落实单元重点目标，每个单元至少设计 1 条跨学科作业目标，体现初中数学与其他学科的联系。

（5）参照布卢姆教育目标分类体系，综合考虑各种认知类型，除了记忆、理解、应用类的目标外，尽可能涉及分析、评价及创造类的作业目标，培养学生的高阶思维。（见表 2-5-1）

表 2-5-1　初中数学单元作业认知类型内涵与行为动词举例

认知类型	基本内涵	行为动词举例
记忆	能识别或记住有关的数学事实材料（包括有关的定义、定理、性质、法则和公式等），使其再认或再现；能按照示例进行模仿	知道、说出、认识、了解
理解	能明了数学知识的由来，能描述研究对象的数学特征并较规范地加以表达；在常规的数学问题情境或基本的变式条件下，能准确运用相关知识与技能解决简单的问题	懂得、说明、解释、举例、辨别、比较、分类、判断、初步会（能）
应用	能把握数学知识的内容及其形式的变化，在变式或新情境中区分数学知识的本质属性与非本质属性，并能解决数学内部问题以及简单的实际问题；能把具体现象上升为本质联系，从而形成解决问题的一般方法	掌握、判定、辨析、分析、转换、解决、推导、会（能）

续表

认知类型	基本内涵	行为动词举例
分析	能使数学知识、技能与思想、方法联系，能从较综合的问题情境中抽象出数学模型或通过归纳假设进行探索，并对问题数学化地加以分析、表达和解决	区别、联系、组织、归因
评价	能意识到数学的思维方式在思考过程中的作用，能对解决问题过程的合理性、完整性、简洁性进行评价	检查、反思、鉴别、评论
创造	会对数学内容进行一定的扩展或对数学问题进行延伸；能灵活运用各种思想方法进行思考，能主动运用数学的思维方式，在不同情境中进一步发展数学核心能力	产生、计划、生成、设计、规划、决策

4. 单元内容结构

单元内容以结构图形式呈现，做到前后呼应、逐层细化，将知识内容进行可视化梳理。考虑到初中学生年级的差异、成长的需要，作业设计力求做到循序渐进，以单元结构图的设计为例，七年级的结构图将匹配引导的问题辅助学生梳理填写，八年级的结构图将在学生完成内容填写后由学生提出拟探究的问题，九年级的结构图将预设部分开放式模块，鼓励学生个性化构图。三个年级的结构图尽可能以逐步推进、不断完善的方式呈现。例如，初中数学七年级下册第八章单元内容结构（单元复习作业模块）以图 2-5-2 的形式呈现。

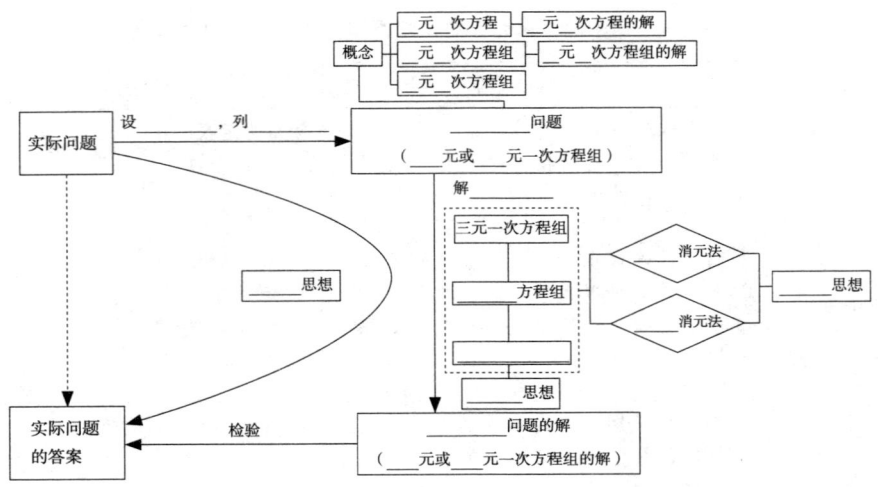

图 2-5-2　初中数学七年级下册第八章"二元一次方程组"单元内容结构图

（二）作业模块设计

初中数学单元作业包括课时作业和单元复习作业，其中课时作业分为新授课课时作业和习题课课时作业两种类型。根据新授课课时作业、习题课课时作业和单元复习作业的功能指向，组合呈现三种模块不同结构的栏目设计（见图2-5-3）。

1. 作业模块说明

在新授课模块的课时作业栏目设计中，"回顾反思"和"夯实积淀"为必设栏目，"学习准备"设置于各单元的起始。在习题课模块的课时作业栏目设计中，"回顾反思"和"创新发展"为必设栏目。在单元复习作业模块的作业栏目设计中，"梳理构建""夯实积淀"和"创新发展"为必设栏目。而"拓展延伸""追本探今""实践探究"和"深学细悟"为三大模块作业的选设栏目（见表2-5-2）。

表 2-5-2　初中数学作业模块中的必设栏目与选设栏目

模块	必设栏目	选设栏目
新授课课时作业	学习准备（设置在各单元的起始）、回顾反思、夯实积淀	拓展延伸 追本探今 实践探究 深学细悟
习题课课时作业	回顾反思、创新发展	
单元复习作业	梳理构建、夯实积淀、创新发展	

2. 作业栏目解析

围绕"指向学生自主学习"的编写理念，初中数学单元作业共设计9个栏目，试图体现数学单元作业的整体性、过程性、多样性和反思性。

"学习准备"栏目试图引导学生自主回忆单元知识基础，为单元学习提供知识储备，让学生对数学内容有整体的感知。

"回顾反思"栏目试图通过阶梯呈现内容结构或针对重点、难点设计问题，引导学生阅读教材内容、回顾课堂要点，让学生养成做作业前必反思的好习惯。

"夯实积淀"栏目试图借助多样的常规类作业，让学生夯实基础、积淀思维，以精选的内容形式丰富、梯度排布科学、逻辑组合严密的作业，促进学生基本思想方法和良好学习习惯的形成。

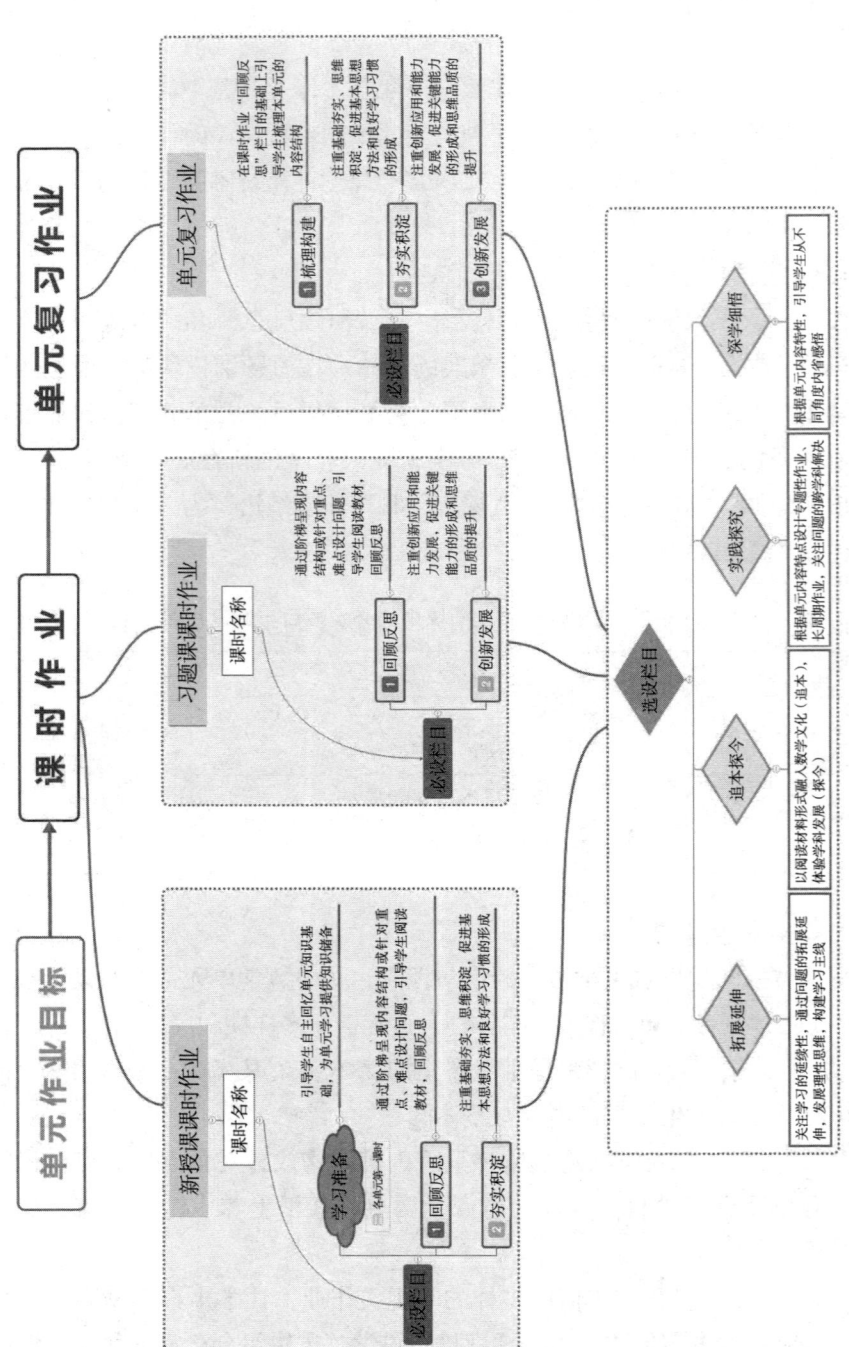

图 2-5-3　初中数学作业模块与栏目设计结构图

"创新发展"栏目试图借助一些开放性、综合性作业，培养学生的创新意识和能力，以多样的作业促进学生关键能力的形成和思维品质的提升。

"梳理构建"栏目需在各课时作业"回顾反思"栏目的基础上，进一步引导学生梳理本单元的内容结构，让学生对本单元内容有一个整体性的认知。

"拓展延伸"栏目试图借助一些具有发散性、思辨性的作业，关注学生学习的延续性，让学生在做作业的过程中发展理性思维，构建数学知识脉络与体系。

例如，在初中数学七年级下册第六章"实数"中有这样一道作业题：

无理数的发现是人类理性思维的胜利，是人类对数的认识上的飞跃，是数学发展史上的一个重大突破，而无理数 $\sqrt{2}$ 的发现引发了数学史上的第一次数学危机。请同学们查阅资料，绘制一张关于《无理数的由来》的小报。

"追本探今"栏目以阅读材料形式融入数学文化（追本），让学生体验学科发展（探今），在阅读和体验的过程中，对数学、数学学科、数学学习等有更为全面的了解与认识。

例如，在初中数学七年级下册第七章"平面直角坐标系"中有这样一道作业题：

历史故事中的思考：笛卡儿，法国数学家、科学家和哲学家，他致力于将代数和几何联系起来的研究，于1637年，在创立了坐标系后，成功地创立解析几何学。笛卡儿当年是如何创立坐标系的？针对这个问题有很多的故事版本，但是最核心的问题是：有什么方法，只用几个数字就能标清点的位置呢？

请你和同组的小伙伴一起查阅相关资料，针对以下两个问题讨论并选用你们喜欢的方式表达观点。

问题一：除利用平面直角坐标系，你还有什么方法只用几个数字就能标清点的位置呢？

问题二：平面直角坐标系有四个象限，对于用"负数"来表示位置，你是怎么理解的呢？

"实践探究"栏目根据单元内容特点设计专题性作业、长周期作业，关注问题的跨学科解决，利用作业中丰富的素材、多样的问题解决方式以及实践探究的过程，提高学生综合运用数学知识、方法分析和解决问题的能力。

例如，在初中数学七年级下册第五章"相交线与平行线"中有这样一道作业题：

同学们，还记得我们曾提到的"玩转三角板活动"吗？请大家按照如下要求动手实践吧。

如图①，同样保持三角板 ABC 不动，绕点 A 顺时针旋转三角板 ADE（旋转角度大于 0° 且小于 180°）。

（1）请问∠DAB 为多少度时，三角板 ADE 的边 DE 与三角板 ABC 的边 AC 平行，请在图②中画出相应图形，并简要说明理由；

（2）请问∠DAB 为多少度时，三角板 ADE 的边 DE 与三角板 ABC 的边 AB 平行，在备用图中画出相应图形，并简要说明理由。

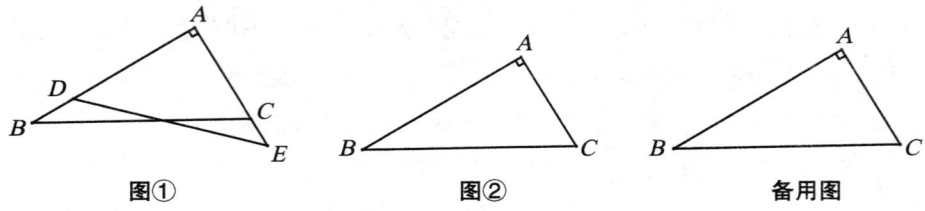

图①　　　　　　　　　　图②　　　　　　　　　　备用图

"深学细悟"栏目可根据单元内容特性，引导学生从不同角度内省感悟所学，深入思考。

例如，在初中数学七年级下册第八章"二元一次方程组"中有这样一道作业题：

经过本单元的学习，对于二元一次方程组的相关知识，同学们一定有不少收获吧。善于思考的小杰在学习的过程中发现：二元一次方程组 $\begin{cases} -6x+3y=9, \\ 2x-y=1 \end{cases}$ 无解，二元一次方程组 $\begin{cases} x-2y+1=0, \\ 2x-4y+2=0 \end{cases}$ 有无数组解，当然还有不少二元一次方程组只有一组解。二元一次方程组的解的情况究竟如何呢？请以小论文的形式谈谈你的认识与理由。

（三）作业类型整体设计

在有了明确的目标与框架的基础上，初中数学单元作业的设计，需要依托教师的专业认识与教学经验，充分考虑作业的类型、题组的搭配、要素的整合、工具的检核，有步骤地选编、改编或创编作业（题）。

1. 作业类型

初中数学单元作业类型设计要从单元整体角度出发，遵循从简单到复杂，从基础到变式、到综合、到实践探究、再到自我反思的过程，不断创设新的问题情境。

（1）常规类型作业与创新类型作业

作业根据目标和内容不同，采用不同的类型，通过类型的变化，反映学生在不同情境下的学习情况。除常规的选择题、填空题、判断题、解答题、作图题、论证题、论述题、探究题和实践操作题外，还需要根据学科特点与需要，设计实践性、跨学科和长周期作业。

在完成实践性作业的过程中，学生通过亲身经历，发现并解决某些生产、生活中与数学相关的问题，同时也提高了动手操作技能。

通过完成跨学科作业，学生的思维得到拓展和打通，提升了学生综合运用多学科知识方法的能力和创新能力。

长周期作业可以围绕一个特定的任务、问题、实验或调查，完整体现学生在完成作业过程中的思维、表现及结果。

（2）功能维度作业与跨课时作业

在作业设计中，除了需要考虑上述作业类型（常规类型作业与创新类型作业）在整册作业中的丰富性及其比例关系的协调性外，还需考虑其他一些维度。如从作业功能维度需要考虑学习准备型作业、巩固训练型作业、能力发展型作业、实践操作型作业等的比例，再如从落实单元重点目标或完成时间跨度的维度设计一些跨课时作业。

例如，在初中数学七年级下册第九章"不等式与不等式组"中有这样的作业题：

【实践探究】本单元中一元一次不等式的内容与我们以前学过的一元一次方程有许多相似之处，请同学们注意收集一些两者相似的具体例子，为后续完成单元复习中的实践探究作业积累素材。

【实践探究】经过"不等式和不等式组"这一章的学习，你是否体会到了一元一次不等式和一元一次方程间的区别和联系，请结合实际例子说说你的体会。

这是跨课时作业，在第一课的"实践探究"部分就布置了素材积累的任务，在最后一课的"实践探究"部分要求谈认识，在整个单元作业的设计中始终坚持类比一元一次方程来认识、理解一元一次不等式。

（3）适应差异的作业

作业设计应体现不同的认知水平要求，以避免内容简单重复或难度过高。需关注学生的个体差异，考虑学生的认知水平，在确保打好基础的前提下，对于学习能力较强的学生，可以通过设计一定的差异性作业，锻炼这部分学生的能力，以满足不同的需求。

例如，在初中数学七年级下册第八章"二元一次方程组"中有这样一道作业题：

2. 用代入法解方程组：$\begin{cases} 2x+3y=18，① \\ x-5y=-4，② \end{cases}$

你选择先消的元是＿＿＿＿＿＿，具体是将方程＿＿＿＿＿＿（填"①"或"②"）变形为＿＿＿＿＿＿，代入方程＿＿＿＿＿＿（填"①"或"②"）。

本题对大部分学生而言是不难的，但选择用哪个方程消哪个元却各有特点，不同方案的选择能体现出学生在代入（消元）法认知层次上的差异。较为开放的设计能更好地帮助学生参与到做作业这项学习任务中，以适应每个人的水平，呈现每个人的思维。

2. 作业题组设计

作业设计时不仅要关注每一个模块中内容的适切性，还要注重贯串整个单元的设计，主要体现在以下三方面。

（1）内容结构的逐步优化

在每个单元的单元复习作业中，融入各课时的长周期作业设计（如单元内容结构图的递进式完成），使学生逐渐理清思路，建立一个完整的内容框架，明确内容之间的联系和发展，使所学内容可视化、系统化、结构化。

（2）学生探究经历的丰富和发展

根据每个单元的特点，围绕某一个具体的问题（定理、性质、主题），设计循序渐进的学生探究活动，在不同课时中，明确现阶段活动的目的、学习任务所蕴含的数学原理，随着学习的发展，创设一些应用情境，使学生在探究特定问题时，能借助清晰的逻辑思维，更好地理解学科知识生成并应用的过程。

（3）整体设计的策略建议

依托相对统一的情境（可减少阅读量），整体落实作业题或题组的组合排列；从方法掌握着手（数学思想＋学习方法），研制突出过程表达的作业（综合类、分析类等）；考虑引入数学文化、落实综合实践、体现探索意识、鼓励反思梳理、反映跨学科思考等的作业。

3. 作业答案设计

对于有固定答案的作业，答案设计应具有指导性，对于有难度的作业可进行一定讲解，采用文字表述、图文结合等方式呈现讲解过程。对于无固定答案的作业，如果是书面作业，应充分发挥小组合作的作用，引导学生互评；如果是实践类作业，作业答案应是为作业的过程、结果及感悟提供评价的参考量表。

结合初中数学单元作业的主要类型，对各类型作业的答案呈现方式做以下说明：

◆ 选择题、填空题、判断题、解答题、作图题均要给出参考答案，其中较难的题要给出必要的提示；

◆ 论证题要给出主要论证环节，其中较难的题要给出思路提示或策略建议；

◆ 论述题要给出主要的观点以及各观点的大致权重；

◆ 开放类作业题要给出主要的评价维度及其大致权重；

◆ 探究类作业题要给出不同方向的探究提示，以及对不同方向上思考深度与水平的大致划分；

◆ 实践操作类作业题可以给出过程性与结果呈现两方面的评价参照标准。

4. 其他方面设计

为促进作业的有效落实，需基于学生的年龄和心理特点，调动学生的学习热情，使其高效完成作业。因此，还需考虑以下几方面。

（1）作业难度

作业难度会影响学生作业的态度、兴趣和习惯。太简单的作业会让学生觉得枯燥乏味，而过于难的作业会让学生在不断经受挫折后，失去对作业的兴趣，甚至产生畏惧心理。因此，需严格控制作业难度，在不出现偏题、怪题的基础上适度创新。

（2）作业量

书面作业量要符合国家相关要求，长周期作业或实践类作业在激发学生学习兴趣、引导学生产生持续的学习热情方面有特殊价值，但此类作业在每个单元的比例不宜多，且需给予学生较详细的指导。

（3）图文设计

初中数学单元作业的编制要符合数学文本的基本规范要求，文字精练，表述严密，应用图片文字要注意版权问题，书面作业尽量避免出现音频、视频等难以用文字表述的材料，作业的表达形式要尽可能生动。

三、初中数学单元作业设计样例

下面以初中数学七年级下册第十章"数据的收集、整理与描述"作业设计为例进行说明。限于篇幅，只呈现课时作业和单元复习作业的部分案例。

【单元作业导语】

本单元我们主要学习利用全面调查与抽样调查（以抽样调查为重点）收集和整理数据，利用统计图表（以直方图为重点）描述数据，并经历收集、整理、描述和分析数据得出结论的统计调查的基本过程。

在本单元的作业中，希望通过与统计相关的一些实践活动巩固有关的统计知识和方法，并进一步感受渗透在统计知识和方法之中的统计思想，逐步建立数据分析的观念，养成用数据说话的习惯，形成运用数据进行判断的思维方式，同时在作业素材中体会数学与人文的密切关系。

【单元作业目标】

表 2-5-3　单元作业目标

目标序号	单元作业目标
721001	了解数据处理的一般过程：收集、整理、描述和分析数据
721002	了解全面调查和抽样调查两种数据收集的方式，并会设计简单的调查问卷，获得真实数据
721003	能借助表格整理数据
721004	会制作扇形图，能用统计图直观、有效地描述数据

续表

目标序号	单元作业目标
721005	能体会抽样的必要性，体会用样本估计总体的思想
721006	能通过表格、折线图、趋势图等，感受随机现象的变化趋势
721007	了解频数及频数分布的意义，能画频数分布直方图（等距分组的情形）
721008	能利用频数分布直方图解释数据中蕴含的信息
721009	会根据问题需要选择合适的统计图描述数据，进一步体会统计图在描述数据方面的作用
721010	能解释统计结果，根据结果做出简单的判断和预测，并进行交流
721011	感受统计依托现代信息技术为各个领域进行数据分析的服务作用，增强学习统计的兴趣
721012	初步建立数据分析观念，逐步养成用数据说话的习惯，形成运用数据进行判断的思维方式

【单元内容结构】

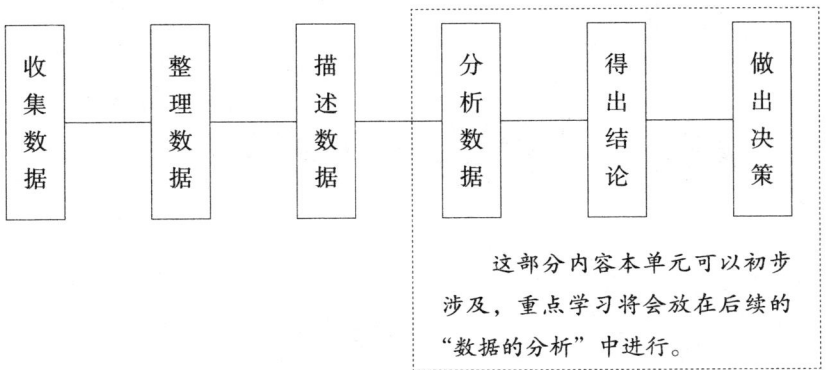

图 2-5-4 "数据的收集、整理与描述"单元内容结构图

【单元作业内容】

课时作业示例

学习准备

同学们，我们知道统计在人们的生活中应用得非常广泛，它需要我们科学地收集、整理与分析生活现象中的数据，并发现其客观存在的规律，那么我们学过哪些统计学的知识呢？让我们回忆并完成下列框图。

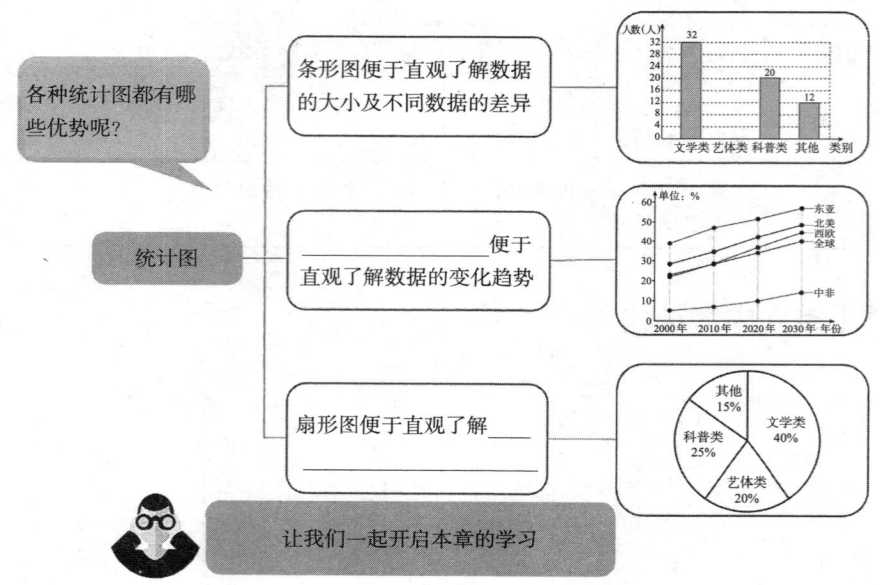

10.1   统计调查（1）

回顾反思

回顾所学，梳理数据处理的一般过程，请填空。（主要对应单元作业目标721001）

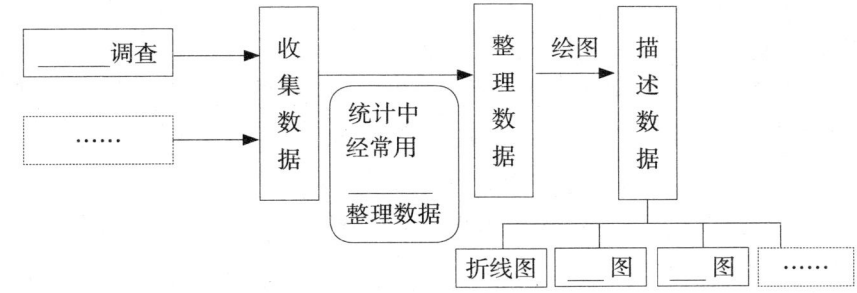

夯实积淀

1. 为了解某校全体学生喜爱的体育运动项目，该校课外活动小组设计了如下问卷（部分）。

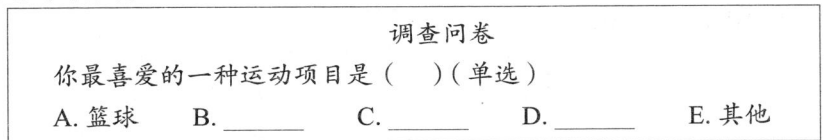

调查问卷

你最喜爱的一种运动项目是（ ）（单选）

A. 篮球 B. _____ C. _____ D. _____ E. 其他

如果上述调查问卷中 B、C、D 选项从"①阅读；②羽毛球；③短跑；④足球；⑤田径"中选择，那么你的选择是（ ）。（主要对应单元作业目标721002）

A.①②③ B.①③④ C.②③④ D.②③⑤

2. 小明对七（1）班 40 名学生上学所使用的交通工具进行统计，用表格整理数据。如果其中选择骑自行车上学的学生的划记为"正一"，那么这个班选择骑自行车上学的学生人数占全班学生人数的百分比是（ ）。（主要对应单元作业目标721003）

A. 10% B. 15% C. 20% D. 25%

3. 某地区 7—18 岁男女身高增长速度与年龄间的关系呈现如下图所示，由图可以判断，下列说法中错误的是（ ）。（主要对应单元作业目标721006）

A. 男生在 13 岁时身高增长速度最快

B. 随着年龄的增长，男女生的增长速度均趋于减慢

C. 11 岁时男女身高增长速度基本相同

D. 女生身高增长的速度总比男生慢

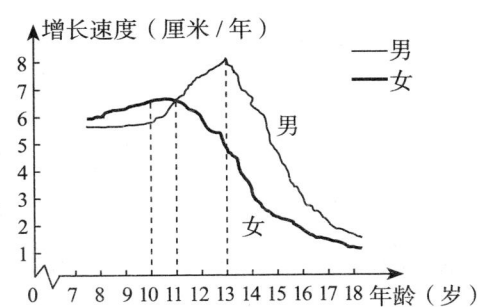

创新发展[①]

4. 假设让你调查班级男女生分别最喜欢的一种早餐，请设计一份调查问卷和数据统计表，并完成相应的题目。（注：只需设计，无须实际调查。）

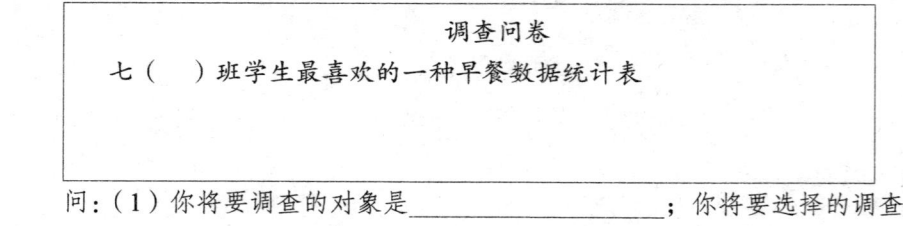

调查问卷

七（　　）班学生最喜欢的一种早餐数据统计表

问：（1）你将要调查的对象是＿＿＿＿＿＿＿＿＿＿＿＿；你将要选择的调查方法是＿＿＿＿＿＿＿＿＿＿。

（2）你会选择哪种统计图描述数据？请说明理由。（主要对应单元作业目标721002、721003、721012）

10.1　统计调查（2）

……

10.1　统计调查（3）

回顾反思

回顾学习内容，思考统计调查的方法和过程，并填空。（主要对应单元作业目标721001）

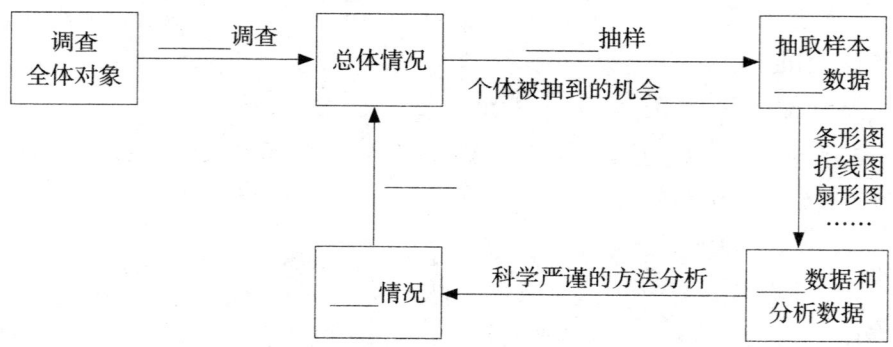

---

① 本作业为跨课时作业，本节新授课仅交代情境、做好铺垫，后续练习课的相应栏目有跟进任务要求。

实践探究

探究课题：有关青少年近视的问题（活动一）。

2020 年上半年，全民居家抗疫，减少了户外活动和放松眼睛的时间，给近视防控工作带来挑战。为全面评估近视率情况，2020 年 9 月到 12 月，国家全面开展了近视专项调查，覆盖全国 8604 所学校，共筛查 247.7 万名学生。结果显示：2020 年，我国儿童青少年总体近视率为 52.7%，较 2019 年上升 2.5 个百分点，较 2018 年下降 0.9 个百分点；6 岁儿童近视率为 14.3%，小学生为 35.6%，初中生为 71.1%，高中生为 80.5%。（数据来源：《人民日报》2021 年 7 月 14 日）

其实，近二十年来不仅是中国，全球居民的视力都在变差（见下图，数据来源：《新京报》2020 年 6 月 7 日）。

全球各地区近视率变化

（1）根据 2020 年我国儿童青少年近视调查的结果，随着儿童青少年的成长，近视率是如何变化的？请结合数据谈谈你的想法。

（2）请根据上图中的信息，尝试用自己的语言表达统计结果的意义，并通过查阅资料或与同学、家长讨论，尝试解释该统计结果。

（3）为了解班级学生视力检测结果中较低的单眼视力情况，请你收集全班同学的视力数据（包括你自己的），选取每位同学双眼中较低的视力数值并将其作为 1 个数据。我们把裸眼视力的检测结果分为：裸眼视力 ≥ 5.0 为正常，裸眼视力 < 5.0 为视力不良，其中裸眼视力 4.9 为轻度不良，裸眼视力 4.6 ~ 4.8 为中度不良，裸眼视力 ≤ 4.5 为重度不良。请整理你得到的数据，根据裸眼视力正常、裸眼视力轻度不良、裸眼视力中度不良、裸眼视力重度不良进行分类，画出扇形图，并简单分析数据中蕴含的信息。（主要对应单元作业目标 721009、

721010)

10.2 直方图（1）

......

10.2 直方图（2）

回顾反思

反思主题：有关分组的合理性。

教材中提出的确定组数的规律是一个经验法则。在实际决定组数时，常常有一个尝试的过程。请结合课堂所学，在本课时教材中挑选一个实例，写出你决定组数时的尝试过程，并说出最后的选择及理由。（主要对应单元作业目标 721007）

创新发展

七（1）班 40 名学生在解方程大赛中做对的题目数量如下：20，15，22，12，27，10、6，18，31，24，30，23，19，15，28，27，26，28，16，20，32，13，25，27，21，18，16，21，33，29，27，17，23，11，19，30，12，16，25，22。

七（2）班 36 名学生在该解方程大赛中的成绩分布直方图见下图。

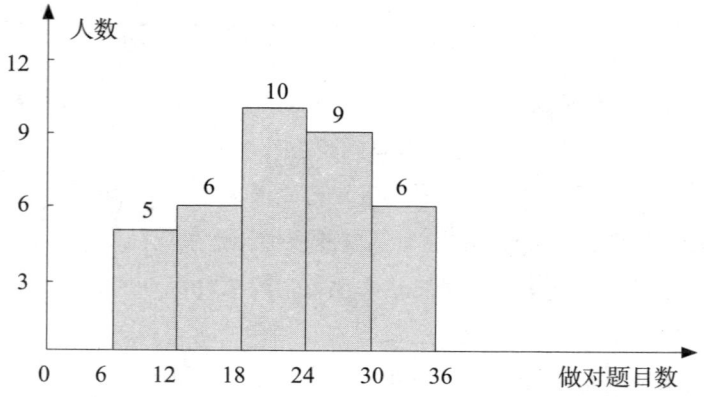

（1）为了方便与七（2）班的比赛结果进行比较，请将七（1）班的数据适当分组，列出频数分布表，画出频数分布直方图。

（2）如果这次大赛中做对 12 题为合格，做对 24 题为优秀，那么本次大赛七（1）班的优秀率为＿＿＿＿＿＿＿。

（3）请你比较两个班级学生成绩的分布情况，并做简要说明。（主要对应单元作业目标 721007、721010）

实践探究

探究课题：有关青少年近视的问题（活动二）。

《自然》杂志曾做过一项研究，结果表明，户外活动的时间是近视发生的唯一强相关因素，眼睛接触阳光的时间越短，近视的风险越高。户外活动可以让眼睛接触更多的阳光照射，而阳光可诱发视网膜多巴胺的释放，它是一种帮助感光细胞响应光刺激的神经传递素。对动物的研究发现，当眼睛的视网膜多巴胺水平下降时，眼睛就会进入眼轴增长的周期。眼轴越长，眼睛近视程度就越深。专家表示，为预防、控制和减缓近视，儿童青少年时期应该保证每天 2 小时户外活动时间，周末应该努力安排更多的户外活动时间，以及减少长时间近距离用眼情况，尤其是对手机、电脑的使用。

请你收集你和全班同学周末平均每天用来户外活动的时间（单位：时），选择适合的组距和组数，列出频数分布表，画出频数分布直方图，并简单分析数据中蕴含的信息。（主要对应单元作业目标 721010、721012）

10.3　课题学习（3 课时）

……

📚 单元复习作业示例（2 课时）

梳理构建

回顾整个单元的学习，填写单元结构图。（主要对应单元作业目标 721001）

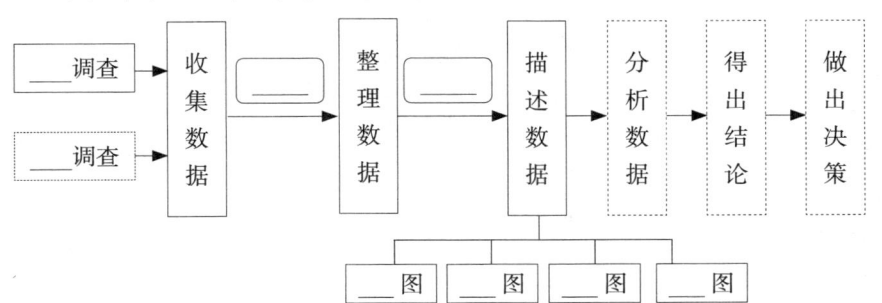

我们已学习了有关数据的收集、整理和描述的方法，那么如何科学地分析数据，并得到数据背后蕴含的客观规律呢？虚框部分的内容，我们将在后续的"数据的分析"中重点学习。

创新发展

为了使课后服务的内容更加丰富多彩，某校准备开设体育类社团，现有 5 个社团：乒乓球、羽毛球、足球、武术、体操可供学生选择。

5. 体育组对本校参加课后服务的学生进行随机抽样调查、收集整理数据后，绘制出图①、图②两幅不完整的统计图，请根据图中提供的信息，解答下列问题：

（1）在这次抽样调查中，一共调查了＿＿＿＿＿＿名学生；

（2）在扇形统计图（见图①）中，足球所对应的圆心角的度数是＿＿＿＿＿＿；

（3）请把折线统计图（见图②）补充完整；

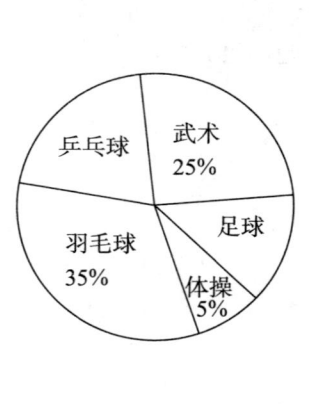

图①

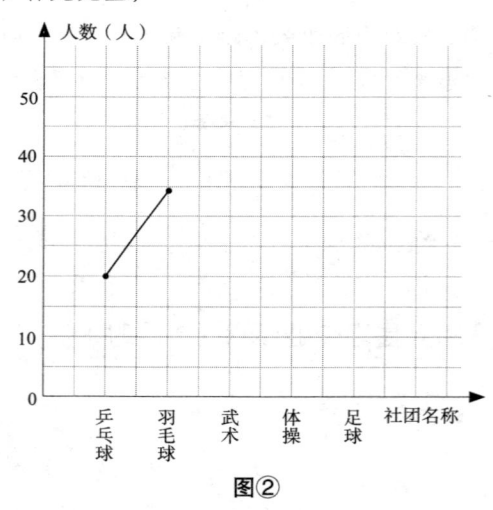

图②

（4）由于师资和场地的关系，目前只能开设 3 个体育类社团，你认为最终开设的是哪三个社团？请简述你的理由。（主要对应单元作业目标 721006、721010）

6. 为了更好地了解学生的基本情况，从而开展教学，乒乓球社团对加入社团的 40 名学生进行了训练前测试，记录每位学生不间断的接球数。学生测试数据如下：

23，27，16，14，25，18，20，8，19，11，16，21，19，15，24，19，
20，17，12，0，18，7，18，23，24，27，15，19，22，25，13，14，3，21，
23，5，17，26，2，18。

（1）请按组距为5将数据分组，列出频数分布表，画出频数分布直方图。

（2）经过一个月的练习，在月底汇报中，这40名同学的乒乓球接球数如下表所示：

接球数	$0 \leqslant x < 5$	$5 \leqslant x < 10$	$10 \leqslant x < 15$	$15 \leqslant x < 20$	$20 \leqslant x < 25$	$25 \leqslant x < 30$
人数	1	2	3	a	16	10

①写出表中 a 的值。

②你认为经过一个月的乒乓球社团的训练，学生的训练效果如何？请简述你的理由。（主要对应单元作业目标721007、721010）

追本探今

统计主要研究现实生活中的数据，人们通过对数据的收集、整理、描述和分析，了解周围世界的现状，为制定决策提供依据。根据数据思考和处理问题，通过归纳数据发现事物发展规律就是统计的基本思想。

让我们通过以下人口普查的材料，感受统计与现实生活的紧密联系，关注国家政策背后的原因。

7.【材料1】人口普查是世界各国广泛采用的收集人口资料的科学统计方法，是提供全国基本人口数据的主要来源。

中国作为全球人口第一大国、第二大经济体、土地面积第三大国的国家，幅员辽阔，需要不断更新人口数据，及时掌握整个国家的情况。从1949年至今，中国分别在1953年、1964年、1982年、1990年、2000年、2010年、2020年进行过七次全国性人口普查，人口数据的近似值如下图所示。

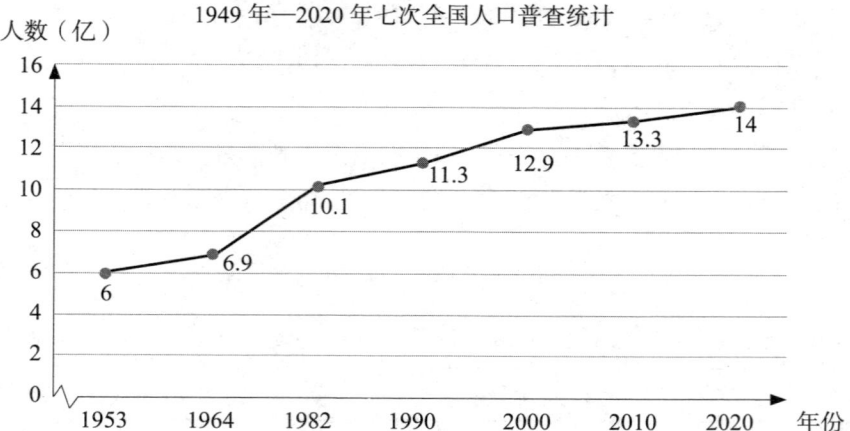

任务 1：根据折线图，计算我国 2000 年至 2020 年的二十年间，平均每年人口增长的数量，并根据此数量预估 2025 年时我国的人口数量（单位：亿）。

（提示：你也可以分析图像变化趋势，预估 2025 年时我国的人口数量。主要对应单元作业目标 721006、721011）

8.【材料 2】人口老龄化已成为世界发达国家和部分发展中国家普遍存在的一种社会现象，预计到 2050 年，全球老龄人口会达到 21 亿。国际上一般公认 60 岁及以上老年人口占总人口比例超过 10% 或 65 岁以上老年人口占总人口的 7%，即意味着这个国家或地区处于老龄化社会。下图汇总了第七次全国人口普查各年龄段人数分布的近似百分比。

2020 年第七次全国人口普查各年龄段人数分布统计

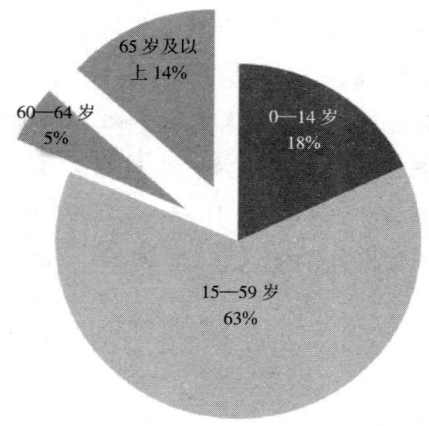

任务 2：请你估算 2020 年我国 60 岁及以上老年人的人口数量（精确到

0.1 亿)。(主要对应单元作业目标 721004、721011)

9.【材料 3】人口普查能为国家研究制定人口政策、经济社会发展规划以及进行公共服务资源配置等提供科学依据，使政府更好地服务百姓的生产生活，服务新时代国家治理需要。第七次全国人口普查数据发布后，人口老龄化和低生育率的问题再次成为人们关注的热点。2021 年 5 月 31 日，中共中央政治局召开会议，决定实施一对夫妻可以生育三个子女政策及配套支持措施，这一决定有利于改善我国人口结构，落实积极应对人口老龄化国家战略，保持我国人力资源禀赋优势。

任务 3：请你上网搜索"第七次人口普查""老龄化""三孩政策"等关键词，了解当前我国的人口结构，并结合自己的思考简单论述人口普查的价值。（ 主要对应单元作业目标 721010、721011)

【 本单元作业统计表 】

作业统计表										
不同目标序号题量分布		认知类型		作业类型		不同难度题量分布		总时间（分）	不同来源题量分布	
721001	3	记忆	3	选择题	6	低	15	135	选择	0
721002	5	理解	6	填空题	8	中	10		改编	12
721003	1	应用	13	判断题	0	高	5		原创	18
721004	3	分析	6	解答题	13					
721005	4	评价	12	作图题	0					
721006	2	创造	4	论证题	0					
721007	4			论述题	0					
721008	3			探究题	0					
721009	3			实践操作题	3					
721010	8									
721011	4									
721012	4									

初中英语
单元作业设计指导 ①

初中英语单元作业的编写应基于国家课程标准、面向所有学生，旨在落实立德树人根本任务，培育学生核心素养。鉴于此，本指导力求在不加重学生学业负担的基础上，提高作业设计质量，合理把控作业总量，充分体现作业在日常教学中的基本功能，帮助学生巩固语言知识与技能，发展语言能力，提升思维品质，形成学习能力和跨文化交际的意识；帮助教师了解学生学习情况，及时反思并调整教学。

一、设计理念与思路

1. 主题意义引领下的单元整体架构

依据课程标准，从单元视角开展整体规划，围绕单元话题，在主题意义引领下开展单元作业设计。凸显单元的学习重点，体现课时作业之间的连续性和关联性，加强作业的结构化，帮助学生巩固、迁移和运用单元所学，建立单元各学习内容之间的有机关联。

2. 核心素养导向下的作业目标确定

以核心素养为导向规划单元目标，并据此规划作业目标，建立作业目标与单元目标之间的有机关联，统筹安排，层层递进。兼顾主题语境、语篇类型、语言知识、语言技能、文化知识、学习策略六要素，帮助学生获得语言能力、学习能力、思维品质和文化意识的一体化发展。

3. 基于生活实际的作业情境创设

在主题意义引领下，依据学生的生活实际，设计各课时作业情境，建立

---

① 本部分主要由朱萍、陆京炜、张海波、祝智颖、陈洁、谭晓陵、万萍、陈琳、江佳玮、周杰等撰写。

主题与课时作业情境之间的有机关联。借助作业情境引导学生学以致用，联系生活实际，运用所学语言分析问题、解决问题、习得方法、发展思维。

4. 听、说、读、看、写结合的作业类型设计

实际教学中，教师应通过不同类型的作业，帮助学生在完成作业的过程中巩固语言、体验语言、运用语言，促进学生语言能力的提高。作业的类型有很多：从语言技能来看，可以有听、说、读、看、写等类型，也可以听说结合、读写结合等；从呈现形式来看，可以是书面或非书面的；从考查内容来看，可以包含语音、词汇、语法、语篇等；同时，适当考虑综合性、跨学科和长周期作业。

二、设计要点

（一）单元作业整体设计

1. 内容分布

内容分布图可体现每个学期各单元话题和主要学习内容等要素的关系，比如，人教版初中英语七年级下册内容分布图可以设计成如图 2-6-1 所示的结构图。

2. 单元作业设计

设计单元作业，建议教师第一步要明确单元内容结构。可以以概念图形式呈现单元话题、语法、句型、语篇等知识内容，如图 2-6-2 所示。

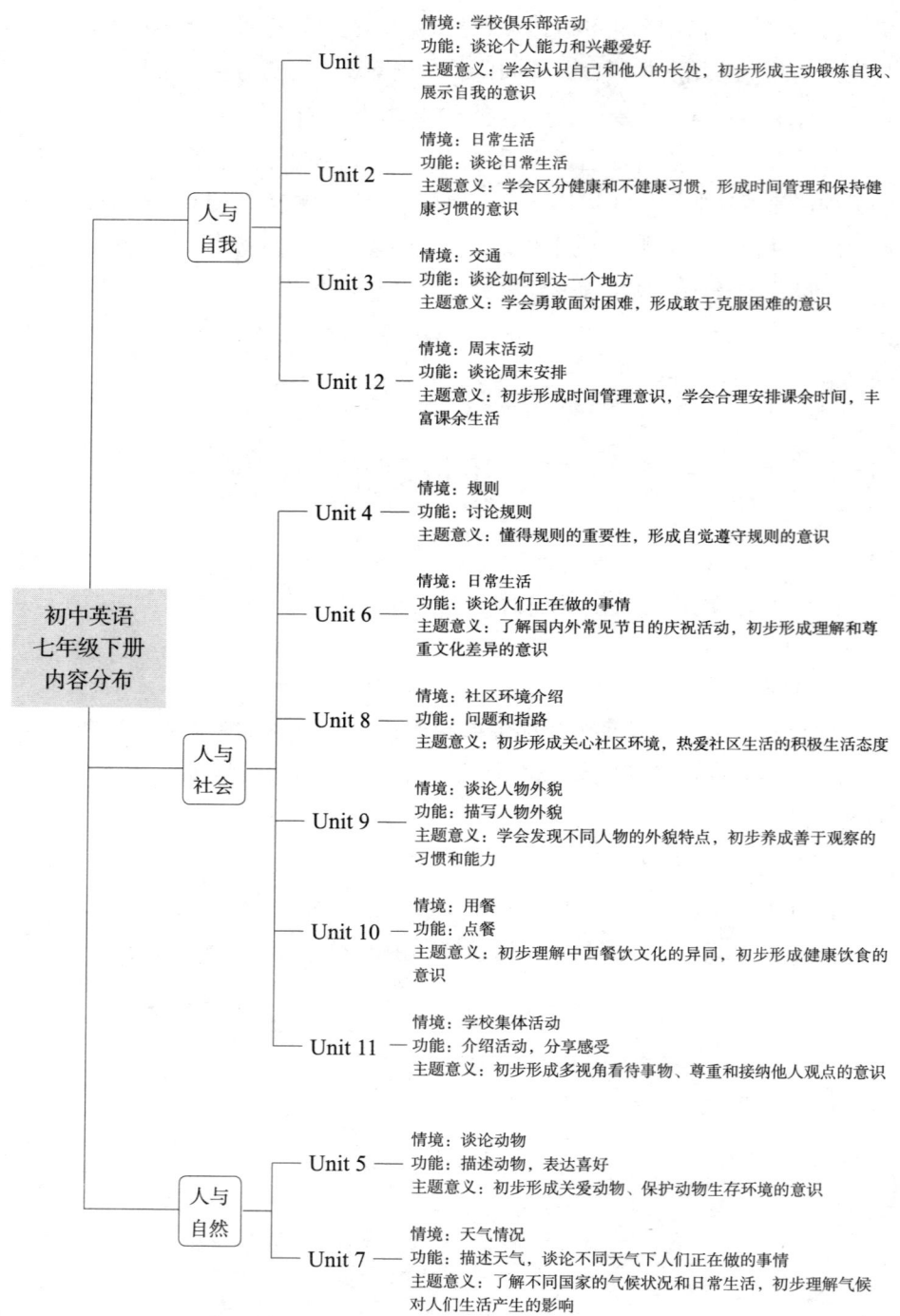

图 2-6-1　初中英语七年级下册单元内容结构图

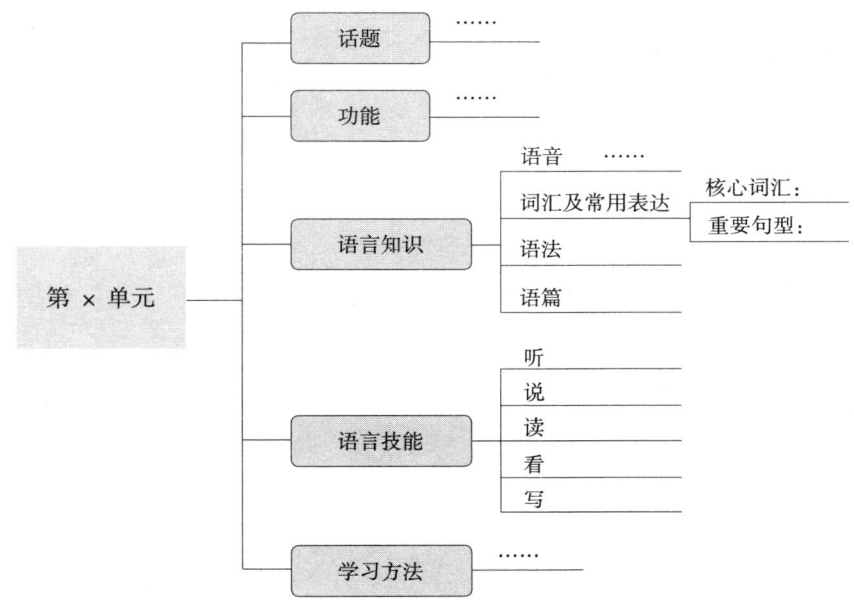

图 2-6-2 单元内容结构图示例

第二步，教师需要明确单元作业目标。

第三步，基于单元作业目标设计课时作业。课时作业要依据课时顺序、功能有所侧重。以人教版初中英语七年级下册为例，教材每单元按五课时计，分新授课作业和复习课作业，各课时作业栏目可以设置如下（见表2-6-1）。

表 2-6-1 不同课型的课时作业设计示例

课时	新授课				复习课
	第一课时	第二课时	第三课时	第四课时	第五课时
课型	Listening and speaking	Grammar	Listening and speaking	Reading	Writing+ Revision
栏目	基础训练 情境运用 （归纳反思）	基础训练 情境运用 （归纳反思）	基础训练 情境运用 （归纳反思）	基础训练 阅读拓展 （归纳反思）	基础训练 情境运用 （归纳反思）
	（项目实践）				

- 栏目功能说明：
- 基础训练（Stepping stone）栏目指向语言知识的领会和理解。
- 情境运用（Real-life challenge）栏目引导学生在与主题相关的情境下进行语言运用。
- 归纳反思（Reflection zone）栏目引导学生归纳语言知识、掌握学习方法，尝试对自己的学习进行自我评价。
- 阅读拓展（Reading adventure）栏目指向开阔视野，进行阅读技能训练。
- 项目实践（Project）栏目指向跨学科、项目设计等类型的作业，有时需要跨若干个课时。
- 栏目设置基本体现教学内容要求与学习水平进阶的要求。不同课型的栏目设置基本一致，有常规栏目，如基础训练、情境运用；也有个性化栏目，如归纳反思、阅读拓展、项目实践。

以人教版初中英语七年级下册第一单元为例，各课时作业栏目、功能及对应认知类型如下（见表 2-6-2 至表 2-6-6）。

表 2-6-2　第一课时作业栏目、功能及认知类型

栏目	功能	认知类型
基础训练（Stepping stone）	1. 运用本课时所学词汇，选择正确答案完成句子 2. 通过听力活动，理解文本的信息，在语境中感知词汇的意思	记忆 理解
情境运用（Real-life challenge）	在情境中感知本课时所学的语用功能，并初步运用	应用
归纳反思（Reflection zone）	对俱乐部进行分类，学习利用思维导图工具梳理信息，培养思维能力 （本栏目应体现学法指导）	分析
项目实践（Project）	长周期作业第一步，学习收集信息，并将收集到的信息进行翻译	记忆

表 2-6-3　第二课时作业栏目、功能及认知类型

栏目	功能	认知类型
基础训练 （Stepping stone）	通过基础操练，巩固情态动词的结构和用法	理解
情境运用 （Real-life challenge）	在设计海报的情境中运用本单元核心知识（情态动词）	应用
归纳反思 （Reflection zone）	归纳海报特征，培养观察分析的能力	分析
项目实践 （Project）	长周期作业第二步，将收集的信息进行分类并完善，培养逻辑思维能力	分析

表 2-6-4　第三课时作业栏目、功能及认知类型

栏目	功能	认知类型
基础训练 （Stepping stone）	1. 读出含有 can 的句子重音的变化 2. 巩固本单元词汇和词组	记忆 理解
情境运用 （Real-life challenge）	1. 通过听力理解文本，记录关键信息并借助关键信息转述文本内容 2. 在情境中运用本单元核心知识（情态动词）以及与兴趣特长相关的词汇和词组	理解 应用
归纳反思 （Reflection zone）	观察语言现象，尝试总结语法知识	分析
项目实践 （Project）	长周期作业第三步，根据前两个课时收集和分类的信息，合作制作海报，培养合作能力，同时学会将所学内容进行综合运用	创造

表 2-6-5　第四课时作业栏目、功能及认知类型

栏目	功能	认知类型
基础训练 （Stepping stone）	复习课文内容，运用所学词汇、词组完成语篇	理解
阅读拓展 （Reading adventure）	通过阅读课外语篇，训练阅读技能，拓宽视野	理解

续表

栏目	功能	认知类型
项目实践 （Project）	长周期作业第四步，根据自身情况填写申请表，学以致用	应用

表 2-6-6　第五课时作业栏目、功能及认知类型

栏目	功能	认知类型
基础训练 （Stepping stone）	读准元音字母 u 的读音、五个元音字母与 r 组合后的读音；读出含有 can 的句子重音的变化。选择适当的词或词组完成报告，巩固本单元所学	理解
情境运用 （Real-life challenge）	在面试情境中运用本单元核心知识（包括与兴趣特长相关的词汇、词组、语法等）	应用 创造
归纳反思 （Reflection zone）	通过自我检测，评估对本单元学习主题的理解程度	评价
项目实践 （Project）	长周期作业最后一步，选择自己想要参加的俱乐部，做一次演讲，展示自己的才能。积极参与俱乐部活动，勇于展示自我	创造

3. 作业答案

答案以活页形式呈现，包含答案、评价标准或关键方法指导。

（二）作业类型整体设计

初中英语的作业分类方式多样：从呈现形式上分，有书面作业和非书面作业；从完成方式上分，有独立完成作业与合作完成作业；从答案和评价标准来分，有客观类作业和主观类作业；从作业与日常教学的关系来分，有常规作业和单元特色作业。有的作业则是把两项或是多项技能相结合，以读写结合或听说结合的方式呈现。

基础性作业从技能和内容两个维度出发，分为听说类、读写类等。听说类包括听说语音、听说语法、听说词汇、听说语篇。读写类包括读写语音、读写词汇、读写语法、读写语篇等。此外还有视听类、非书面其他、书面类

其他、综合实践、跨学科运用、长周期作业等。

初中英语作业常见题型见表 2-6-7。

表 2-6-7 初中英语作业类型及题目要求

序号	类型		题目要求（具体表现举例）
1	听说类	听说语音	跟读模仿、朗读音标、根据音标拼读、训练绕口令
		听说语法	造句、判断正误
		听说词汇	听写词汇、记背、听解释说出单词、辨析
		听说语篇	听语段选择图片、标识地图、听后选择、判断正误、回答问题、演讲、辩论、复述课文、表达观点、描述事件
2	读写类	读写语音	单词读音归类、看音标写单词
		读写词汇	抄写、词性转换、造句、解释、替换、翻译、选词填空
		读写语法	连词成句、句型转换、填空、翻译、改错
		读写语篇	排序、配对、完形填空、回答问题、选择小标题、写话、改写、主题写话、看图写话、情境写话、阅读整本书
3	视听类		观看视频、观看戏剧表演、观察图片（图表）
4	非书面其他		背诵、看图说话、角色扮演、讲故事、配音
5	书面类其他		记笔记、整理文本线索、根据例句归纳新语法结构和用法、查生词、整理学习内容、梳理语法规则、摘抄、错题归纳
6	综合实践		查阅资料、制作海报广告、调查采访活动、写报告、设计活动方案、阅读整本书、阅读报刊、项目研究、制作小报、制作专题小册子
7	跨学科运用		
8	长周期作业		

需要说明的是，有时一项作业可以既是综合实践类，也是跨学科运用或长周期作业。初中英语学科的综合实践类作业注重与生活的融合，将单元话题和学生的生活实际相结合，将语言知识与技能、语用与语感、情感与文化等融合在作业中。跨学科运用类作业侧重拓宽英语学科知识的学习和运用领域，着眼学生整体素质的提高，探索将英语学科的知识与技能和其他学科知

识相结合的方法。长周期作业主要是围绕一个主题，以项目、任务为载体，引领学生在较长时间内完成的，以本学科学习为主，多种其他学科学习为辅的实践性作业。

初中英语作业类型示例如下：

例 1（听说类——朗读）

Listen and read the following paragraph.（听录音，朗读下列段落。）
I 'can't 'cook. My father 'can't 'cook, 'either. I 'can't 'do any 'washing. My father 'can't 'do any 'washing, 'either. 'However, I can 'tell 'jokes. My father can 'tell 'jokes, 'too. So we can 'still 'make my 'mother 'happy.

例 2（读写类——翻译）

Translate the following into English.（请将下列中文翻译成英文。）
1. 画画 _____ 2. 讲故事 _____
3. 下象棋 _____ 4. 打网球 _____
5. 打篮球 _____ 6. 练武术 _____

例 3（书面类其他——梳理语法规则）

How much do you know about the modal verb *can*? Complete the following mind map.（你对情态动词 *can* 了解多少？请填写思维导图。）

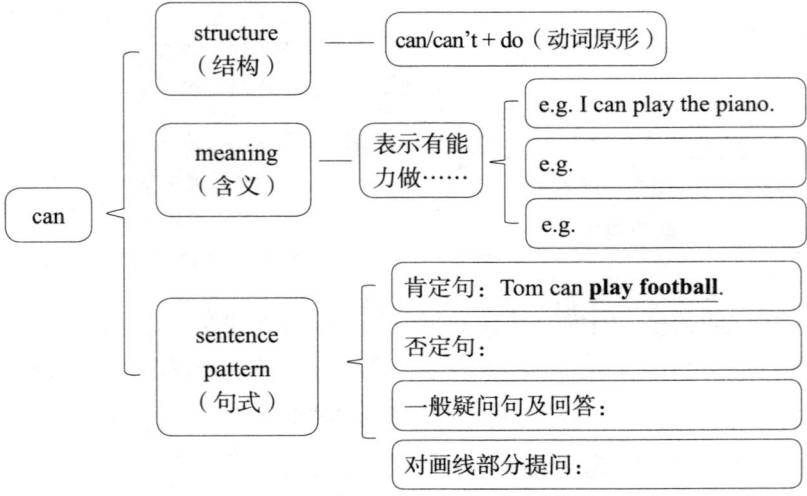

图 2-6-3　情态动词 can 的思维导图

（三）作业认知类型整体设计

依据修订版布卢姆教育目标分类框架，作业认知类型包括"记忆""理解""应用""分析""评价"和"创造"六个类型。初中英语单元作业各认知类型的典型行为表现及作业例题如表 2-6-8 所示。

表 2-6-8　初中英语单元作业认知类型、行为动词举例及例题

认知类型	行为动词举例	例题
记忆	拼写、读出、写出、翻译等	根据解释写出单词。 A person who makes a living by catching fish：_____ （fisherman）
理解	读懂、听懂、完成等	选择适当的单词完成语篇。 Hi! I'm doing a survey on teaching materials in school. What kind of textbooks do you use? Do you think the use of photocopied textbooks and newspaper articles in the classroom can be accepted? Please give your _____. A.thanks　　B.lessons　　C.excuses　　D.opinions
应用	描写、说出、写出、列出等	用完整句子列出你能够从事的运动。 List the sports you can do in complete sentences, using **can**.
分析	比较、辨析、归纳、归类等	**How much do you know about a poster? Tick the right items.**（你对海报了解多少？请在海报特征前打钩。） **A poster should have:** ☐　a title ☐　matching picture (s) ☐　text（正文） ☐　white space ☐　different-size fonts（字体）and colors **In the poster above, the text should include:** ☐　name of the event ☐　abilities applicants（应聘者）need ☐　items listed on the programme（节目） ☐　contact（联系人）of the event

续表

认知类型	行为动词举例	例题		
评价	判断、检查、自查等	Checklist（写作自查表）		
		1.Have I completed the title?	☐ Yes.	☐ No.
		2.Have I written the ability requirements?	☐ Yes.	☐ No.
		3.Have I showed the purpose of the event?	☐ Yes.	☐ No.
		4.Have I left contact information?	☐ Yes.	☐ No.
创造	撰写、制作、设计等	设计一个新活动，并撰写志愿者招募广告。 You need some volunteers to help your activity. Write an advertisement to attract right volunteers. 　Volunteers Wanted for ＿＿＿＿＿＿＿＿＿ ＿＿＿＿＿＿＿＿＿＿＿＿＿＿＿＿＿＿＿＿		

（四）学科内容整体设计

初中英语学科作业的内容按照语言知识分类，主要可以分为语音、词汇、语法、语篇等部分。一些引导学生进行自我反思和评价的作业，应归入其他部分。

表 2-6-9　初中英语学科内容整体设计及举例

内容	举例
语音	Read the following phrases and sentences. Notice the stress.（朗读下列短语和句子，注意重音。）
词汇	Complete the sentences according to the Chinese meanings.（请根据中文提示完成句子。）
语法	Complete the sentences according to the table. Use *can* or *can't*.（根据表格信息，用 *can* 或 *can't* 完成句子。）
语篇	What do you want to do in the "Talent Show"? Please introduce your interests and abilities. You can complete the task either in an oral or written form.（你想要在"达人秀"展示什么才艺呢？请以口头或书面形式介绍你的兴趣和特长。）

续表

内容	举例
其他	Self-assessment.（自我评价） 单元学习效果自我评价表 {{TABLE_NESTED}}

单元学习效果自我评价表

通过本单元的学习，我能够：	1—5
用所学词汇与句型谈论自己和他人的特长与爱好	
选择并申请加入自己喜欢的学校俱乐部	
综合运用本单元所学知识，完成海报制作、演讲等学习任务	

三、初中英语单元作业设计样例

下面以人教版初中英语七年级下册第一单元 Can you play the guitar? 作业设计为例来进行说明。

【单元作业目标】

表 2-6-10 单元作业目标

目标序号	单元作业目标
720101	读准元音字母 u 在重读音节中的三种常见读音，五个元音字母与 r 组合后的读音（如 ar、er、ir、ur、or），以及常见字母组合 ph、th、sh、tch、wh 的发音，读出含有情态动词 can 的肯定句和否定句的重音变化
720102	理解与兴趣爱好相关的词汇 dance、swim、sing、draw 等，以及常用表达 play chess、play the guitar、be good at、be good with、want(s) to do sth、help... with 等的意义，并能简单运用
720103	巩固情态动词 can 的意义和用法，能正确使用包含 can 的一般疑问句和 what 引导的特殊疑问句，并做简单回答
720104	听懂关于学校俱乐部话题的对话，运用听前预测、听中记笔记的方法和技巧，捕捉关键信息
720105	读懂关于学校俱乐部招募广告的语篇，运用画出关键词句等策略理解段落大意和关键信息
720106	运用本课所学，以口头或书面形式完成制作海报、撰写广告、填写申请表及给予回复等任务，认识自己和他人的长处，形成主动锻炼自我、展示自我的意识
720107	通过观察、比较、分类来体验整理归纳语言知识的学习方式，体会"词块"对词汇学习的重要性，并尝试对自己的学习过程进行反思

【单元内容结构】

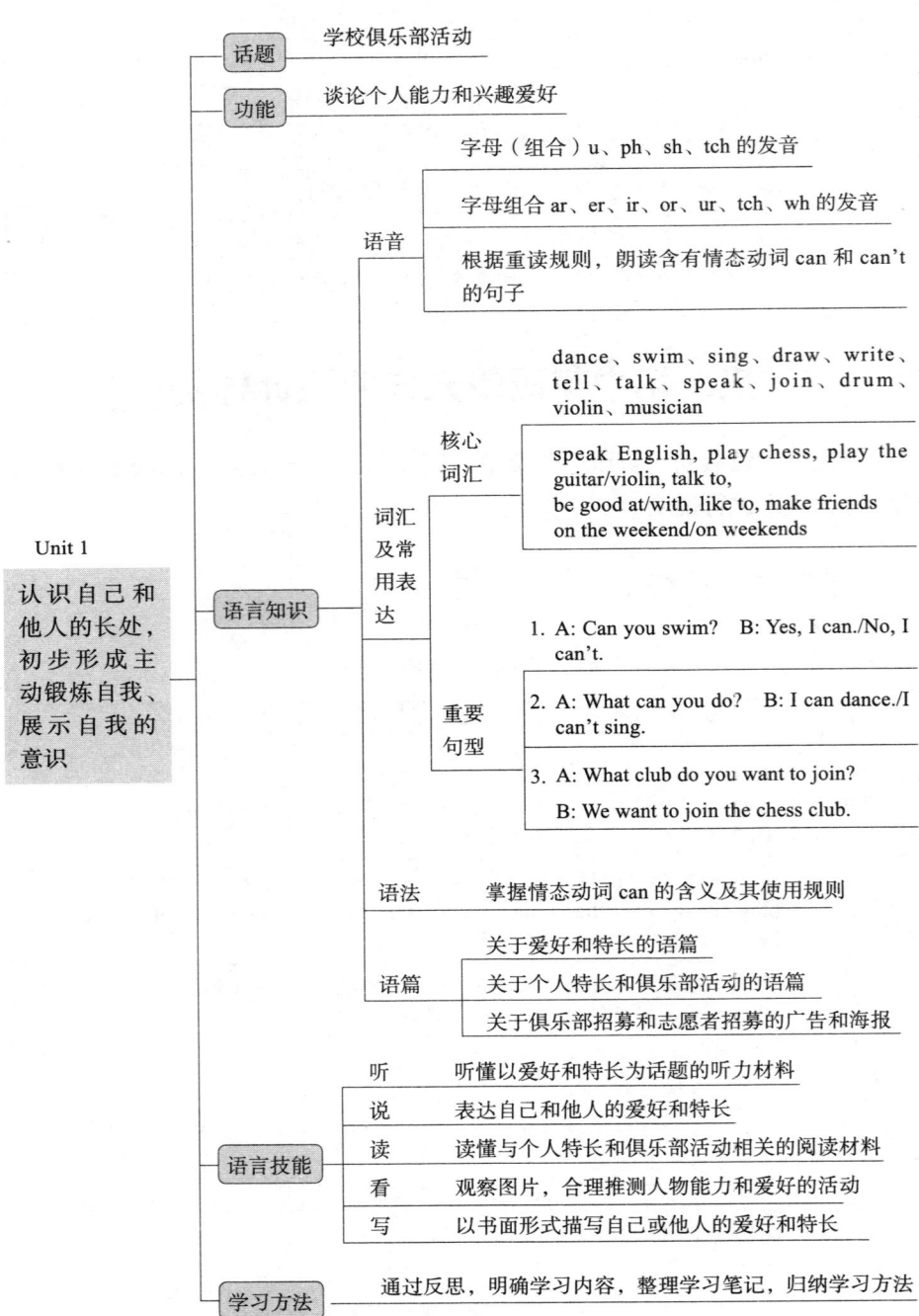

图 2-6-4　人教版初中英语七年级下册第一单元内容结构图

【单元课时安排】

表 2-6-11

课时	课型	课时教学内容
第一课时	Listening and speaking	Unit 1 Section A　1a-2d
第二课时	Grammar	Unit 1 Section A　Grammar Focus
第三课时	Listening and speaking	Unit 1 Section B　1a-1f
第四课时	Reading	Unit 1 Section B　2a-2c
第五课时	Writing + Revision	Unit 1 Section B　3a-3b, Self-check
总课时数		5 课时

【单元作业内容】

第一课时　Section A　1a - 2d

Stepping stone（基础训练）

1-1. Choose the best answer.（选择最恰当的答案。）（主要对应单元作业目标 720102、720103）

1. My sister can play _____ piano. She is in the music club.

A. a   B. the   C. /

2. Alice can't play _____ chess, but his brother can.

A. a   B. the   C. /

3. Jim can draw well, so he wants _____ the art club.

A. join   B. joining   C. to join

4. Sam loves music and he is good at _____.

A. singing   B. sings   C. sing

1-2. Listen and choose the right picture.（听录音，选择正确的图片。）（主要对应单元作业目标 720102）

Real-life challenge（情境运用）

1-3. I. Four students want to join different school clubs. Complete the sentences according to the given information.（四名学生想要加入不同的学校俱乐部，请根据所给信息，完成句子。）（主要对应单元作业目标720102）

Name	Club
David	model plane club
Alice	story telling club
Jackson	football club
Mary	language club

1. David likes _____,
so he wants to join the _____.
2. Alice likes _____,
so she _____.
3. Jackson likes _____,
_____.
4. Mary _____,
_____.

II. What do you like to do? Which club do you want to join? Write about yourself.（你的兴趣爱好是什么？你想加入哪个俱乐部呢？请写写你自己。）（主要对应单元作业目标720102）

同学们可以参考练习 I 的句型哦！

Tips

_____
_____

1–4. How much do you know about school clubs? Complete the mind map.（你对学校俱乐部了解多少？请完成下列思维导图。）（主要对应单元作业目标 720107）

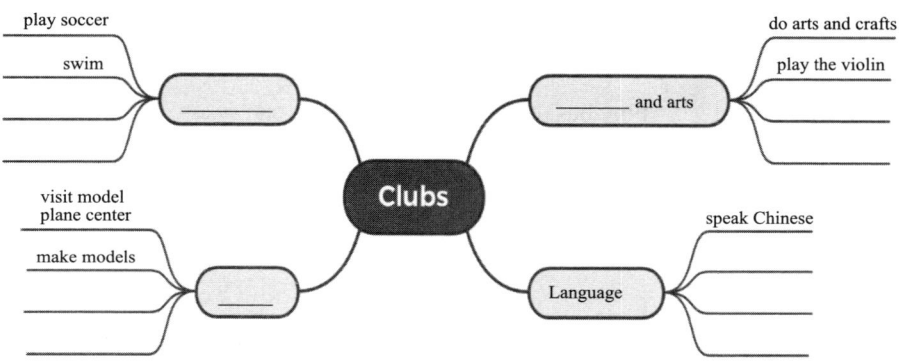

1–5. Task 1　Collect the names of your school clubs and translate them into English with the help of a dictionary.（请收集学校俱乐部名称，并借助词典，翻译成英文。）（主要对应单元作业目标 720106、720107）

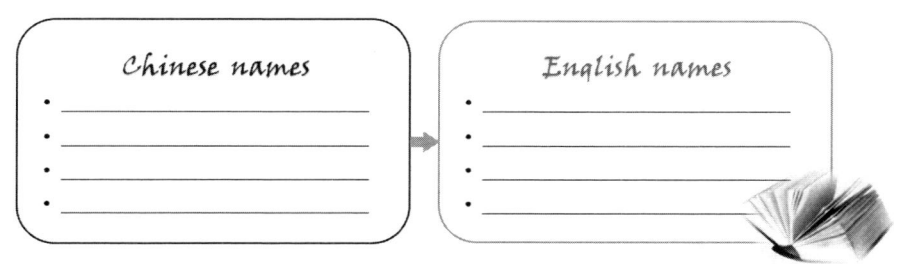

第二课时　Section A　Grammar Focus

2–1. Choose the best answer. 选择最恰当的答案。（主要对应单元作业目标 720103）

1. I can't _____ the story telling club.

A. join　　　　　　　　　B. to join　　　　　　　C. joining

2. Bob can _____ chess well, but his sister can't.

A. plays　　　　　　　　B. to play　　　　　　　C. play

3. ——What _____ you do for the show?

　——I can play kung fu.

A. do　　　　　　　　　B. can　　　　　　　　　C. are

4. Mike _____ play basketball or tennis, but he can swim.

A. doesn't　　　　　　　B. can't　　　　　　　　C. isn't

5. ——Can we join the two clubs?

　—— No, we _____ .

A. don't　　　　　　　　B. aren't　　　　　　　　C. can't

2–2. Complete the sentences according to the table. Use **can** or **can't.**（根据表格信息，完成句子。）（主要对应单元作业目标 720103）

	Jill	Jane	Mike
play soccer	√	×	√
draw pictures	×	√	√
play the guitar	√	×	×
speak Chinese	√	√	√

e.g. Jill can play soccer but he can't draw pictures.

1. Mike and Jill _____ soccer.

2. Jane and Mike _____ pictures, but Jill _____

_____ .

3. Mike _____ Chinese, but he _____

_____ the guitar.

4. Jill, Jane and Mike _____ Chinese.

Real-life challenge（情境运用）

2–3. How much do you know about the people around you? Answer the following questions.（你对身边的人了解多少呢？回答下列问题。）（主要对应单元作业目标720103）

How much do you know about …?

Example: Can your mother dance?	Yes, she can./No, she can't, but she can sing.
1. Can your father play tennis?	_____
2. Can your maths teacher speak English?	_____
3. Can your Chinese teacher play the guitar?	_____
4. Can your monitor（班长）tell English stories?	_____
5. _____?	_____

2–4. Complete the poster according to the school art festival programme.（根据学校艺术节节目单完成招募艺术节表演者的海报。）（主要对应单元作业目标720106）

School Art Festival

Programme

1. Group dance
2. Chinese opera
3. Musical instrument performance
4. Short play
5. Poem recitation
6. Sing
7. Dance
8. Magic show
9. Street dance
10. A chorus

Students wanted for School Art Festival

We want students for the _____

_____

_____

_____

_____

_____

Please talk to _____

_____

_____ about your abilities.

Reflection zone（归纳反思）

2–5. How much do you know about a poster? Tick the right items.（你对海

报了解多少？请在招募海报特征前的方框内打钩。）（主要对应单元作业目标 720107）

In the poster above, the text should include:

- [ ] name of the event
- [ ] abilities applicants（应聘者）need
- [ ] items listed on the programme（节目）
- [ ] contact（联系人）of the event

A poster should have:

- [ ] a title
- [ ] matching picture (s)
- [ ] text（正文）
- [ ] white space
- [ ] different-size fonts（字体）and colors

Project（项目实践）

2–6. Task 2　Put your school clubs into different groups and draw a mind map for your school clubs. For the last branch, write the abilities needed in the club.（请将收集并翻译的学校俱乐部进行分类，并绘制成思维导图。在思维导图最后的分支上写上加入该俱乐部所需的能力。）（主要对应单元作业目标 720106、720107）

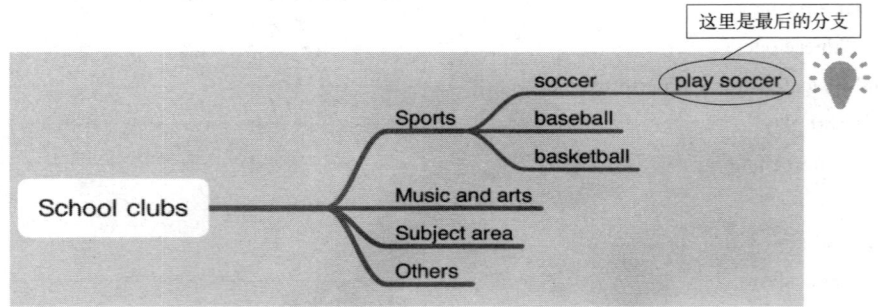

Please draw your own mind map in your notebook.（请在笔记本上画出自己的思维导图。）

第三课时　Section B　1a－1f

Stepping stone（基础训练）

3-1. Listen and read the following paragraph.（听录音，朗读下列段落。）
（主要对应单元作业目标 720101）

> I 'can't 'cook. My father 'can't 'cook, 'either. I 'can't 'do any 'washing. My father 'can't 'do any 'washing, 'either. 'However, I can 'tell 'jokes. My father can 'tell 'jokes, 'too. So we can 'still 'make my 'mother 'happy.

3-2. I. Translate the following into English.（请将下列中文翻译成英文。）
（主要对应单元作业目标 720102）

1. 画画 _____ 　2. 讲故事 _____

3. 下象棋 _____ 　4. 打网球 _____

5. 打篮球 _____ 　6. 练武术 _____

II. Complete the sentences according to the Chinese meanings.（请根据中文提示完成句子。）（主要对应单元作业目标 720102）

1. Peter is the leader of the music club. He can _____（打鼓）very well.

2. Alan is good at music. He can _____（拉小提琴）very well.

3. Eva _____（喜欢弹钢琴）. She wants to be a pianist.

4. Lisa is an outgoing girl. She _____（非常喜欢音乐）. She can _____（弹吉他）.

Real-life challenge（情境运用）

3-3. There is going to be a "Talent Show" next Friday afternoon. Now Mr. Hu is discussing the performances with his students.（下周五下午，学校将举行"达人秀"。现在胡老师正在和学生讨论节目。）

I. Listen and complete the table.（听录音，完成下列表格。）（主要对应单元作业目标 720104、720102）

Name	Club	Can	Can't
Tracy	music	1. _____	dance
Sandy	English drama	perform 2. _____	
Alex	3. _____	make PPTs	4. _____
George	5. _____	6. _____	7. _____

II. Now you are Mr. Hu. Please retell the information to the art teacher with the help of the table in Exercise I. (假设你是胡老师，请借助练习 I 中的表格，将讨论的情况转述给艺术老师。)(主要对应单元作业目标 720104、720106)

> Here is the information about my students.
>
> Tracy is in the _____. She can _____, but she can't _____.
>
> ...

III. (Optional) What do you want to do in the "Talent Show"? Please introduce your interests and abilities. You can complete the task either in an oral or written form. (选做题：你想要在"达人秀"展示什么才艺呢？请以口头或书面形式介绍你的兴趣和特长。)(主要对应单元作业目标 720104、720106)

> **For your references:**
>
> I like _____. I am in the _____ club. I can _____, but I can't _____.
>
> I want to _____ in the show.

Reflection zone（归纳反思）

3–4. How much do you know about the modal verb *can*? Complete the following mind map. (你对情态动词 *can* 有多少了解？请完成思维导图。)(主要对应单元作业目标 720107)

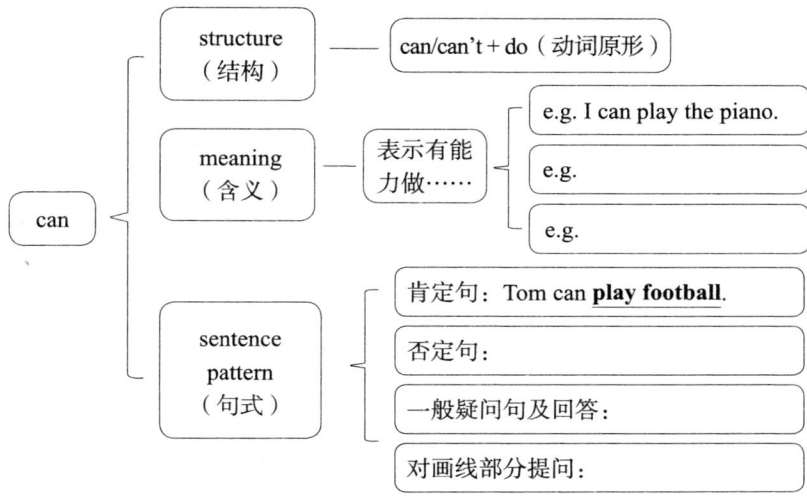

3-5. Task 3　Work in groups of 3 or 4. Choose one of your school clubs and create a poster to advertise the club.（请选择一个学校俱乐部，3—4人一组合作设计一份海报来宣传这个俱乐部。）（主要对应单元作业目标720106、720107）

Tips:

1. Your poster should have a title, matching pictures, text and white space.

2. Your poster should include time, place, activities, target audience（目标人群）of your club.

3. Your poster can tell what kind of students are wanted in the club.

4. Use different colors and fonts to highlight important information.

第四课时　Section B　2a－2c

4-1. Complete the two descriptions about Alice and David according to the given Chinese.（根据所给中文提示完成艾丽斯和戴维的叙述。）（主要对应单元作业目标720102）

Hello, I'm Alice. I'm in the school 1.＿＿＿＿＿＿＿＿＿（音乐俱乐部）. I can 2.＿＿＿＿＿＿＿＿＿＿＿＿（打鼓）and I 3.＿＿＿＿＿＿＿＿＿（还会）sing and dance. Do you want to 4.＿＿＿＿＿＿＿＿＿＿（与……交朋友）with me?

Hi, I'm David. I like to 5.＿＿＿＿＿＿＿＿＿（讲故事）and play games with people. I 6.＿＿＿＿＿＿＿＿＿（善于和……打交道）children. 7.＿＿＿＿＿＿＿＿＿（在周末）I often 8.＿＿＿＿＿＿＿＿＿（帮助父母做家务）.

Reading adventure（阅读拓展）

4-2. Li Hua wants to set up a club in his school. He is now asking his teacher Mr. Hu for help. Read Mr. Hu's suggestions and complete the tasks.（李华想要在学校创立一个俱乐部，他正在征求胡老师的建议。请阅读胡老师的建议并完成任务。）（主要对应单元作业目标720105）

Mr. Hu, I want to set up a club. Do you have any good ideas?

Sure!

Li Hua, you want to set up a club. There are my suggestions.

First,（1）＿＿＿＿＿＿＿＿＿

You can have some sports clubs, like a badminton club. They are always popular among students. Also, you can have some music clubs such as a violin club because most students *are fond of* music. Other clubs, like computer club, language club, Chinese painting club, magic show club, English drama club and street dance club can be great fun, too.

Next,（2）＿＿＿＿＿＿＿＿＿

When choosing club members, you should think about their free time, abilities and hobbies. What's more, being outgoing can also make one get along well with other members.

Last,（3）＿＿＿＿＿＿＿＿＿

Making ads is a good way to let other students know about your club. When you write the ads, ask yourself some questions:

Do students know what club it is?

What kind of students will become the members of the club?

Can they get the contact information（联系方式）?

Of course, colorful letters and beautiful pictures make your ads better.

I. Choose the suitable advice below and fill in blanks（1）—（3）.［从方框里的句子中选出合适的建议，将字母序号填入空格（1）至（3）内。］

A. make the club well-known with ads

B. have some sports clubs

C. pick the right club members

D. make ads with beautiful pictures

E. set up an interesting club

II. Choose the best answers.（选择最合适的答案。）

1. The phrase "are fond of" in the passage means "_____".

A. are interested in　　　　B. are good at

C. are happy about　　　　D. are worried about

2. According to Mr. Hu's advice and the information of the four students below, _____ will possibly be the member of Fun with Music Club.

• Wang Li likes math very much. He can design computer games.

• Ma Dong is interested in sports. He wants to learn to play tennis.

• Sun Ying's favourite activity is paper-cutting. She is very outgoing.

• Liu Ping is very kind and helpful. She can play the piano well.

A. Wang Li　　　　　　B. Ma Dong

C. Sun Ying　　　　　　D. Liu Ping

3. Li Hua has written some sentences in an ad. According to Mr. Hu's advice, sentence _____ is NOT proper（合适的）.

A. Are you good at playing guitar or dancing?

B. Our phone number is 123456567.

C. Musicians are wanted for Music Club!

D. Do you need our help?

Project（项目实践）

4-3. Task 4　Which club(s) are you interested in? Do you want to join a club? Complete the application form.（你对哪个或哪些俱乐部感兴趣呢？你想要加入吗？请完成以下俱乐部申请表。）（主要对应单元作业目标 720106、720107）

Application Form for the School Club

Personal Information（个人信息）			
Name:	Class:	Grade:	Student No.:
Gender: ☐ Girl　☐ Boy			

Details of Application（申请详情）

记得要用完整的句子回答哦！

1. What do you like/like to do? _____
2. What can you do? _____
3. What are you good at? _____
4. Which club(s) do you want to join?　★ You can choose at most（最多）two clubs.
☐ music club　　　　　☐ art club　　　　　☐ English drama club
☐ language club　　　　☐ computer club　　　☐ soccer club
☐ chess club　　　　　☐ swimming club　　　☐ story telling club
☐ model plane club
5. What other（其他的）clubs do you want our school to set up（开设）?
_____ club.

第五课时　Section B　3a－3b　Self－check

Stepping stone（基础训练）

5-1. I. Listen and read.（听录音并朗读。）（主要对应单元作业目标 720101）

u /juː/	/uː/	/ʌ/	ph /f/	sh /ʃ/	th /θ/	/ð/
pupil	juice	umbrella	elephant	shelf	thin	this

ar /ɑː(r)/	er /ɜː(r)/	ir /ɜː(r)/	or /ɜː(r)/	or /ɔː(r)/	ur /ɜː(r)/
start	certainly	first	worker	fork	turtle

tch /tʃ/	wh /w/	/h/
fetch	where	whom

II. Listen and read. Notice the stress.（听对话并朗读，注意重音。）（主要对应单元作业目标 720101）

A: 'What 'can you 'do?

B: I can 'write 'beautiful but 'short 'sentences.

A and C: We can 'write 'beautiful but 'short 'sentences, too.

B: I can 'write 'pretty 'words.

A and C: We can 'write 'pretty 'words, too.

C: And I can 'make 'yummy 'drinks.

A: I 'can't 'make 'yummy 'drinks, but I can 'drink a 'lot.

5-2. Choose the best answer.（选择最恰当的答案。）（主要对应单元作业目标 720102、720103）

1. My brother can play _____ tennis, but he can't play _____ violin.

    A. the; the   B. the; /   C. /; /   D. /; the

2. Tom is ill. So his classmate helps him _____ his homework.

    A. with   B. for   C. under   D. at

3. Miss Rose is good _____ children. She always plays games with them.

    A. at   B. to   C. with   D. for

4. Dave is good at English. He can _____ English very well.

    A. to speak   B. speak   C. speaking   D. speaks

5. Can you play the piano or the violin? The club needs help _____ music.

    A. teach   B. teaching   C. teaches   D. to teach

5-3. Complete the report with the words or phrases in the box. Each can be used only once.（选择正确的单词或词组完成报告，每个单词或词组只能填一次。）（主要对应单元作业目标 720102）

| A. sports clubs | B. the language club | C. swim | D. draw |
| E. too | F. also | G. play chess | H. play the guitar |

I have got 105 application forms for our school clubs.

I find many girls like music. They want to join the music club. Some of them can play the piano and others can ____1____. Most of them can sing and dance. I ____2____ find many boys are very interested in sports. They want to join different kinds of ___3___. Most of them can play basketball or soccer. About 50 students can ___4___, so they choose the swimming club. The art club is also a popular club. About 40% of the students can ___5___. A few students can speak a second language. They want to join ___6___. The chess club is not a popular one because many students can't ___7___.

Some students want our school to set up some more interesting clubs such as the English drama club, the paper-cutting club, etc.

There will be an interview for those students.（申请学生将参加一次面试。）

1. _____ 2. _____ 3. _____ 4. _____

5. _____ 6. _____ 7. _____

Real-life challenge（情境运用）

5–4. Do you want to join your school clubs? Complete the interview.（你想参加学校的俱乐部吗？请完成下列对话。）（主要对应单元作业目标 720103、720106）

Interviewer: Hello, nice to see you!

Student X: 1. _____ , too.

Interviewer: May I know your name?

Student X: My name is 2. _____ .

Interviewer: What club 3. _____ ?

Student X: I want to join 4. _____ .

Interviewer: Why do you want to join 5. _____ ?

Student X: Because I 6. _____ .

Interviewer: What 7. _____ ?

Student X: I can 8. _____ .

Interviewer: Can you 9. _____ ?

Student X: 10. _____ .

Interviewer: OK, we will get back to you soon.

Student X: Thank you very much.

Project（项目实践）

5-5. You're going to apply for a club. Write down your speech for the club selection.（你打算申请参加一个俱乐部，请写一份演讲稿，为俱乐部选拔做准备。）（主要对应单元作业目标 720106、720107）

Tips:

1. Write a brief description of yourself. It should include:

> your name

> what you're good at/what you can do

> what you want in the club

> how you will behave if you are in the club

2. Don't forget to greet your audience at the beginning and end your speech with a promise.

good luck

Reflection zone（归纳反思）

单元学习效果自我评价表

通过本单元的学习，我能够：	1—5
1. 用所学词汇与句型谈论自己和他人的特长与爱好	
2. 选择并申请加入自己喜欢的学校俱乐部	
3. 综合运用本单元所学知识，完成海报制作、演讲等学习任务	

（1 表示完全不同意，5 表示非常同意）

初中物理
单元作业设计指导 ①

精心设计并布置初中物理单元作业，有助于学生对单元内容的再学习，深化对物理现象、概念和规律的理解；有助于学生发展信息获取、筛选、加工和处理的能力以及分析、评价、创造等高阶思维；有助于学生逐步养成质疑与反思、实事求是、追求证据及严谨认真等物理学习习惯和品质；有助于学生认识物理学与生活、社会、科学技术的紧密联系，激发探索未知世界的兴趣，潜移默化地提高品德修养，树立科学的世界观和价值观。

一、设计理念与思路

设计初中物理单元作业时，要在遵循科学性、严密性、准确性、适切性、多样性等基本原则，遵守控制作业难度与完成时间等基本要求的同时，努力突出以下思路，以更好地实现作业功能。

1. 注重单元结构，强化整体理解

以物理课程要培养的学生核心素养为导向，从单元的视角出发，将情境、问题、任务、思维方法系统地融入单元中的每一课时，统筹考虑单元学习内容，突出单元作业重点，提高课时作业间的关联性和递进性，使学生形成逻辑清晰、结构明朗的整体认识。

◆ 在单元作业指引中，以单元内容结构图的形式简要呈现单元学习内容之间的关系，帮助学生初步认识单元学习内容之间的关联。

◆ 在各课时作业中，通过知识回顾、反思梳理、辨析比较等过程，引导学生从整体看待局部，逐步达成思维和能力的提升。

◆ 在单元复习作业中，通过概念图的搭建，引导学生将零散的知识串成

---

① 本部分主要由成晓俊、张俊雄、程献生、申健、郑富、李园沥、余伟峰、张新宇等撰写。本部分依据人教版初中物理教材进行设计。

线、连成片、织成网，系统理解知识的脉络，建构知识体系和思维结构。

2. 展现思维过程，凸显方法运用

从"重结果"走向"重过程"，突出学习过程，注重思维展现，强调物理概念和规律的形成过程、实验设计操作的实践过程，以及研究过程中所蕴含的科学思想和方法。

◆ 优化作业过程设计，通过细化问题创设、改进设问角度、设置问题梯度、强调过程分析、增加说理表达等，力图让学生展现思维的过程，暴露思维的障碍，实现思维的碰撞，逐步内化思维路径。

◆ 优化作业形式设计，通过变换书面作业的表达形式，提高学生思维的灵活性、开放性和思维深度；通过让学生完成实验制作、实践探究等活动作业，使学生强化科学思维，发展探究能力；通过将物理学的思维方法和科学思想渗透于作业中，引导学生发现、认识、学习、运用和迁移。

3. 突出自主学习，培养学习习惯

突出自主学习，引导学生自我构建知识、解决问题、反思不足，培养学生反思、调控、管理等学习习惯，为学生今后走向社会和终身学习奠定坚实基础。

◆ 通过文本类作业中"说理表达"类的问题设计，提供暴露思维障碍的机会，引导学生发现学习中的问题。

◆ 通过课时作业中的"评估与反思"环节，引导学生学会用整体的视角审视学习内容，提炼方法。

◆ 通过相互评价环节，引导学生既总结学习的经验，又认识学习中的不足，养成学会反思的学习习惯。

◆ 通过有明确要求、适度方法指导、合理评价量表的实验类与实践类作业，保证学生自主学习和合作学习的质量。

4. 联系生活实际，体现应用价值

遵循"从生活走向物理，从物理走向社会"的课程理念，在作业设计中融入真实情境，激发学生学习的兴趣，促使学生体会学科价值和意义，发展解决实际问题的能力。

◆ 从学生的身边选材，广泛融入日常生活、学校学习、人文环境、自然资源、传统文化中的相关情境，拉近学生与物理的距离，让物理变得有趣、好玩、生动、实用。

◆ 重视物理学与社会发展、科学技术的紧密联系，关注社会热点、最新科技成果和我国发展建设成就，增强学生的社会参与意识、社会责任感和爱国情怀。

◆ 融合跨学科内容，提高学生应用综合知识解决问题的能力，促进学生的全面协调发展。

二、设计要点

以单元为基本单位对初中物理作业进行整体设计，每个单元均包含若干结构要素，相互关系如图 2-7-1 所示。

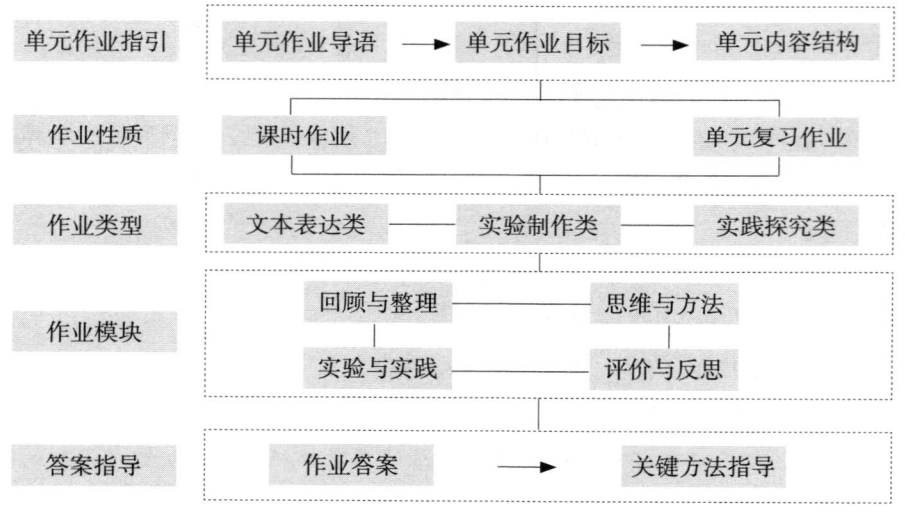

图 2-7-1　初中物理单元作业整体结构图

（一）单元作业指引

单元作业指引由单元作业导语、单元作业目标和单元内容结构组成，帮助学生认识学习价值、把握学习方法、明确作业要求，促使学生形成整体印象。

1. 单元作业导语

单元作业导语简要描述单元的主体学习内容，指明该项内容在初中物理学习中的地位和作用，及其与前后单元、其他学科知识间的关联，提示学习的主要过程、蕴含的科学方法，揭示内容的学习价值，明确对学习结果的期待，帮助学生了解单元的整体特征与要求。

2. 单元作业目标

单元作业目标旨在让学生明晰每一单元知识内容的学习所需达到的作业要求。撰写单元作业目标时，应体现以下几方面的特征：

（1）以学生的视角确立单元作业目标，既要便于学生理解，又要便于学生执行操作，还要能引导学生对照目标，形成自主解决问题和自我反思的能力。

（2）立足学生核心素养，重视关键能力发展，注重正确价值观和必备品格的形成，兼顾知识与技能、过程与方法以及情感态度与价值观，引导学生关注作业中的科学思想与方法，养成尊重事实的科学态度。

（3）重视跨学科作业目标的设计，体现物理与化学、生物学等学科的联系，拓展学生的思路，发展学生综合运用各学科知识、方法解决实际问题的能力。

（4）综合考虑各种认知类型，除了记忆、理解、应用类的目标外，尽可能设计分析、评价及创造类的作业目标，启发学生的高阶思维。对应不同认知类型的行为动词示例见表 2-7-1。

表 2-7-1　初中物理单元作业认知类型与行为动词举例

认知类型	行为动词举例
记忆	回忆、识别、确认
理解	解释、举例、分类、总结、概括、推断、比较、说明
应用	执行、使用
分析	区分、形成结构、整合内容
评价	检验、判断
创造	假设、设计、构建

（5）控制作业目标数量，每条作业目标均应有若干作业题与之对应，提供每道作业题对应的目标编码，方便学生即时反思作业目标达成情况。

3. 单元内容结构

用思维导图的形式呈现单元学习内容的结构，引导学生从整体上初步了解单元学习内容和结构，明确学习路径和方向，为系统地、结构化地建构学习内容做足准备。单元内容结构不仅要反映本单元的知识脉络，还要反映科学方法的应用以及重要的学科观念。

（二）作业类型设计

初中物理作业主要包含文本表达类、实验制作类和实践探究类三类作业。

文本表达类作业关注作业目标与教学目标的一致性，强调教学内容和作业内容的整体设计，将学生的思维过程显性化。

文本表达类作业侧重于记忆、理解和应用等认知类型，主要题型为选择（选项、连线、组合）、填空、判断、简答、计算、作图等，旨在让学生从不同角度深化对基础内容的理解和掌握，提高综合应用能力。（见图2-7-2）

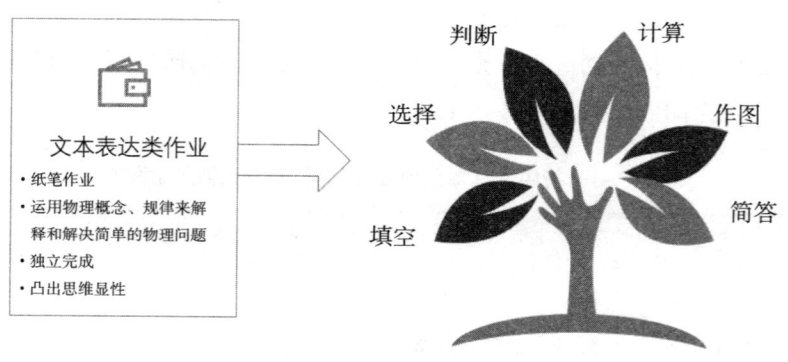

图2-7-2　文本表达类作业

实验制作类作业可以照顾到不同层次学生的差异，充分发挥学生的个性特点，让学生通过动手、动脑、探究等过程，学习物理知识，体会科学研究的方法。

实验制作类作业侧重于理解、评价等认知类型，主要形式为"趣味实验"和"巧手制作"。趣味实验，以有趣、新颖的小实验为主，引发学生观察思考、尝试实验，并运用所学知识进行分析解释。巧手制作，主要让学生运用所学物理知识，完成模型、学具作品的制作，理解其中涉及的物理知识，提高动手实践能力和运用知识解决问题的能力。（见图 2-7-3）

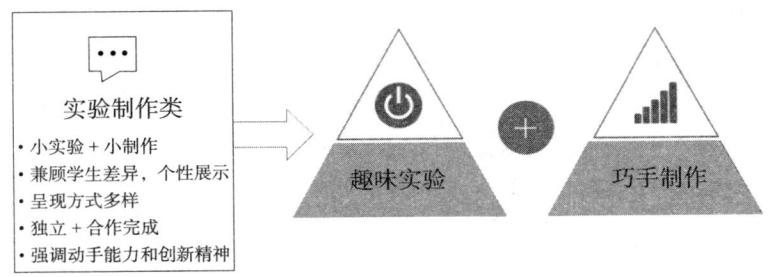

图 2-7-3　实验制作类作业

实践探究类作业旨在引导学生利用所学物理知识，对生活中常见物理现象或问题开展研究活动。一般需要较长的周期，涉及多个相关知识的综合运用，着重引导学生关注科学、技术、社会和环境的关系，形成正确的价值观，树立人与自然和谐相处的理念，培养科学精神和创新意识，增强社会责任感。

实践探究类作业侧重于理解、应用、评价和创造等认知类型，主要类型有"阅读与理解""课题与实践""生活与物理""参观与调研"。（见图 2-7-4）

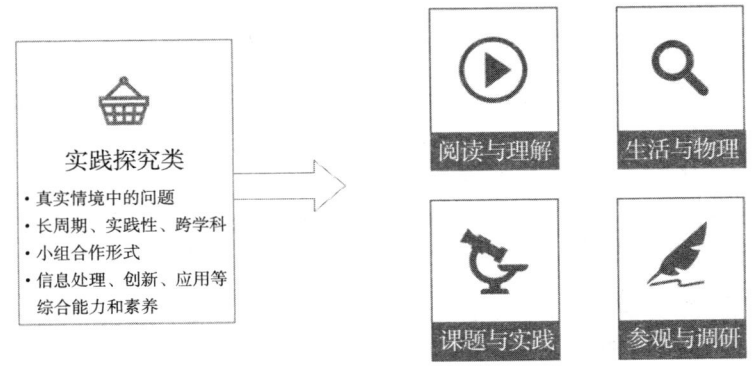

图 2-7-4　实践探究类作业

（三）作业模块设计

依据作业性质，初中物理单元作业分为课时作业和单元复习作业。其中，课时作业依据课题在教材中出现的顺序进行设计，以课题为单位，可能包含 1 个或多个课时。单元复习作业围绕整个单元进行设计，包含 1 个课时，相比课时作业，题量更多，思维层次和方法类型更多元。

表 2-7-2 初中物理单元作业与认知类型的整体设计

	功能定位	作业性质		对应认知类型	主要知识分类
		课时作业	单元复习作业		
作业模块	梳理学习过程，聚焦重点、难点，巩固知识、方法，建立内容结构	回顾与整理		记忆、理解（解释、举例、分类、总结）	事实性知识、概念性知识、规律性知识
	展现思维过程，提升思维深度，渗透方法指导，发展学习能力	思维与方法		理解（概括、推断、比较、说明）、应用、分析	概念性知识、规律性知识、程序性知识
	强化学科实验，突出实践经历，发展探究能力、问题解决能力	实验与实践		理解、应用、评价、创造	概念性知识、规律性知识、程序性知识
	反思学习过程，发现学习规律，总结学习方法，促进习惯养成	评价与反思		理解、评价	概念性知识、规律性知识、程序性知识

1. 课时作业

课时作业由"回顾与整理""思维与方法""实验与实践"和"评价与反思"四个模块组成。

（1）回顾与整理

通过填空、判断、选择、作图、计算、简答等题型，较为完整地重现学习过程，夯实基础，突出核心概念和规律，关注知识的形成过程，促进学生对知识的理解。引导学生通过梳理归类、整理组合，建立内容结构，掌握学习方法。

例如，样例第 1 课时"回顾与整理"栏目，通过层层递进的问题设计，回顾与梳理了本课时的重点内容和主要方法。

第 1 题以填空的方式，梳理总结了第 1 课时的核心概念和公式。这是通过本课时的学习，全体学生都要达到的基础要求。

第 2 题融入真实情境，以学生踢足球的全过程为例，要求学生完成对不同过程做功情况的判断；要求学生运用基本概念，抓住概念中的关键要素，结合真实情境做出判断，是对本节核心概念的深化理解。

第 3 题对学生的思维要求进一步提高。第 1 小问，要求学生以图形表达的方式对问题加以描述，是对核心知识和关键方法的强化；第 2 小问，要求学生以公式表达的方式计算功的大小，意在规范表达。

（2）思维与方法

通过细化问题设计，改变设问方式，变换设问角度，以问题链的形式铺设问题，显化学生思维的痕迹，展现思维的过程，暴露思维的障碍，让学生在自我反思中突破思维障碍点和难点，实现自主式、反思式学习，优化学习方法。

例如，样例第 1 课时"思维与方法"栏目的第 4 题与"回顾与整理"中的第 2 题的不同在于，不再要求学生判断物体是否做功，而是呈现了不做功的两种情况，要求学生说明不做功的具体理由。这里学生必须依据做功的要素，先从情境提取物理要素，再依据本课时的学习内容加以分析，还要准确表达描述。这样的问题设计，能充分展现学生的思维痕迹，便于学生反思问题和进一步的自主学习。

第 5 题是第 2 题的升级版，不仅要做出判断，还要求学生展露思维的过程，通过系列问题的设计，体会判断是否做功的一般方法，达到知识的内化。

第 6 题选取真实情境为素材，要求定量分析，这里既有基本公式的运用，也需要对公式进行变形，促进学生对公式的理解。

第 7 题以简答的形式呈现，更具开放性，通过有趣的争论场景，要求学生做出评价，并阐述理由。旨在深化学生对功的大小由两个因素共同决定的认识，使学生对知识的理解更清晰。

第 8 题在本课时中综合性最高，从学生常见的思维错误出发，设计了物体运动的两个过程，要求学生计算做功的大小，目的是澄清学生的错误认识。要求学生作出过程分析图，既突出了对过程的经历，也强化了物理问题的一般分析方法，给予学生学习方法上的指导。

（3）实验与实践

通过"趣味实验""巧手制作""课题实践""参观调研"等长周期、开放、有趣的作业形式，帮助学生实现对知识的内化、对情感的体验以及学习习惯、学习兴趣的形成，形成正确科学的价值观。

例如，样例第1课时"实验与实践"栏目的第9题是本课时学习内容在实际生活情境中的运用。题目通过登楼任务，要求学生以合作学习的方式完成。题目提供了相关的信息支持，并给予了适度的设计指导，给学生提供了科学实验的过程经历，既能使学生巩固知识，体现物理学科的实验特点，还能有效落实合作学习，激发学生的学习兴趣。

（4）评价与反思

引导学生学会反思评价自我学习过程、态度、方法和习惯，借助自评、互评环节，引导学生既总结学习的经验，又认识学习中的不足，实现自我提升，养成学会反思的学习习惯。

例如，样例第2课时"评价与反思"栏目的第9题，通过让学生回顾该课时内连续的几道题的思维方法，反思解题过程，提炼关键方法，总结一般步骤，这是学生对一段学习的总结和梳理，可以促进学生认识到前后知识、方法存在关联，引导学生养成适时反思总结的学习习惯。

2. 单元复习作业

单元复习作业同样由"回顾与整理""思维与方法""实验与实践"和"评价与反思"四个模块组成。与课时作业的区别在于，单元复习作业侧重引导学生运用综合性的知识和方法解决单元整体问题，注重知识和方法间的关联与综合运用，以达到融会贯通、学以致用的目的。

其中，在"回顾与整理"栏目下，增加单元概念图，让学生对学习内容进行梳理、重组，引导学生从单元的视角发现和整理单元结构，认识到学习内容间的联系和区别，从整体上把握学习内容，理解意义和本质。

例如，样例单元复习作业中的概念图，反映单元知识的结构化，以及学习方法的系统化，并且与单元作业指引中的"单元内容结构"、课时作业中的局部"思维导图"一脉相承，体现递进关系，引导学生对学科知识、科学方法进行整体、系统、渐进的思考，有利于学生从整体上把握物理学科学习内容和方法。

（四）答案指导

1. 作业答案

为每道作业题提供较为详尽的参考答案，可以为学生的反思学习提供支持，促进学生针对问题加以改进。对过程性表述要求较高的问题，要提供规范标准的示范，以培养学生科学、准确、简洁表达的能力和严谨的科学态度及精神。

2. 关键方法指导

重在指明作业解答的关键点，提供思维路径、操作步骤和思考方向指引。包括对解题过程中的关键点加以提示和点拨，对处理问题的思维方法给予帮助和指导；对学生可能出现的常见错误加以分析，指明思维、理解中的问题；对开放性和实践性作业，给予关键步骤和操作过程的指导。

三、初中物理单元作业设计样例

下面以初中物理"功和机械能"单元作业设计为例来进行说明。限于篇幅，只呈现部分案例。

【单元作业导语】

本单元包括功、功率和机械能三部分内容。功和功率是两个重要的物理量，是形成电功和电功率概念的基础。机械能是能量的一种形式，包括动能、重力势能和弹性势能。通过机械能的学习，可以更好地理解能量这一概念的内涵。

对功的概念的学习，要在实例分析的基础上对做功的两个必要因素加以理解，特别是对"在力的方向上通过的距离"的认识。对功率的概念的学习，要通过比较做功快慢、类比速度概念来增进理解。通过实验及生活经验，知道影响各种形式机械能的因素；要了解人类对具有机械能的天然资源（风能、水能）的利用，认识到利用这些可再生的清洁能源对人类社会可持续发展的重要性。

【单元作业目标】（节选）

表 2-7-3　"功和机械能"单元作业目标（节选）

目标序号	单元作业目标
821101	知道做功的两个必要因素，知道功的定义及其单位
821102	能结合生活实例进行分析，判断力是否对物体做功
821103	能用公式 $W=Fs$ 计算功、力或距离
821105	能用公式 $P=\dfrac{W}{t}$ 计算功率、功或时间
821109	会用实验探究物体的动能大小跟哪些因素有关
821112	结合地理中的等高线知识解决简单的机械能转化和应用的问题
821113	进行物理公式的联合运用、"接力"推导（习惯养成）
821114	综合运用功与能的知识对能量概念进行反思与评价

【单元内容结构】

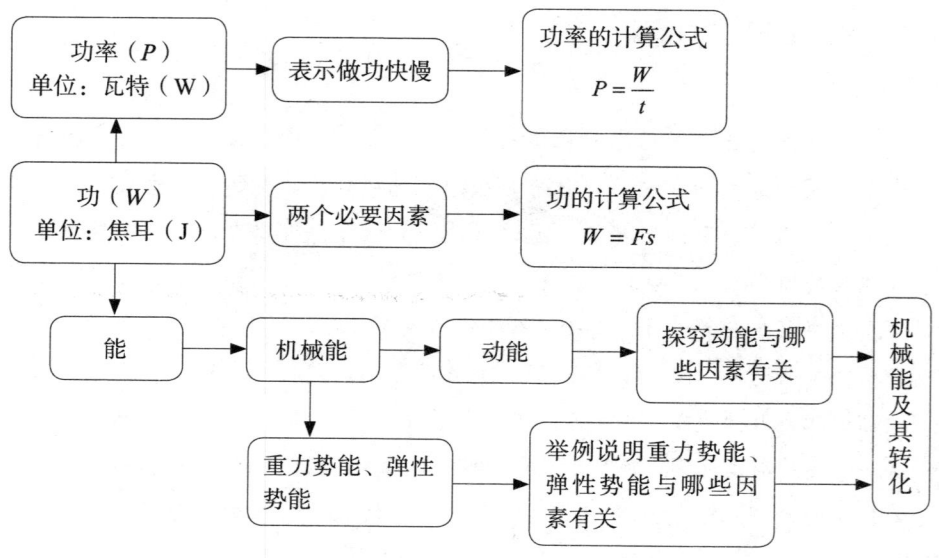

图 2-7-5　"功和机械能"单元知识结构图

【单元作业内容】

课时作业示例

1. 功

栏目 1：回顾与整理

1. 做功的两个必要因素是：（1）作用在物体上的＿＿＿＿＿＿＿＿；（2）物体在＿＿＿＿＿＿＿＿＿的距离。功的计算表达式为＿＿＿＿＿＿＿＿＿，单位是＿＿＿＿＿＿＿＿。（主要对应单元作业目标 821101）

2. 下图所示为踢足球的过程，尝试判断各种情况下力是否对球做功。

（1）球踩在脚下时，如图（a）所示，脚对球是否做功？＿＿＿＿＿＿＿＿。

（2）用力踢球，球未离开脚，如图（b）（c）所示。在此过程中，脚对球是否做功？＿＿＿＿＿＿＿＿。

（3）球在水平地面上滚动，如图（d）所示。在此过程中，重力对球是否做功？＿＿＿＿＿＿＿＿。（对应单元作业目标 821102）

（a）　　（b）　　（c）　　　　（d）

3. 超市中，小李同学用 20 N 的水平力推重为 300 N 的购物车，购物车在 20 s 内沿水平方向前进了 16 m。（主要对应单元作业目标 821103）

（1）请在下图中，尝试表示推力对购物车做功的两个要素。

（2）请依照以下过程，规范计算推力对购物车所做的功。

＿＿＿＿＿＿＿＿＿＿＿＿＿＿＿＿＿（公式）

＿＿＿＿＿＿＿＿＿＿＿＿＿＿＿＿＿（代入）

＿＿＿＿＿＿＿＿＿＿＿＿＿＿＿＿＿（结果）

栏目2：思维与方法

4. 请根据情境回答问题。（主要对应单元作业目标821102）

（1）举重运动员举着杠铃原地不动，运动员对杠铃没有做功，理由是＿＿＿＿＿

＿＿＿＿＿＿＿＿＿＿＿＿＿；

（2）行人手提物品在水平地面上匀速行走，行人对物品没有做功，理由是＿＿

＿＿＿＿＿＿＿＿＿＿＿＿＿。

5. 如下图所示为运动员投掷铅球的过程，尝试判断 $A \rightarrow B \rightarrow C \rightarrow D$ 各个阶段做功情况，并说明理由。（主要对应单元作业目标821102）

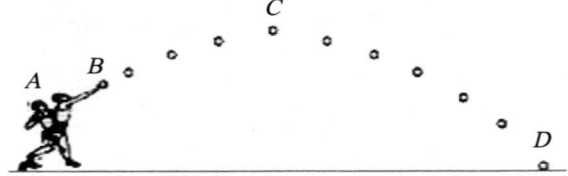

（1）在 $A \rightarrow B$ 的过程中，运动员是否对铅球做功？＿＿＿＿＿＿＿，理由是：＿＿

＿＿＿＿＿＿＿＿＿＿＿＿＿＿＿＿＿。

（2）在 $B \rightarrow C$ 的过程中，运动员是否对铅球做功？＿＿＿＿＿＿＿，理由是：＿＿

＿＿＿＿＿＿＿＿＿＿＿＿＿＿＿＿＿。

（3）在 $C \rightarrow D$ 的过程中，铅球受到的重力是否对铅球做功？＿＿＿＿＿＿＿，理由是：＿＿＿＿＿＿＿＿＿＿＿＿＿＿＿＿＿。

6. 如下图所示，一名大力士在水平地面上拖行一辆质量为 25 t 的卡车。该大力士作用在卡车上的水平拉力达到了 1500 N，卡车在水平地面上被拖行了 20 m。

（1）求该大力士对卡车所做的功 W；

（2）求重力对卡车所做的功 W_G；

（3）若保持拉力不变，该运动员对卡车做功为 4.5×10^4 J，求卡车被拉动的距离 s。（主要对应单元作业目标821103）

7. 如下图所示，在整修建筑物的过程中，工人甲将一块重 400 N 的石头提到 2 m 高的墙上，工人乙把重 210 N 的瓦片提到 4 m 高的檐上。对于谁的贡献更大，甲、乙争论不休，请你尝试帮着比较甲、乙二人的贡献大小，并写出你的判定依据。（主要对应单元作业目标 821103）

8. 如下图（a）所示，用吊车将一质量为 500 kg 的物体先沿路径 a 竖直向上匀速提升 4 m 至 M，然后沿路径 b 水平匀速移动 3 m 至 N。

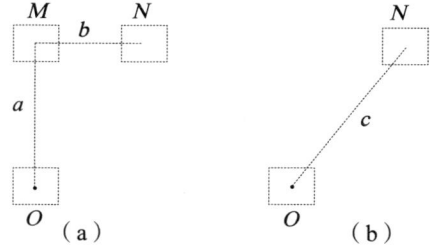

（1）求整个过程中，吊车拉力对物体做的功；

（2）如图（b）所示，若将物体沿路径 c 匀速拉动至 N 处。

①在图（b）中画出拉力对物体做功的两个要素；

②求吊车拉力对物体做的功。（主要对应单元作业目标 821103、821101）

栏目 3：实验与实践

9. 我们经常要上楼和下楼，那么在上楼过程中，人自身需要做多少功呢？在这里我们可以设计实验进行测量。假设人是匀速上楼的，人受到与自身重力平衡的力使其升高。人上楼所做的功 $W = Fs = Gh = mgh$，所以在实验过程中，我们需要测量上楼者的质量 m 和上楼的高度 h。

（1）请你说说测量这两个物理量所需要用到的器材和具体测量方法；

（2）请你和其他同学组成团队进行测量，将测量过程中团队内每一位同学的相关数据记录在下表中，并计算出上楼所做的功。（主要对应单元作业目标821103）

学生姓名	质量 m（kg）	高度 h（m）	功 W（J）

2. 功　率

（栏目1略）

栏目2：思维与方法

……

6. 中国高铁的发展使我们倍感自豪，令世界瞩目。它以超长的运行里程、超快的"陆地飞行"时速、超高的自主科研技术水平成为走出国门的重要"中国名片"。某高铁列车在测试过程中以 100m/s 的速度在铁轨上行驶了 200 s，其牵引力大小为 10^5 N。求：

（1）高铁列车牵引力所做的功；

（2）高铁列车行驶过程中的功率。（主要对应单元作业目标821105）

7. 一辆汽车在 200 s 的时间内，在一条平直的公路上匀速行驶了 2000 m。已知汽车发动机的功率为 3×10^4 W，求：

（1）汽车发动机在这段路程中所做的功；

（2）在行驶过程中汽车受到的牵引力。（主要对应单元作业目标821105）

……

栏目3：评价与反思

9. 请你根据第6、7题的解题过程进行方法总结。（主要对应单元作业目标821113、821105）

（1）根据第 6、7 题的解题过程，我们发现求解做功的多少可以有两种方法，分别是：

公式 1＿＿＿＿＿＿＿＿，适用于题目中给出条件是＿＿＿＿＿＿＿＿的情况；

公式 2＿＿＿＿＿＿＿＿，适用于题目中给出条件是＿＿＿＿＿＿＿＿的情况。

（2）在解决上述问题的过程中，我们还会发现在求解某些物理量时，往往要用到两个或两个以上的公式"接力"计算才能完成。如要解决第 6 题第 1 小问做功的问题时，首先需要用公式 $s = vt$ 求出距离，然后再利用 $W = Fs$ 求出做功。对于这样的公式"接力"计算，我们还可以将公式进行连续的推导，如 $W = Fs = Fvt$。

那么，根据题干中的"某高铁列车在测试过程中以 100 m/s 的速度在铁轨上行驶"和"其牵引力可以达到 10^5 N"这两个条件，请你利用公式连续推导的方法，计算出高铁行驶过程中的功率。

……

📖 单元复习作业示例

栏目 1：回顾与整理

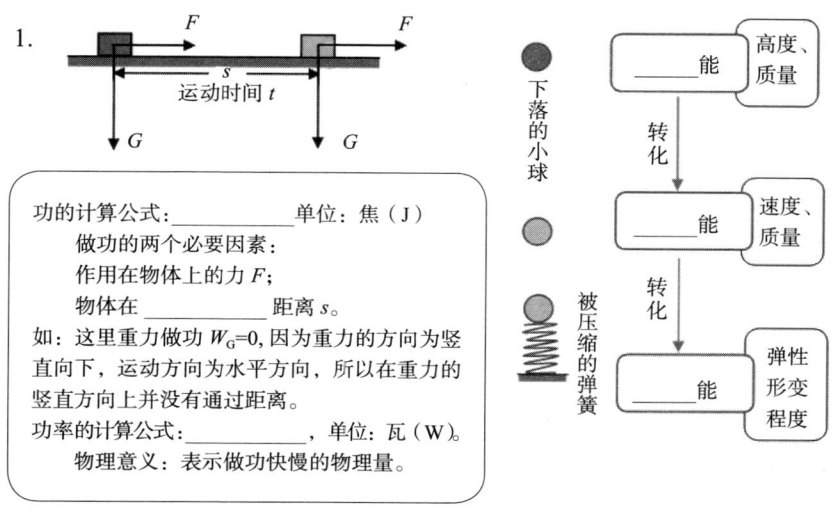

概念图

……

4. 如右图所示，水平地面上的物体在水平恒力 F 的作用下做直线运动。已知 AB 段是光滑的，BC 段是粗糙的，且 AB 段与 BC 段的距离相等。拉力 F 通过 AB 段所做的功为 W_1，拉力 F 通过 BC 段所做的功为 W_2，则 W_1 和 W_2 的大小关系是_____。（主要对应单元作业目标821101）

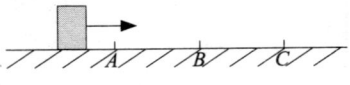

......

栏目2：思维与方法

9. 一吊车在 5 s 内将 1500 N 的货物提高 2 m 后，在空中停留了 3 s，又在 5 s 内沿水平方向将货物移动了 10 m，求：

（1）在提升重物过程中，吊车对货物的拉力所做的功 W 和功率 P；

（2）在水平方向移动货物的过程中，吊车对货物的拉力所做的功 $W_{拉}$。（主要对应单元作业目标821103、821105）

......

栏目3：实验与实践

10. 在"探究物体的动能跟哪些因素有关"之后，某小组同学想利用同样的思路来"探究重力势能与哪些因素有关"。他们利用质量不同的实心铜块 A 和 B（$m_A < m_B$）、刻度尺、相同的小桌和沙面进行实验，如下图所示。

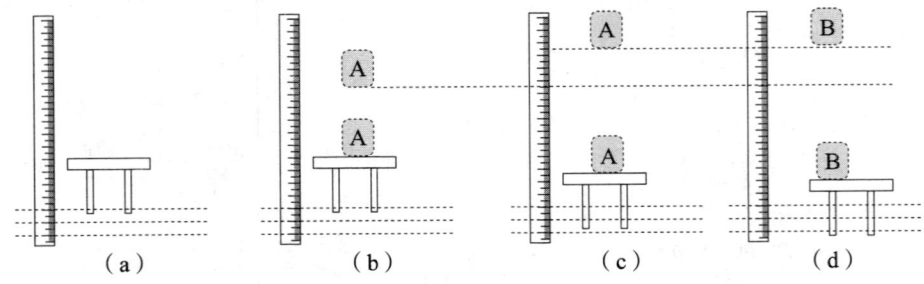

（a）　　　　　（b）　　　　　（c）　　　　　（d）

（1）实验中可以通过观察小桌_____来比较物体重力势能的大小。

（2）比较图中的_____实验过程及相关条件，可以探究物体的重力势能与物体所处高度的关系。

（3）比较图中的（a）、（c）和（d）实验过程及相关条件可得出的结论是：

（4）利用该实验的器材与设计方案能否探究物体动能与哪些因素有关？请说明理由：_____

（主要对应单元作业目标 821109）

......

栏目 4：评价与反思

13. 如右图所示机械能及其转化的情境，请你分析动能、重力势能和弹性势能的转化情况，并指出其中哪个力做了功。（不计空气阻力）

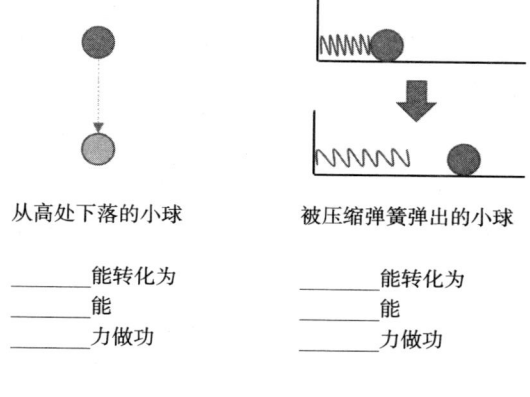

从高处下落的小球　　　　　被压缩弹簧弹出的小球

_____能转化为　　　　　_____能转化为
_____能　　　　　　　　_____能
_____力做功　　　　　　_____力做功

（1）根据上述情境我们可以发现，各种形式的机械能之间相互转化一定是伴随着_____而实现的。

（2）在八年级下册教科书第 67 页有这样一段描述：物体能够对外做功，我们就说这个物体具有了能量。对于这段话的理解，小明和小红提出了如下观点。

小明：教室顶部悬挂的日光灯处于静止状态，所以在这个阶段，重力没有做功，所以日光灯没有重力势能。只有日光灯在下落过程中才具有重力势能。

小红：教室顶部悬挂的日光灯虽然处于静止状态，但是却存在着能够对外做功的潜在本领，所以此时日光灯具有重力势能。

请你结合能量的概念，判断小明和小红的观点是否正确，并说明理由。（对应单元作业目标 821114）

初中化学
单元作业设计指导 ①

　　初中化学单元作业，可以帮助学生理解并巩固化学基本概念与基本理论、物质性质与变化、化学实验、化学与生活等相关内容；引导学生开展科学探究，掌握科学方法，发展应用知识解决实际问题的能力，培养学生分析、评价、创造等高阶思维；激发学生探索未知世界的兴趣，深化对科学本质的认识，体会化学与生活、技术、社会和环境的关系；促进学生逐渐形成严谨求实的科学态度和持之以恒、崇尚真理的科学精神。

一、设计理念与思路

　　设计初中化学单元作业时，要在遵循科学性、严密性、准确性、适切性、多样性等基本原则，遵守控制作业难度与完成时间等基本要求的同时，努力遵循以下五方面的设计理念，以更好地实现作业功能。

1. 优化目标设计与应用，体现引导作用

　　通过单元作业目标的设计与应用，培养学生用目标引导自主学习、进行自我监控、及时反思总结的良好习惯。

　　◆ 在单元起始，设计学生能看懂、能检测、能反思的单元作业目标，促使学生概貌性地了解单元学习内容与要求。

　　◆ 在每道作业题后，标注对应的作业目标，促使学生根据作业完成情况思考目标达成情况。

　　◆ 在单元最后，设计反思性问题，引导学生系统整理作业目标达成情况，找准主要问题并有针对性地加以改进。

---

　　① 本部分主要由张如欣、张小妹、赵冬云、杨旦纳、周峰、邓小丽、张新宇等撰写。本部分依据人教版初中化学教材进行设计。

2. 建构单元内容结构，强化要素关联

通过贯串各课时的基础巩固类作业设计，引导学生进行整体、系统、渐进地思考，逐步深化内容理解，并掌握分析、归纳、概括等学习方法。

◆ 在单元起始，设计单元内容结构图，概要反映单元各内容要素及相互关系以及与其他单元乃至其他学科内容的联系，帮助学生形成整体印象。

◆ 在各课时作业中，针对单元内容结构的特定部分，通过回顾内容、辨析概念、建构图表等多种途径，引导学生从整体看待局部，更深入地理解学习内容。

◆ 在单元复习作业中，引导学生对单元内容结构图进行再利用、加工或创造，对单元内容形成更为系统的理解，渗透分析、归纳、概括、表达等学习方法。

3. 凸显学习过程和方法，激发深度思维

作业需要与课堂教学内容紧密联系，体现对学习过程、方法的巩固与深化，激发学生深度思考，促进学生思维发展。

◆ 优化作业内容设计，融入科学取证、数据分析、证据推理、归纳分类、设计创造等方法，引导学生体验方法应用过程，逐步掌握科学方法。

◆ 优化作业过程设计，通过设置系列问题与任务，引导学生体验问题解决过程，逐步内化思维路径。

◆ 优化作业方式设计，为学生提供充分多样的表达机会，适应学生学习风格的差异，充分展现学生思维特征，帮助教师更好地发现学生的思维问题。

4. 强化实验与实践经历，发展探究能力

深入挖掘教材中"实验活动"的价值，精心设计化学课外实践类作业，帮助学生认识实验与实践在化学研究中的作用，发展学生探究能力。

◆ 围绕实验操作要点设计作业，引导学生认识常见实验仪器的作用、使用注意事项，逐步形成规范、严谨的实验态度。

◆ 围绕实验实施过程设计作业，强化原理说明、现象描述、结果分析、理论解释，增进学生对实验的理解，发展学生的推理能力。

◆ 围绕课外实践活动设计作业，引导学生经历提出假设、设计方案、收集证据、论证解释、表达交流等过程，强化证据意识，形成科学态度，发展探究能力。

5. 注重情境素材选用，彰显学科价值

在作业设计过程中，通过灵活多样的方式呈现真实情境，可以激发学生学习兴趣，引导学生体会学科价值，发展解决实际问题的能力。

◆ 创设日常生活情境，促使学生体会化学无处不在，逐步形成热爱自然、热爱生活、促进生命和谐发展的意识。

◆ 关注社会问题解决，引导学生辩证看待问题，发展理性思考、保护环境、主动参与社会决策的意识。

◆ 体现学科人文特征，引导学生收集、分析、整理、交流我国对于化学发展的历史贡献以及古今中外科学家勇于探索的事迹，体会科学家严谨求实的科学态度，激发学生的爱国情感与历史使命感。

二、设计要点

初中化学作业以单元为基本单位进行整体设计，每个单元均可包含若干结构要素，相互关系如图 2-8-1 所示。

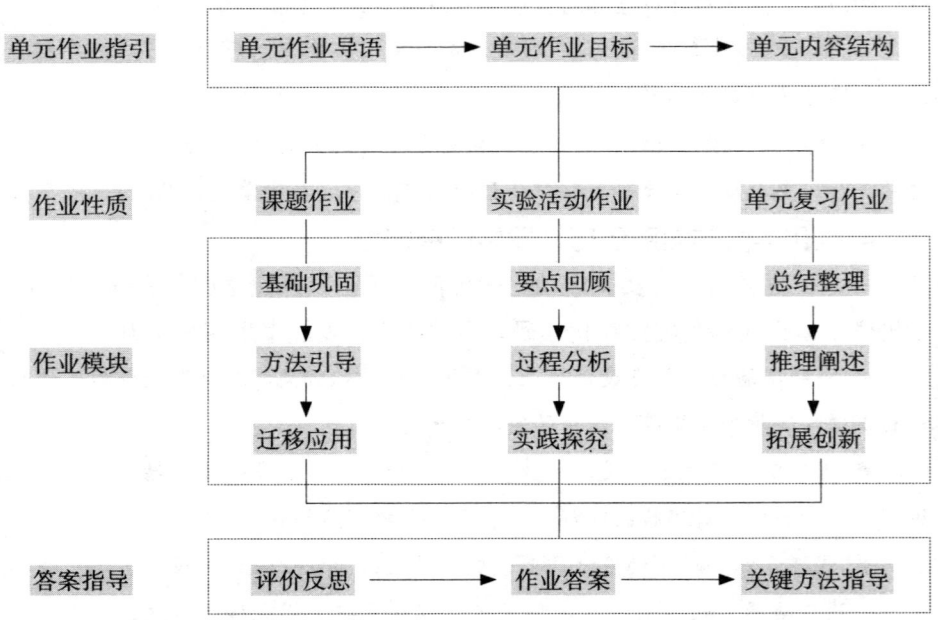

图 2-8-1 初中化学单元作业整体结构图

（一）单元作业指引

单元作业指引通过图文结合的方式，帮助学生认识单元学习价值，把握学习方法，明确作业要求，对单元学习形成整体印象。单元作业指引可包括单元作业导语、单元作业目标和单元内容结构。

1. 单元作业导语

单元作业导语说明单元的主要学习内容，指明内容的前后联系，揭示内容的学习价值，提示学习方法与要点，提出对学习结果的期待，帮助学生了解单元的整体特征与要求。

2. 单元作业目标

单元作业目标主要描述期望学生完成作业达到的结果。撰写单元作业目标时，应体现以下几方面的特征。

◎ 从学生视角确立单元目标，既要便于理解，又要便于操作，且能引导学生对照目标进行自我反思。单元作业目标要比教学目标表述更直白、更具体，让学生一看就知道"要做什么事""需要达到什么要求"。

例如，样例中单元作业目标 921002 "在指导或支持下，制作常见植物的浸出液并根据现象判断其能否作为酸碱指示剂"，依次清晰地表明了目标的行为条件、操作过程及需要达成的要求。

◎ 单元作业目标体现不同维度的整合，立足核心素养，兼顾知识、技能、方法、态度等，引导学生关注科学思想与方法，养成尊重事实的科学态度。

例如，样例中单元作业目标 921018 "规范进行测定溶液酸碱性及 pH 的实验，如实记录实验现象"，就体现了技能、方法、态度等目标的融合。

◎ 重视跨学科作业目标的设计，体现化学与物理、生物学以及其他学科的联系，拓展学生的思考角度，发展学生综合运用各学科知识、方法解决实际问题的能力。

◎ 综合考虑各种认知类型，除记忆、理解、应用类目标外，尽可能设计分析、评价及创造类的作业目标，启发学生的高阶思维。（见表 2-8-1）

表 2-8-1 初中化学单元作业认知类型与行为动词举例

认知类型	行为动词举例
记忆	识别、回忆
理解	解释、举例、分类、概括、推理、比较、阐述
应用	执行、实施
分析	区别、组织、归因
评价	检查、评论
创造	产生、计划、生成、假设、设计方案

◎ 控制作业目标数量，每条作业目标均应有若干作业题与其对应，提供每道作业题对应的目标序号，方便学生即时反思作业目标的达成情况。

3. 单元内容结构

以图示形式直观呈现单元的主要内容，反映内容之间的结构关系，体现本单元内容与其他单元内容的联系。单元内容结构不仅要反映单元的知识脉络，还要反映科学方法的应用以及重要的学科观念。

例如，样例中提供的单元内容结构，可帮助学生概要性地了解酸、碱的组成、性质及用途等内容要素及相互关系，体现与上一单元"溶液"及后续单元"盐"中的学习内容的联系，同时还体现了分类、归纳等学习方法，帮助学生形成物质结构决定性质、性质决定用途的化学基本观念。

（二）作业模块设计

依据作业性质，初中化学作业可分为课题作业、实验活动作业与单元复习作业。其中，课题作业以教材课题为单位进行设计，可能包含 1 个或多个课时。实验活动作业针对教材中的学生实验进行设计，包含 1 个课时。单元复习作业围绕整个单元进行设计，包含 1 个课时，但题量要比课题作业、实验活动作业更大一些，更凸显思维的深度和内容的综合。

例如，样例单元共由 9 个课时组成，其中课题 1 "常见的酸和碱"包含 4 个课时，课题 2 "酸和碱的中和反应"包含 2 个课时，两个实验活动以及单元复习各包含 1 个课时。

各作业模块的功能定位、对应认知类型与主要知识分类如表 2-8-2 所示。编制作业时，对涉及的学生认知类型需做整体考虑，尽可能做到全面覆盖，其中记忆类作业的比例需控制在较低水平。

表 2-8-2　初中化学作业与认知类型的整体设计

	功能定位	作业性质			对应认知类型	主要知识分类
		课题作业	实验活动作业	单元复习作业		
作业模块	帮助学生巩固学习内容，包括基础知识与基本技能	基础巩固	要点回顾	总结整理	记忆、理解（解释、举例、分类）	事实性知识、概念性知识
	引导学生理解概念与原理，体验思路、方法，发展问题解决能力	方法引导	过程分析	推理阐述	理解（概括、推理、比较、阐述）、应用	概念性知识、程序性知识
	促进学生深入理解概念与原理，发展新情境中的应用能力	迁移应用	实践探究	拓展创新	应用、分析、评价、创造	概念性知识、程序性知识、元认知知识

1. 课题作业

课题作业包括基础巩固、方法引导、迁移应用三个模块。若教材中一个课题含 2 个或 2 个以上课时的内容，在不拆分的情况下，作业模块内部要尽量按教材内容顺序先后呈现，便于学生按需使用。

（1）基础巩固

此模块主要从知识、技能的维度对核心内容进行梳理和复习再现。认知类型以记忆与理解为主，努力反映内容要点，尽可能减少机械记忆，通过问题引导学生深入理解，通过结构梳理强化内容关联。

例如，样例中的 1-11 题要求判断有关酸、碱的几种说法是否正确，并简述原因，也可以举出反例或者是通过推理的方式说明理由。如此可以激发学生思考，引导学生深化对酸、碱特征的理解。

（2）方法引导

此模块的设计主要是为了落实"凸显学习过程和方法，激发深度思维"

的基本理念。认知类型以理解、应用为主，主要对学生进行学科学习、问题解决思路与方法的引导，促进学生思维发展，提升学生思维技能。对于方法引导，主要通过以下几种途径展现：

◎ 设计相对开放的问题，可以使学生从不同的角度有理有据地分析，体现思维的开放性和表述的缜密性；

◎ 设计思维逐步深化的系列问题，顺应思维发展过程，引导学生逐步内化思维路径；

◎ 提供方法提示或示范，为学生指出解决问题所涉及的思维方法或思考问题的角度。

例如，样例中的 1-15 题引导学生以铜为原料，运用转化法制备硫酸铜。通过提示学生依次进行两个相关联的化学方程式的计算，促进学生掌握分步思考问题的路径。

（3）迁移应用

此模块主要强调在真实情境中的问题解决。认知类型涉及应用、分析、评价、创造等，既可以是知识的应用，也可以是方法的综合、迁移，还可以是设计问题解决的方案，主要发展学生运用所学知识与方法解决新情境中问题的能力。

例如，样例中的 1-17 题将指示剂与酸碱作用的内容迁移到玫瑰、万寿菊花、大红花变色的情境中，让学生借助花的变色情况，确定其能否作为指示剂。

2. 实验活动作业

为落实"强化实验与实践经历，发展探究能力"的作业编制理念，建议专门针对教材中的实验活动设计作业。根据实验活动的特点、功能，设计要点回顾、过程分析、实践探究三个模块。

（1）要点回顾

此模块主要围绕教材中学生实验的原理、操作、现象及结论等进行设计，旨在引导学生明晰实验研究的理论依据、过程设计的主要理由，以及规范操作对实验的重要意义。

例如，样例中的 3-1 题回顾了教材中的实验活动 6，让学生进一步明确常见的酸、碱的化学性质及相关实验现象。

（2）过程分析

此模块将教材实验活动进行再设计，研究化学实验本质，引导学生经历找寻科学规律、建立认知模型、形成知识结构、建构科学方法的学习过程。通过对实验中现象、数据、方法、仪器、环境等因素的分析，有助于学生形成严谨的科学态度。

例如，样例中的 3-2 题引导学生运用观察、比较的方法，分析生锈铁钉在酸中反应的现象的差异，理解产生不同现象的根本原因，为使用酸除铁锈提供依据。

（3）实践探究

此模块引导学生对教材实验活动进行更深层次的分析，将所学知识与方法应用于新情境，或开展新的实验与实践活动，培养学生分析、评价、创造等高阶思维，发展学生的探究能力及综合应用能力，促使学生形成用化学视角观察分析身边事物、用化学知识解决身边问题的意识。

例如，样例中的 3-3 题通过引导学生对方案的反思，让学生明确试剂添加的先后顺序对实验结果的影响，体现实验中动手与动脑相结合、解决实际问题的高阶思维。

3. 单元复习作业

单元复习作业建立在新授课内容的基础上，梳理并发展学习内容，基本覆盖本单元所有的作业目标。学生通过完成单元复习作业，可以进一步促进内容结构化、学习方法系统化。

（1）总结整理

此模块回顾本单元的核心概念、主要内容及相互关系，并以单元内容结构图、表格等多种方式呈现，旨在让学生将单元核心内容再次激活、深化理解并把握外延。

例如，样例中的 5-3 题属于长周期作业的最终成果，引导学生通过绘制单元内容结构图，梳理酸、碱的相关内容，建立组成、性质、用途之间的关系。

（2）推理阐述

此模块以内容和方法的综合应用为特征，通过推理、阐述，从结构化、系统化的知识体系中抽取有用的内容，运用演绎、比较、归纳等方法思考并解决问题。

例如，样例中的 5-14 题结合 pH 的变化曲线，通过分析酸碱中和反应中溶液酸碱性的变化，体会反应物的量与最终所得物质成分的关系，发展学生对图像中信息的获取和加工能力。

（3）拓展创新

此模块注重内容结构与核心素养、思维发展之间的关系，运用科学的思维方法，引导学生运用分析、评价、创造等高阶思维对知识进行综合应用，提升在新情境中解决问题的能力。

例如，样例中的5-17题将酸碱中和反应的知识运用于生活中，引导学生关注生活中常见物质的化学性质，通过动手实践提升科学探究能力这一核心素养。

（三）作业类型设计

根据目标和内容的不同，采用不同的作业类型，反映学生在不同情境下的学习情况。除了常规的连线、判断、选择、填空、简答类作业，还可根据学科特点，设计实践性、跨学科和长周期作业。

◎ 在完成实践性作业的过程中，学生通过亲身经历，发现并解决某些生产、生活中与化学相关的问题，同时也提高动手操作技能。

◎ 通过完成跨学科作业，拓展并贯通学生的思维，发展学生综合运用多学科知识、方法的能力和创新能力。

◎ 长周期作业可以围绕一个特定的实验或调查展开，完整体现实验或调查过程中学生的思维、表现及实验调查的结果。

例如，样例中的1-12、2-4、5-3题，是学生在完成各课时作业的基础上，根据自己对单元学习内容的理解，绘制内容更加具体、更具学生个人思考的单元内容结构。

（四）答案指导

1. 评价反思

在每个单元的最后，独立设计"评价反思"板块，引导学生对照单元作业目标进行自评，确定掌握不到位的内容，与同学交流或向老师求助。学生结合单元作业目标，梳理、评估、反思本单元的学习成果，获得个性化的方法指导，形成全新的学习感悟。

2. 作业答案

对于有固定答案的作业，答案的设计应具有指导性。对有难度的作业可进行一定的讲解，采用文字表述、图文结合等方式呈现讲解过程。对于无固定答案的作业，如果是书面作业，应提供几种典型答案或解答要点；如果是实践类作业，应为作业的过程、结果及学生的感悟提供参考评价量表。

3. 关键方法指导

对于实验方案设计、化学计算、实践类作业，需要提供简明扼要的方法指导、示范，呈现不同的思考角度，以及实验过程的重点步骤、规格要求等，帮助学生理顺问题解决的思路、知识内容的逻辑关系，把握知识和方法的内在规律。

三、初中化学单元作业设计样例

下面以初中化学"酸和碱"单元作业设计为例来进行说明。限于篇幅，只呈现部分案例。

【单元作业导语】

> 本单元学习内容包括酸、碱与指示剂的作用，常见的酸和碱的组成及性质；酸碱中和反应，酸、碱的应用，检验溶液酸碱性的方法等。在本单元中，围绕物质性质进行实验探究，建立物质结构决定性质、性质决定用途的化学基本观念；进一步运用物质分类的思想方法，认识酸和碱；运用分析、归纳、推理等方法，建立证据和结论之间的逻辑关系；运用常见酸碱知识解释生产生活中的实际问题，形成可持续发展意识和绿色化学观念。

【单元作业目标】（节选）

完成作业中，注意根据每个作业题对应的目标编号，分析目标达成情况，并在表 2-8-3 中完成自评。

表 2-8-3　单元作业目标自评表示例

目标序号	单元作业目标	自评（打钩）
921001	正确使用石蕊溶液、酚酞溶液等常用的酸碱指示剂	□学会 □部分学会 □尚未学会
921002	在指导或支持下，制作常见植物的浸出液并根据现象判断其能否作为酸碱指示剂	□学会 □部分学会 □尚未学会
921005	列举盐酸、硫酸的化学性质，描述反应现象，并写出化学方程式	□学会 □部分学会 □尚未学会
921006	使用盐酸、硫酸的性质解决实际问题，解释用途和现象	□学会 □部分学会 □尚未学会
921011	解释酸具有相似化学性质的原因，解释碱具有相似化学性质的原因	□学会 □部分学会 □尚未学会
921012	用不同方式表达中和反应中溶液的酸碱性变化，并描述现象	□学会 □部分学会 □尚未学会
921014	使用中和反应的原理解决实际问题，解释用途和现象	□学会 □部分学会 □尚未学会
921015	根据 pH 判断溶液酸碱性及其强弱，感受溶液的酸碱性对生产、生活及人类生命活动的意义	□学会 □部分学会 □尚未学会
921016	根据酸、碱化学性质的实验，概括相关反应原理，并用性质解释现象	□学会 □部分学会 □尚未学会
921017	设计实验验证生活中酸、碱的化学性质，对实验方案和操作进行评价	□学会 □部分学会 □尚未学会
921018	规范进行测定溶液酸碱性及 pH 的实验，如实记录实验现象	□学会 □部分学会 □尚未学会
921019	梳理酸、碱学习要点，建构组成、性质及用途之间的关系	□学会 □部分学会 □尚未学会

【单元作业内容】

图 2-8-2 显示本单元的内容结构。

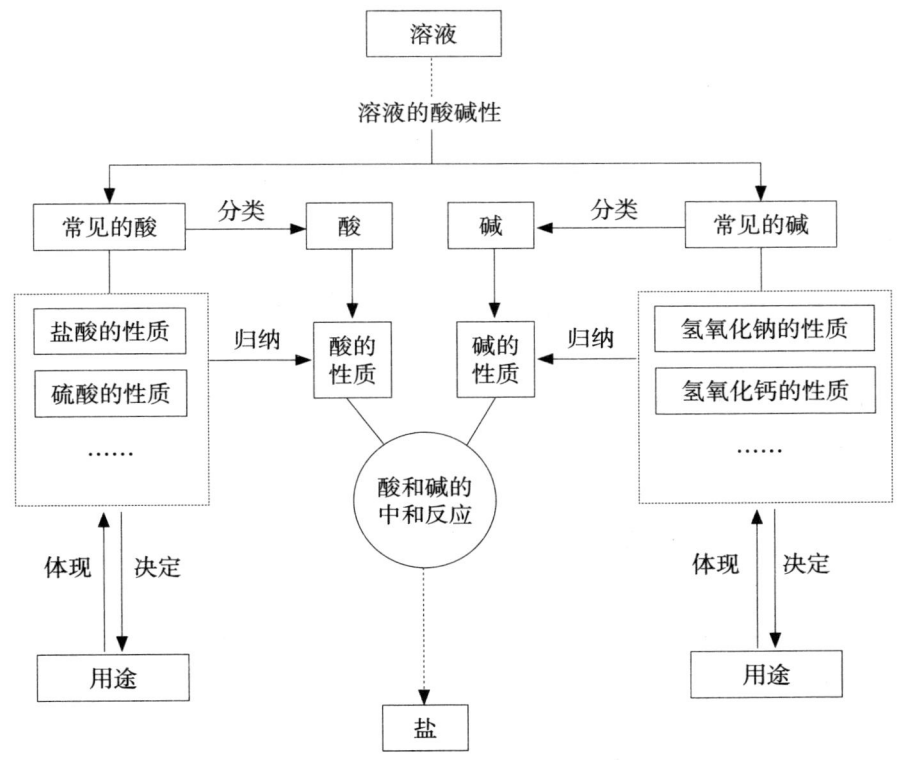

图 2-8-2　"酸和碱"单元内容结构图

　　本单元课题作业中的 1—12、2—4 和单元复习作业中的 5—3 均是知识整理作业，请学习思维导图等整理方法，尝试细化单元内容结构，也可以改变整理方式，重新构建新的单元结构。将你的单元内容结构画在复习作业的 5—3 中，看看谁的单元结构图更清晰，更便于理解。

课题作业示例

课题 1　常见的酸和碱

基础巩固

　　1—1. 石蕊溶液和酚酞溶液是常用的酸碱指示剂，按要求填表。（主要对应单元作业目标 921001）

指示剂	稀盐酸	蒸馏水	澄清石灰水
石蕊溶液	（　）色	紫色	（　）色
酚酞溶液	（　）色	无色	（　）色

……

1–11. 酸、碱分别具有相似的化学性质，请判断以下说法是否正确，可以简述原因，也可以举出反例或者通过推理说明理由。（主要对应单元作业目标921011）

（1）不同的酸具有一些相似的化学性质，是因为都含有氢元素。

判断：_____（填"√"或"×"），理由：_____

（2）稀盐酸和稀硫酸都是酸，因此它们的化学性质完全相同。

判断：_____（填"√"或"×"），理由：_____

……

1–12. 下图为本课题内容结构图，补充完成该图。（主要对应单元作业目标921019）

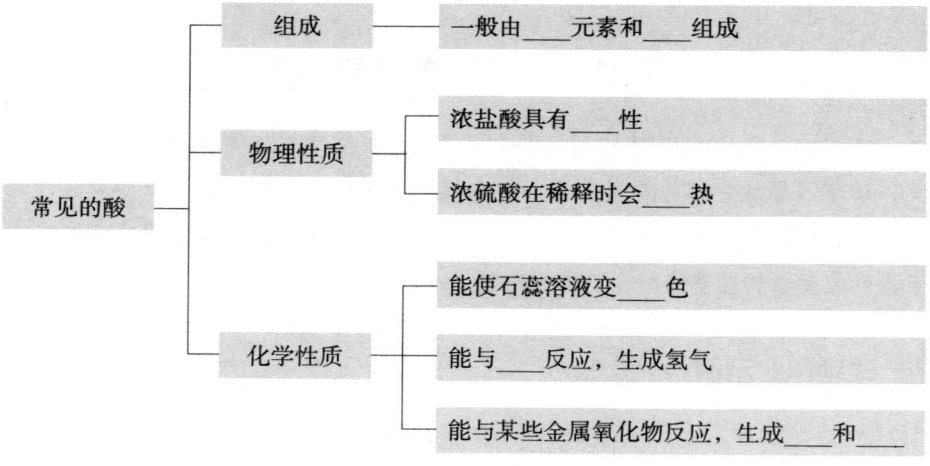

……

方法引导

1–15. 酸是重要的工业原料，可以运用酸的性质制备硫酸铜溶液。

（1）方案一：将铜和稀硫酸混合。你是否同意该方案？请写出你的理由：＿＿＿＿＿＿＿＿＿＿＿＿＿＿＿。

（2）方案二：先将铜转化为氧化铜，再进行制备。

$$Cu \xrightarrow{\text{I}} CuO \xrightarrow{\text{II}} CuSO_4$$

a. 写出制备过程中的化学方程式：＿＿＿＿＿＿＿＿、＿＿＿＿＿＿＿＿；

b. 要制备 160 克硫酸铜，至少需要多少克铜？（写出计算过程）

提示：先根据步骤 II 中的化学方程式计算，再根据步骤 I 中的化学方程式计算。（主要对应单元作业目标 921005、921006）

……

迁移应用

1-17. 某些植物的花汁可作酸碱指示剂。取三种花汁用稀酸溶液或稀碱溶液检验，颜色如下表。

花的种类	花汁的颜色	花汁在稀酸中的颜色	花汁在稀碱中的颜色
玫瑰	粉红	粉红	绿色
万寿菊花	黄色	黄色	黄色
大红花	粉红	橙色	绿色

为检验食盐水、碳酸饮料、澄清石灰水三种物质的酸碱性，你选择哪种花汁？请简述理由。（主要对应单元作业目标 921002）

……

课题 2　酸和碱的中和反应

基础巩固

2-4. 下图为本课题内容结构图，补充完成该图。（主要对应单元作业目标 921019）

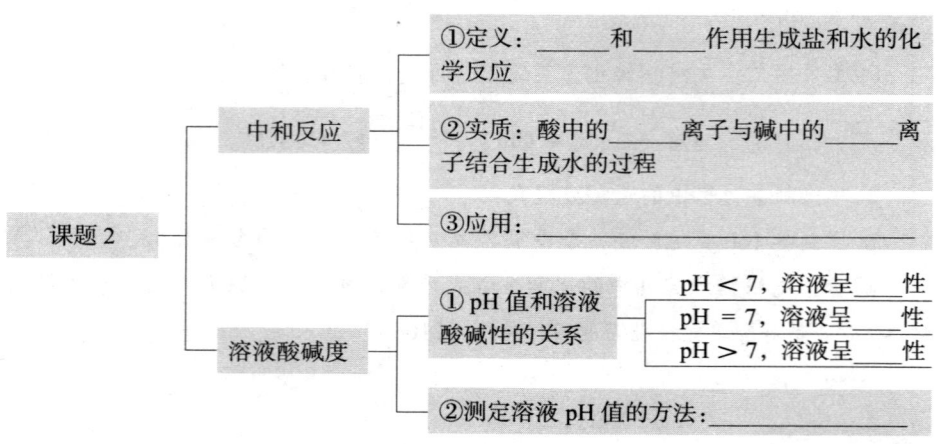

......

实验活动作业示例

实验活动 6 酸、碱的化学性质

要点回顾

3-1. 根据课堂实验，回答问题。（主要对应单元作业目标 921016）

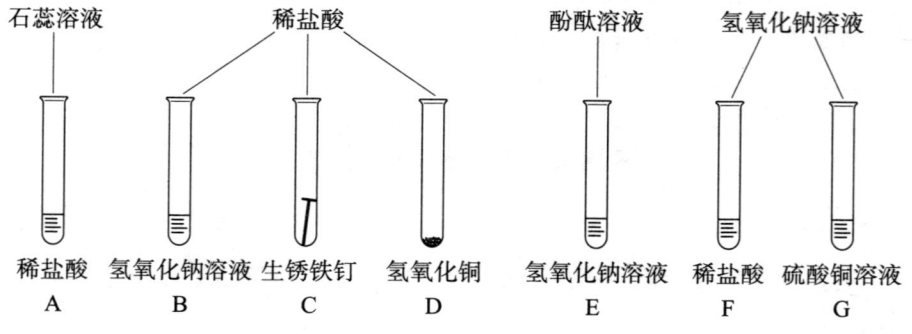

（1）稀盐酸、稀硫酸都能使石蕊溶液变红色，是因为稀酸溶液中都含有 _____ 离子。

（2）实验涉及三个中和反应，请写出化学方程式。

......

过程分析

3-2. 根据课堂实验经历，补充完成"酸、碱的化学性质"实验报告。（主要对应单元作业目标 921016）

（1）铁锈、铁钉和稀盐酸的反应

实验示意图	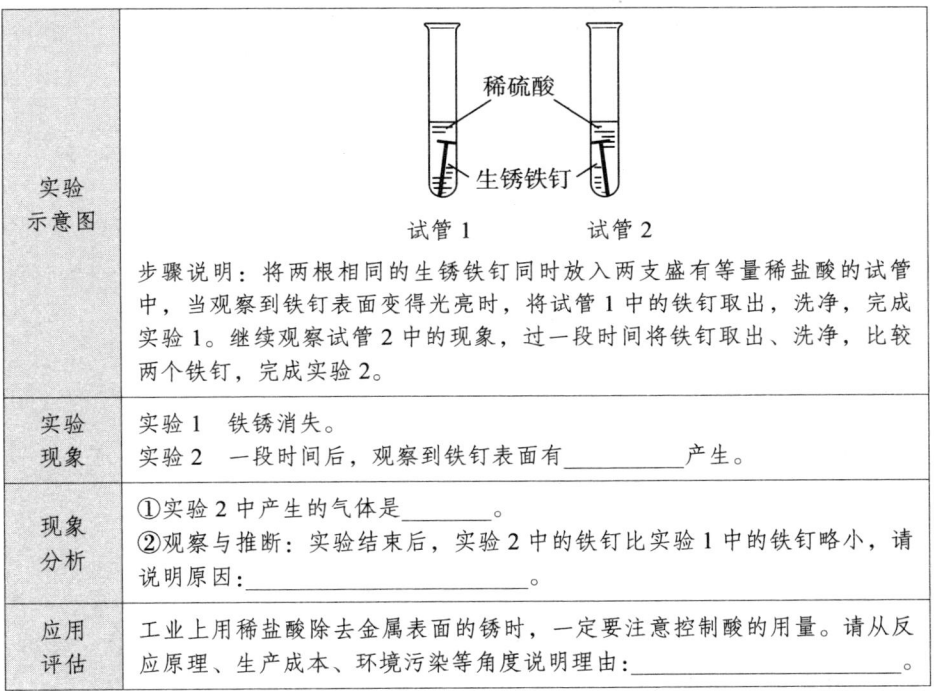 步骤说明：将两根相同的生锈铁钉同时放入两支盛有等量稀盐酸的试管中，当观察到铁钉表面变得光亮时，将试管 1 中的铁钉取出，洗净，完成实验 1。继续观察试管 2 中的现象，过一段时间将铁钉取出、洗净，比较两个铁钉，完成实验 2。
实验现象	实验 1　铁锈消失。 实验 2　一段时间后，观察到铁钉表面有_____产生。
现象分析	①实验 2 中产生的气体是_____。 ②观察与推断：实验结束后，实验 2 中的铁钉比实验 1 中的铁钉略小，请说明原因：_____。
应用评估	工业上用稀盐酸除去金属表面的锈时，一定要注意控制酸的用量。请从反应原理、生产成本、环境污染等角度说明理由：_____。

……

实践探究

3-3. 小亮在做"盐酸与氢氧化钠溶液反应"的实验时，按下图进行操作，发现溶液呈无色，然后他对反应后所得溶液的酸碱性进行了探究。

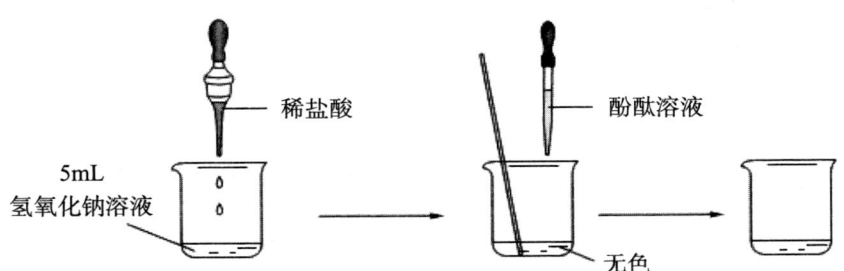

（提出猜想）最终得到的溶液为无色，溶液可能呈＿＿＿＿（选填"酸性""碱性"或"中性"）。

（实验过程）小亮设计并实施了两种实验方案，最终得出了相同的结论。请填写下列表格，其中方案二只要可行即可。

实验方案	实验现象	结论
方案一：取样，加入镁条，观察现象	有气泡产生	溶液呈＿＿＿＿性
方案二：取样，＿＿＿＿＿＿＿＿＿＿＿＿＿＿＿	＿＿＿＿＿	溶液呈＿＿＿＿性

（交流与反思）实验后，小亮反思了为什么原实验里的酚酞没有颜色变化，发现仅调整原实验步骤的顺序就可以观察到颜色变化。请你写出小亮会如何调整实验步骤。（主要对应单元作业目标 921012）

……

📖 单元复习作业示例

总结整理

5-3. 请从组成、性质、用途等角度对酸、碱的知识进行整理，并在下面的方框（方框略）内绘制单元内容结构图，可以选择表格、条目、树形图、框图、思维导图等方式呈现。

提示：先罗列本单元的主要知识点，再理一理它们的顺序或联系，最后用恰当的连线把知识点联系起来。

（主要对应单元作业目标 921019）

……

推理阐述

5-14. 某同学利用图 1 装置研究稀盐酸与氢氧化钠溶液反应的过程，并测定溶液 pH 值的变化，如图 2 所示。

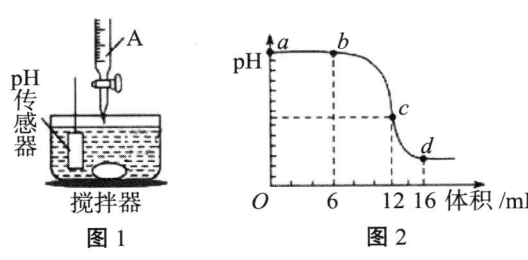

图1　　　　　图2

（1）该反应的化学方程式为＿＿＿＿＿＿＿＿＿＿。

（2）仪器 A 中溶液的溶质是＿＿＿＿＿＿＿＿（填化学式）。

（3）图 2 中 b 点所示溶液中的溶质成分是＿＿＿＿＿＿＿＿。

（4）蒸发图 2 中 d 点所示溶液，所得固体是否为纯净物？请简述理由。

（主要对应单元作业目标 921017）

……

拓展创新

5-17. 同学们借助家庭常见的物质和日用品验证酸碱中和反应的发生。现用白醋代替稀盐酸、用澄清石灰水代替氢氧化钠溶液，探究白醋和澄清石灰水能否发生中和反应，实验用品如下。

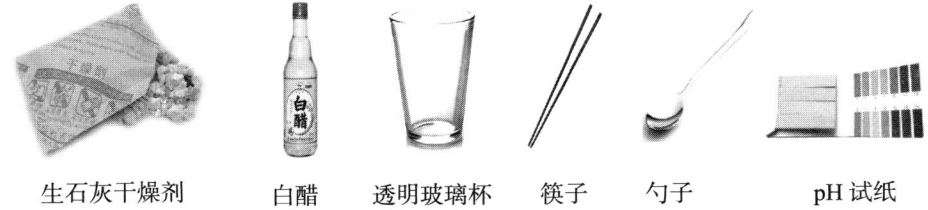

生石灰干燥剂　　白醋　　透明玻璃杯　　筷子　　勺子　　pH试纸

安全提示：

（a）生石灰具有腐蚀性，实验过程中请不要直接用手触摸。

（b）生石灰遇水会放出热量，配制澄清石灰水过程中要注意安全，不要溅入眼睛。

（c）实验剩余的生石灰请按垃圾分类要求妥善处理，不要随意丢弃。

（1）剪开干燥剂包装，将少量生石灰干燥剂固体倒入玻璃杯中。

（2）向玻璃杯中缓慢倒入常温的清水，水量约为生石灰干燥剂固体的 3 倍，用筷子轻轻搅拌，得到一杯悬浊液。

（3）静置一段时间，待悬浊液分层后，取上层清液用筷子引流于另一只空玻璃杯中，玻璃杯中的澄清溶液就是澄清石灰水。

（4）探究白醋与澄清石灰水能否发生中和反应。（主要对应单元作业目标921017）

实验步骤	观察现象	实验结论
①取10勺澄清石灰水放入干净的玻璃杯中，用筷子蘸取澄清石灰水滴到pH试纸表面，观察现象。 ②向澄清石灰水中加入一勺白醋，充分搅拌，用筷子蘸取搅拌后的溶液滴到pH试纸表面，观察现象。 ③重复步骤②若干次，观察溶液pH的变化。	①记录pH：_____ ②记录pH：_____ ③pH的变化：_____	白醋与澄清石灰水确实发生了中和反应。

【评价反思】

5-18. 请分析作业题完成情况，对照单元作业目标进行自评。对于酸碱指示剂、酸的性质、碱的性质、酸碱中和反应等内容，掌握不到位的有哪些？与同学交流，或向老师求助。

后　记

2021年，对于中国的基础教育来说，是极不平凡的一年。

"双减"政策的落地，"五项管理"文件的颁布，都聚焦了同一个关键领域——作业。为什么作业会成为此次改革的聚焦点？

作业是折射学校教育价值观和专业水平的"名片"，是"教学"与"评价"相结合的支撑点，是学校、社会和家庭的连接点，是影响学生学习兴趣、负担和成绩的关键点。

落实国家政策要求，大力提升教育教学质量，促进义务教育优质均衡发展，帮助义务教育阶段学校建构一套高质量的作业体系，并且给予学校有针对性的指导，已迫在眉睫。教育部基础教育司将这一艰巨的任务交给了上海作业研究团队。

在教育部基础教育司、上海市教育委员会的领导与大力支持下，上海作业研究团队一接到教育部基础教育司的委托函，就迅速展开部署，组建了包括综合组和学科组在内的9个研制团队，第一批成员包括市、区教研员和作业项目学校校长、学科名师基地主持人、一线骨干教师等80余人。

所有项目团队成员放弃难得的假期，放弃了所有的双休日，放弃了晚上休息时间，克服种种困难，全身心投入到项目研究中。所有的人夜以继日、马不停蹄地进行学习、研究、讨论、开会、写作……。项目领导、项目主持、项目核心成员各司其职，综合组和学科组紧密配合，线下和线上会议轮番交替，研究整体要求、学科作业编制方案、学科作业编制单元样章、学科单元作业内容的设计……。各项成果在紧张有序、有条不紊的研究中逐步形成。

　　无数次的挑灯夜战、不计其数的各类线上线下会议、数不胜数的邮件和微信消息，项目研究团队克服了各种难以想象的困难，战胜了生理和心理上的压力，终于按期完成方案设计、单元作业样例编制、学科单元作业设计等一系列任务。以此为基础，完成《学科作业体系设计指引》的编写与出版工作。

　　在本书编制过程中，上海市教育委员会教学研究室薛峰、章敏、祁承辉、曹刚、刘达、赵尚华、汤清修、徐睿，杭州市上城区教育学院孔晓玲、叶晓峰、张娟萍、陈瑶、陆虹、邵虹、杜洁等专家提供了咨询指导；一些学校和教师分享了实践案例；教育科学出版社教师教育编辑部池春燕主任、代周阳编辑为此书的顺利出版做了大量工作，在此一并表示感谢。

　　真诚期望这本《学科作业体系设计指引》能够为党和国家落实"双减"政策、减轻学生过重的作业负担，贡献一份微薄的力量。

　　但由于理论与实践的局限，本书难免存在诸多不足，恳请广大读者给予批评指正。

王月芬

2021 年 12 月

出 版 人　李　东
策划编辑　池春燕
责任编辑　池春燕　代周阳
版式设计　杨玲玲
责任校对　贾静芳
责任印制　叶小峰

图书在版编目（CIP）数据

学科作业体系设计指引/教育部基础教育司义务教育高质量基础性作业体系建设项目组编著 . — 北京：教育科学出版社，2022.3（2023.9 重印）
　ISBN 978-7-5191-2865-4

Ⅰ.①学… Ⅱ.①教… Ⅲ.①学生作业—教学设计—中小学 Ⅳ.①G632.46

中国版本图书馆 CIP 数据核字（2021）第 246239 号

学科作业体系设计指引
XUEKE ZUOYE TIXI SHEJI ZHIYIN

出 版 发 行	教育科学出版社				
社　　　址	北京·朝阳区安慧北里安园甲 9 号		邮　　编	100101	
总编室电话	010-64981290		编辑部电话	010-64989441	
出版部电话	010-64989487		市场部电话	010-64989009	
传　　　真	010-64891796		网　　址	http://www.esph.com.cn	
经　　　销	各地新华书店				
制　　　作	北京浪波湾图文设计工作室				
印　　　刷	保定市中画美凯印刷有限公司				
开　　　本	720 毫米 ×1020 毫米　1/16		版　　次	2022 年 3 月第 1 版	
印　　　张	17		印　　次	2023 年 9 月第 6 次印刷	
字　　　数	257 千		定　　价	49.90 元	